대학 4년, 똑똑하게 공부하라

오정숙 지음

한

대학 4년, 똑똑하게 공부하라

펴 냄   2008년 3월 15일 1판 1쇄 박음 | 2012년 4월 15일 1판 3쇄 펴냄
지은이   오정숙
펴낸이   김철종
펴낸곳   (주)한언
          등록번호 제1-128호 / 등록일자 1983. 9. 30
주 소   서울시 마포구 신수동 63-14 구 프라자 6층(우 121-854)
          TEL. 02-701-6616(대) / FAX. 02-701-4449
책임편집   양춘미 cmyang@haneon.com
디자인   임동광 dklim@haneon.com
홈페이지   www.haneon.com
e-mail   haneon@haneon.com

ISBN 978-89-5596-473-8   03320

대학에서의 시간이 진정한
축복의 시간이 되기를 바랍니다

To.
_____

_____

_____

_____

_____

From.
_____

건호를 처음 만난 것은 2006년 가을이었다.

8주간의 '자기조절학습 워크숍'이었는데, 당시 건호는 제대 후 첫 번째 학기를 맞이하고 있었다. 군복무와 워킹홀리데이 여행 후 오랜만에 다시 하는 공부에 긴장하고 있었고, 군대 가기 전 대학에서 보냈던 1년여의 공부에 대한 기억도 그다지 좋지 못한 상태였다.

워크숍에서 목표설정과 시간관리에 대해 먼저 배운 후 실천해보도록 하였는데, 일주일 정도 노력한 후 낙심한 얼굴로 "너무 어려워요. 생각처럼 잘 되지 않아요"라고 이야기하였다. 자신에게 맞는 공부 시간과 장소를 찾을 때에도 많은 고민과 시행착오를 겪었다. "집에 가면 함께 사는 친구들과 어울리게 되어 계획했던 저녁 공부는 할 수가 없어요."

교재읽기, 수업듣기, 다양한 인지전략 및 메타인지전략 개발에 관해 배우는 동안에도 다른 학생들에 비해 심각하고 고민 가득한 얼굴이어서 마음이 많이 쓰였다. 다행스러운 점은 건호가 포기하지 않고 계속 노력한다는 것이었다. 그리고 그간의 노력이 결실을 맺어 건호는 중간고사 시험에서 좋은 성적을 거두었다. 이때부터 건호는 대학 공부에 재미와 자신감을 붙이기 시작하였고, 마침내 단과대학 차석으로 학기를 마무리하였다. 이후에도 좋은 성적을 유지하고 있을 뿐 아니라 학교대표로 유럽 연수도 다녀왔다. 지금은 조기졸업을 목표로 공부하고 있다. 또한 자신의 미래에 대한 확고한 계획을 세우고 학교 공부뿐 아니라 여러 준비도 병행하고 있다.

날이 갈수록 자신감과 행복감이 넘치는 건호를 보는 것은 정말 즐겁다. 건호를 보면 대학에서의 시간이 축복이라는 생각을 하게 된다.

신입생들의 얼굴을 보면 대학생활에 대한 기대와 결의로 빛난다. 동아리 활동, 배낭여행, 해외 연수 등 다양한 꿈을 품고 이루기 위해 열심히 노력하는 모습은 참으로 아름답다. 그러나 대학은 기본적으로 공부하는 곳이기 때문에 대학공부의 즐거움과 성취감을 느끼지 못한다면 대학생활은 공허할 것이다.

더욱이 취업이 갈수록 어려워지면서 대학생들의 성적관리 노력이 높아지고 있다. '삼태백, 88만 원 세대, 영어난민, 공휴족(恐休族), 고공족(考公族)' 등의 신조어를 들어본 적 있는가? 삼태백은 20대 태반이 백수라는 이태백을 넘어 30대 태반이 백수라는 의미이고, 88만 원 세대는 20대 비정규직 노동자가 약 88만 원을 받는다고 하여 생긴 신조어다. 취업을 위해 어쩔 수 없이 어학연수나 유학을 떠난 사람들을 가리켜 영어난민이라 일컬으며, 공휴족은 쉬는 것을 두려워할 정도로 취업준비에 몰두하는 사람들을 의미한다. 고시족과 공시족(공무원 시험을 준비하는 구직자)이 결합된 고공족, 장기간 미취업 졸업생을 가리키는 장미족 등은 청년 실업난과 구직의 어려움을 단적으로 보여준다.

이러한 대학 졸업 후의 취업난으로 인해 요즘 대학생들은 학업성적에 매우 관심이 높다. 또한 자신에게 맞는 보다 효과적 공부방법을 개발하는 데에도 적극적이다. 그러나 대학공부에 적합한 공부방법을 찾는 것이 쉽지만은 않다. 특히 신입생들은 고등학교 때와는 다른 대학의 수업방식과 과제들로 인해 당황하고 좌절하기도 한다. 학년이 올라간다고 해서 공부방법도 저절로 익혀지는 것은 아니어서 재학생들의 공부고민은 계속된다. 실제로 3학년 또는 졸업을 앞둔 학생들이 학습능력 향상을 위한 여러 특강과 워크숍에 참석한 후 "이걸 1학년 때 알았으면 제 인생이 달라졌을 거예요"라고 말하는 것을 종종 듣게 된다.

이 책은 대학생들이 스스로 공부하는 방법을 터득하고 대학공부에 재미와 자신감을 갖는 데 도움을 주는 것을 목적으로 한다. 이를 위해 약 16주에 달하는 대학의 학사일정에 따라 총 16장으로 구성하였다. 또한 학생들이 보다 쉽고 편안하게 이해할 수 있도록 각 장을 수업시간처럼 구성(첫 번째 시간~열여섯 번째 시간)하고자 하였다. 책의 내용은 크게 세 부분으로 나누어볼 수 있다.

첫 번째는 대학공부를 왜 해야 하는지 생각하고 목표달성을 위해 시간을 관리하는 방법을 익히며 자신의 학습스타일을 확인하는 데 초점을 두었다(첫 번째 시간~네 번째 시간). 구체적 공부전략 개발을 위해서는 교재읽기, 수업듣기, 노트필기 전략뿐 아니라 학습 동기, 집중력,

인지전략, 그리고 메타인지전략을 개발하는 방법을 다루었다. 또한 기억력과 사고력을 향상시킬 수 있는 구체적인 방법과 학습네트워크를 만들고 운영하는 방안에 대해서도 다루었다(다섯 번째 시간~열세 번째 시간). 마지막으로 이러한 노력들이 결실을 맺기 위해 필요한 시험 보기, 보고서 작성, 발표 전략을 개발하는 데 중점을 두었다(열네 번째 시간~열여섯 번째 시간).

나름대로 열심히 공부하지만, 기대한 만큼 성적을 거두지 못하거나 공부의 효율성이 노력에 미치지 못하는 모습을 종종 보게 된다. 이러한 학생들을 보면 매우 안타깝다. 다행히 자신에게 맞는 공부방법을 찾고자 노력하면서 좋은 결과를 얻는 학생들도 많다. 실제로 신입생뿐 아니라 편입생과 복학생 등 많은 학생들이 이 책에 소개된 학습전략들을 익힌 후 변화되고 발전하는 모습을 보았다. 전략적 공부기술을 익히면 대학공부뿐 아니라 평생 학습을 해야 하는 지식기반사회에 필요한 역량을 개발하는 데에도 큰 도움이 될 것이다. 또한 다른 일에도 보탬이 되는 자신감과 통제력도 얻게 될 것이다.

대학에 와서까지 공부 때문에 고민하고 괴로워하는 학생들이 없었으면 좋겠다. 모든 학생들에게 대학에서의 시간이 공부의 즐거움을 느끼고 진정한 자기계발의 황금기가 되었으면 하는 간절한 바람을 갖는다. 그리고 이 책이 진정한 축복의 시간을 보내는 데 도움이 되기를 기대한다.

이 책이 나오기까지 도움을 주신 여러분들께 고마움을 전하고 싶다. 먼저, 항상 귀감이 되어주시는 이화여자대학교 한정선 교수님과 책을 쓸 수 있도록 격려해주신 서강대학교 정유성 교수님께 감사드린다. 원고 검토를 도와준 서강대학교 교수학습센터 임주연, 김영주, 김혜림, 강태희 선생님, 자료수집과 교정작업을 함께 해준 갑수, 경아, 영은, 보령, 양상, 준오, 그리고 열심히 기도해준 철우에게도 고마운 마음을 전한다. 또한 학생들의 눈높이에서 내용을 풀어갈 수 있도록 도움을 주고 이 책의 출간을 맡아준 한언출판사의 여러분께도 감사를 드린다.

항상 제게 힘이 되어주는 가족들에게도 고마움을 전한다. 특히, 컴퓨터를 켜기만 하면 "엄마, 또 공부하는 거야?" 하며 스스로 잠자리에 들고, 또 소소한 심부름들을 기꺼이 해준 영진이와 서진이에게 깊은 사랑을 전한다.

무엇보다도 이 책을 쓸 수 있는 기회와 여건을 마련해주시고, 책을 써나가는 동안 함께 해주시며 지혜와 인내를 허락하신 하나님께 감사드린다.

CONTENTS

프롤로그

1 대학공부 기초 다지기

첫 번째 시간
대학공부의 당혹스러움 | 14

무엇을 위한 대학생활인가? | 대학생활을 잘하기 전 꼭 알아야 할 것 |
시켜서 하는 공부는 이제 끝났다 | 고등학교 공부 vs. 대학공부 | 성공
적 대학공부는 태도에서 시작된다

두 번째 시간
목표 없는 대학생활은 무의미하다 | 36

목표가 있다면 절반은 성공이다 | 목표를 발견하는 3가지 방법 | 목표
에는 2가지가 있다 | 목표를 적는 데도 기술이 필요하다 | 목표달성은
100% 나의 몫이다 | 목표를 끈질기게 실천하려면?

세 번째 시간
시간관리는 곧 인생을 관리하는 것 | 61

시간을 관리한다는 것의 의미 | 먼저 시간 활용 상태를 알아보자 | 스
케줄은 왜 짜야 하는가? | 스케줄 짜는 방법을 알아보자 | 시간관리 잘
하는 방법 | 에너지 리듬도 시간관리만큼 중요하다

네 번째 시간
나에게 꼭 맞는 공부방법 찾기 | 89

나의 감각 선호도 찾기 | 좌뇌와 우뇌, 나는 어느 쪽? | 혼자서 학습하
기 vs. 그룹으로 학습하기 | 내 성격에 맞는 공부법

2 나만의 공부전략 세우기

다섯 번째 시간
그냥 읽기와 제대로 읽기의 차이 | 112

왜 읽어야 하는가? | 읽기의 준비단계, 훑어보기 | SQ3R 독서법을 이용해보자 | 읽기에도 전략이 필요하다 | 내 머릿속 지우개 없애기 | 읽기, 이런 방법은 피하자

여섯 번째 시간
수업을 잘 듣기 위해서는 | 133

수업을 듣는 마음가짐 | 능동적으로 듣기 위해서는 | 듣기에 앞서 수업의 흥미 찾기 | 능동적인 듣기에도 단계가 있다 | 잘 듣기 어려울 때 | 훌륭한 청취자의 모습

일곱 번째 시간
무엇을 어떻게 적을 것인가 | 150

진정한 노트필기란 무엇인가? | 노트필기를 위해 필요한 것들 | 강의 중 노트필기 | 강의 후 노트필기 | 다양한 수업에서의 노트필기 | 노트필기를 위해 하지 말아야 할 일

여덟 번째 시간
공부하고 싶은 마음 만들기 | 167

목표를 향해 나아가도록 만드는 원동력 | 학습 동기의 빨간 신호! | 우리는 어떤 영향을 받을까? | 학습 동기 유발 작전 | 가치는 스스로 부여하는 것이다

아홉 번째 시간
집중력을 높여라! | 182

집중이 관건이다 | 무엇이 집중을 방해하는가? | 집중력을 높이기 위한 전략 | 집중력은 훈련을 통해 강해진다

열 번째 시간
공부의 왕도 찾기 | 198

인지전략이란 무엇인가? | 정보는 머릿속에서 어떻게 처리되는 것일까? | 인지전략 활동의 종류 | 나에게 부족한 인지전략 찾기 | 메타인지전략이란 무엇인가? | 나에게 부족한 메타인지전략 찾기 | 아는 것보다 활용하는 것이 중요하다

열한 번째 시간
기억! 망각과의 싸움 | 213

기억과 두뇌 이야기 | 망각하기까지 | 기억을 촉진하는 방법 10가지 | 효과적 암기법 | 암기를 촉진하는 오감자극법

열두 번째 시간
대학생에게 꼭 필요한 사고력 | 231

사고력을 키우자 | 비판적 사고의 진정한 의미 | 비판적 사고력을 높이려면? | 학습에서 창의력은 왜 필요한가? | 창의적 사고력을 높이려면?

열세 번째 시간
함께 하는 공부 | 251

대학에서 함께 공부한다는 것의 의미 | 스터디그룹, 튜터링, 그리고 멘토링 | 스터디그룹으로 공부할 때 지켜야 할 것들 | 튜터링과 멘토링을 이용할 때 | 잘하고 있는 걸까?

3 전략적 공부의 결실 맺기

열네 번째 시간

인생은 시험의 연속? | 266

시험을 위한 준비 운동 | 시험 공포에서 벗어나기 | 문제유형별로 전략이 있다 | '당일치기' 공부도 전략적으로 | 시험이 끝난 뒤 해야 할 일

열다섯 번째 시간

A⁺보고서의 비밀 | 282

우리에게 주어지는 대학에서의 과제 | 보고서가 갖춰야 할 것들 | 보고서는 어떤 절차로 쓰는가? | 자료수집의 달인 되기 | 보고서 유형에 따른 작성 전략 | 인용과 참고문헌 표기하기 | A⁺보고서의 비밀

열여섯 번째 시간

프레젠테이션의 모든 것 | 306

왜 대학에서 프레젠테이션을 요구할까? | 프레젠테이션의 방향 설정하기 | 시각자료가 힘이다 | 프레젠테이션에 임하는 우리의 자세 | 프레젠테이션에도 테크닉이 있다 | 프레젠테이션 실력 업그레이드

에필로그

참고문헌

PART 1

대학공부 기초다지기

- 대학공부의 당혹스러움

- 목표 없는 대학생활은 무의미하다

- 시간관리는 곧 인생을 관리하는 것

- 나에게 꼭 맞는 공부방법 찾기

CHAPTER 01

첫 번째 시간

대학공부의 당혹스러움

> 대학에 와서 처음 수업을 들을 때는 정말 신이 났다. 내가 앉고 싶은 곳에 앉을 수 있고 수업 시간에 소설책을 읽어도 아무도 혼내는 사람이 없었다. 나는 늘 뒷자리에 앉았는데, 한번은 수업에 늦게 들어가는 바람에 자리가 없어서 맨 앞에 앉게 되었다. 맨 앞에 앉다 보니 교수님이 바로 코앞에 계셔서 딴 짓을 할 수가 없었다. 할 수 없이 '오늘은 수업을 들어야겠구나' 생각했는데, 왜 이리 잠이 쏟아지는지… 나는 꾸벅꾸벅 졸고 말았다.
>
> 수업이 끝날 때까지 정신없이 졸았는데 다행히 교수님께서 아무 말씀도 하지 않으셨다. 다행이라는 생각이 들었지만, 한편으로는 아무도 나에게 관심이 없는 것 같아 서글퍼졌다. 그리고 대학에서는 나 혼자 모든 것을 해야 한다는 사실을 깨달았다.

무엇을 위한 대학생활인가?

2005년 여름, 양떼들이 한꺼번에 절벽 아래로 뛰어들어 떼죽음을 당한 사건이 터키 동부의 한 작은 마을에서 실제로 일어났다. 양치기들이 아침식사를 위해 잠시 자리를 비운 사이 순식간에 일어난 일이다. 목초지에서 풀을 뜯어먹던 양떼의 우두머리가 무슨 이유에서인지 절벽 아래로 뛰어내리자 주변에 있던 500여 마리가 일제히 따라 뛰어내린 것이다. 이 사고로 죽은 양의 숫자는 모두 450여 마리이다.

왜 이런 일이 일어난 것일까? 아직까지도 정확한 원인이 밝혀지지 않고 있지만, 우리가 흔히 말하는 '군중심리'가 양떼들을 죽음으로 몬 것은 아닐까? 양떼이야기를 접하면서 양떼가 처한 상황이 바로 우리들의 모습은 아닐까 하는 생각이 들었다. 어렵고 힘든 대학입시를 거쳐 대학생이 되고 나서 또 다시 토익점수와 자격증 취득 등을 위해 대학과 학원을 오가는 학생들이 많다. 이 역시 남들이 하는 대로 하지 않으면 불안하기 때문은 아닐까?

대학생은 고등학생도 아니고 재수생도 아니며 직장인도 아닌 바로 '청춘의 특권'을 누리는 젊은이들이다. 그러나 대학 4년의 청춘기를 마무리할 때, 자신 앞에 낭떠러지가 있는지도 모르고 무작정 달려든 양떼처럼 되지 않기 위해서는 무엇을 위해서 대학생이 되었는지, 대학에서 무엇을 이룰 것인지 반드시 스스로 답해야 한다. 무엇을 위해 대학생이 되었는지 고민하지 않는다면 여러분의 대학생활은 4년 후 참담한 결과로 이어질 수 있다. 21세기 고학력 백수를 뜻하는 '이태백'이나 '88만 원 세대'는 더 이상 남의 이야기가 아니다.

무엇을 위해 대학에 진학했는가? 이것은 바로 대학에서 공부를 하기 전에 반드시 짚고 가야 할 문제이다. 남들이 다 간다고 따라갔다는 답밖에 생각나지 않는다면 인생 전체에 대한 재검토가 필요하다. 목적지 없는 배는 바다에서 표류할 수밖에 없다.

솔직하게 답해보자. 결코 다른 사람의 시선이나 사회적 고정관념에 얽매이지 말고 자신의 선택을 돌아보기 바란다. 인생이라는 멀고 험한 항로에서 자신의 좌표가 현재 어디이며 어디로 나아가고자 하는지 그 목표를 확인하는 작업은 매우 중요하다.

나는 무엇을 위해 이 대학/학과를 선택했는가?

1. _____

2. _____

3. _____

4. _____

5. _____

이런 고민과 질문을 해야 하는 것은 우리가 살고 있는 사회의 조건이 달라졌기 때문이다. 예전에 대학생은 분명 특권을 누릴 수 있는 소수계층이었다. 70년대나 80년대를 배경으로 한 TV 드라마에서는 여러 명의 가족들이 미래가 촉망되는 한 명의 대학공부를 위해 희생적인 뒷바라지를 한다는 내용을 쉽게 접할 수 있다. 1990년까지만 하더라도 대학진학률은 33.2%이었으나, 2005년에는 82.1%로 세계 최고 수준에 다다랐다. 과거에는 경제적 이유뿐 아니라 대학의 수가 적었기 때문에 대학 입학이 어려웠다. 덕분에 대학에 다닌다는 것만으로 사회적 혜택을 누렸고 부러움의 대상이 되기도 하였다. 그러나 오늘날에는 많은 대학들이 신설되고, 경제적으로 여유로워지면서 대학 진학은 더 이상 특별하거나 혜택 받은 소수의 전유물이 아니다. 오히려 각 대학의 정원이 수능시험의 지원자를 초과한 지 이미 오래다. 대학생의 수가 많아지면서 대학 졸업이 더 이상 취업이나 미래를 보장해주지 못하고 있다. TV 뉴스나 신문을 통해 대학 졸업생들의 취업난과 관련된 소식들을 접해보았을 것이다. 한 신문의 기사를 살펴보자.

 "이태백아 그만 울어라, 삼태백도 울고 있다"

'삼태백, 영어난민, 88만 원 세대, 공휴족(恐休族), 고공족(考公族)….'
지난해 취업시장에서 만들어진 신조어들은 대부분 청년 실업난과 고용 불안을 반영해 부정적인 뜻이 많았다. 채용정보업체 커리어가 13일 발표한 '2007년 취업 신조어'에 따르면 한때 큰 공감을 얻었던 20대 태반이 백수라는 뜻의 '이태백'은 30대 태반이 백수라는 '삼태백'에 자리를 물려줬다. 취업을 위해 어쩔 수 없이 어학연수나 유학을 떠난 사람들을 가리키는 '영어난민'도 큰 공감대를 얻었다. 20대 비정규직 노동자가 약 88만 원을 받는다는 '88만 원 세대'라는 신조어도 생겼다. 88만 원은 비정규직 전체의 평균 임금(119만 원)에 20대 평균 소득 수준 비율인 74%를 적용한 것이다.

취업난은 대학생의 삶도 바꿔 놓았다. 취업준비 과정이 갈수록 치열해지면서 쉬는 것을 두려워할 정도로 취업 준비에 몰두하는 '공휴족'이 생겼다. 고시족과 공시족(공무원 시험을 준비하는 구직자)이 결합된 '고공족'도 등장했다. 시험 과목이 비슷해 어떤 시험이건 붙고 보자는 구직자들의 절박한 심정이 반영돼 있다. 장기간 미취업 졸업생을 가리키는 '장미족', 효율적인 시간 활용을 위해 공부 식사 쇼핑 등 무엇이든 혼자 하는 '나홀로족'도 눈길을 끌었다.

- 동아일보 2008년 1월 14일자

이제는 중학교를 졸업하고 고등학교에 진학하는 것처럼, 고등학교를 마치고 대학에 진학하는 것 또한 보편적이고 필수적인 것으로 받아들여지고 있다. 문제는 중학교와 고등학교의 학교체제나 공부방식 등은 매우 유사하지만 고등학교에서 대학교로 넘어가면서부터는 상황이 달라진다는 것이다. 같은 연장 선상에 있는 것처럼 보여도 학생에게 요구되는 역량이나 태도 등 여러 면에서 질적으로 매우 다를 것이다. 즉 고등학생까지의 공부와 대학생의 공부는 확연히 다르다. 이것을 살펴보는 것은 이 책이 갖는 하나의 목적이기도 하다.

사실 우리나라의 중·고등학교 공부는 좋은 대학을 가기 위한 입시 위주의 공부라 볼 수 있다. 청소년기를 학교와 학원을 오가며 보낸 많은 학생들이 꿈꾸는 대학은 자유와 낭만이 가득한 곳일 것이다. 실제로 많은 학생들이 지긋지긋한 입시지옥에서 해방되었다는 생각에 젖어 대학생활을 그저 낭만과 자유로만 여기는 경향이 있다. 또한 대학생활 4년을 인생 중 가장 아름다운 시절로 꿈과 희망, 낭만과 추억으로 가득 찬 시간으로 보내길 원한다. 즉 입시 위주의 공부에서 벗어나 여러 가지 가능성을 탐색해보고 싶어 한다. 물론 대학에서 많은 자유와 시간이 주어져 꿈꾸었던 다양한 세계를 접할 수 있을 것이다. 그러나 대학에서 낭만을 누리며 탐색만으로 시간을 보낼 수는 없다. 중·고등학교에서의 공부가 앞으로 4년여를 어느 대학에서 공부할 것인지를 결정했다면, 대학에서의 공부는 졸업 후의 진로와 삶에 큰 영향을 미치게 될 것이기 때문이다. 대학에서 무엇을 위해 공부하고 생활할 것인가? 그 답에 따라 대학에서의 4년뿐 아니라 이후의 인생도 달라질 것이다.

대학생활을 잘하기 전 꼭 알아야 할 것

대학생활을 잘하려면 자신이 원하는 것이 무엇인지 알아야한다. 자신이 원하는 것이 무엇인지 알고 그것에 충실히 노력한다면, 그 삶은 성공할 것이며 행복도 뒤따라 올 것이다. 그렇다면 자신의 인생에서 대학생활이 어떤 의미를 갖기 원하는가? 대학에서의 4년 동안 자신을 어떻게 키워나가고 싶은지 결정했는가? 이것은 매우 중요한 질문이다. '첫 번째 시간'에서 반드시 알아야 할 것은 이것 하나면 충분하다. 왜냐하면 이 질문에 어떻게 답하느냐에 따라 대학생활이 좌우되기 때문이다.

대부분 학생들은 졸업 후 진로와 커리어^{Career} 관리의 초석이 되는 시간을 보내고 싶을 것이다. 또한 평생을 함께 할 친구나 선후배를 만나는 장이 되기를 원하는 학생들도 있고, 자신의 생각과 견문을 넓히는 기회가 되기 바라는 학생들도 있다. 수석졸업이나 장학생의 꿈을 안고 대학에 입학하거나, 수석졸업까지는 아니더라도 매 학기 학점관리를 잘해서 장학금을 받겠다는 생각을 가진 학생들도 있다. 혹은 이 모든 것을 다 이루고 싶은 학생들도 있을 것이다.

이런 선택 중에서 어떤 것이 옳고 그르다고 말할 수는 없다. 그것은 '다름'의 문제이지 '옳고 그름'의 문제는 아니기 때문이다. 문제는 자신에게 주어진 수많은 시간과 숱한 기회의 활용법을 모른다는 것이다. 인생에는 목표와 단계적인 전략이 필요하듯 대학생활도 마찬가지이다. 대학 4년 동안 많은 시간과 기회가 주어지지만, 실제로 생활하다 보면 관심 있는 모든 것들을 하기에는 시간과 에너지가 부족하다는 것을 절감하게 된다.

어느 하나만을 깊게 파고드는 것도 좋지만 대학에서는 다양한 경험과 인간관계를 쌓는 것도 중요하다. 자신의 재능과 적성, 미래를 탐색하는 시간이기 때문이다. 그럼 어떻게 해야 자신이 원하는 것을 효과적으로 얻을 수 있을까?

대학에서 꼭 이루고 싶은 것이 무엇인지 신중하게 우선순위를 정하는 것이 좋다. 시간관리 부분에서 자세히 설명하겠지만 모든 것을 다 잘해서 한꺼번에 이루겠다는 계획을 세우면 결국 제대로 되는 것은 하나도 없을 수 있다. 따라서 대학에서 무엇을 성취하기 바라는가에 따라 들어야 할 수업, 만나게 되는 사람, 참여하는 동아리 활동 등을 정해야 한다. 사소하고 별 의미 없는 선택인 것 같지만 이후의 인생행로에 큰 영향을 미칠 것이다. 실제로 여러 학생들이 전공보다 동아리 활동을 통해 자신의 직업에 대한 가능성을 탐색하기도 한다.

개인의 재능이나 가치관, 관심 사항 등에 따라 대학생활을 잘한다는 것의 의미가 달라질 수 있다. 그러나 무엇보다 졸업 후 자신이 어떤 사람이 되고 싶은지 생각해볼 필요가 있다. 바꾸어 말하면 우리 사회가 대학을 졸업한 인재에게 무엇을 바라는지 짚어볼 필요가 있다. 물론 대학이 기업에서 원하는 인재를 양성하는 직업전문학교는 아니지만 자본주의 사회에서 자신의 가치를 높이는 일을 대학에서 한다는 것도 매우 중요하다.

어떤 사람들은 자신의 경쟁력을 높이기 위해 학점관리를 최우선으로 삼기도 한다. 그러나 '학교에서의 1등이 사회에서의 1등이 아니다' 라는 말을 들어보았을 것이다. 물론 이 말은 좋은 학점이나 성적을 거둔 사람이 사회에서 성공하기 어렵다는 의미가 결코 아니다. 또한 공부에 매진하기보다 사회에서 필요로 하는 다른 능력을 개발하자는 의미는 더더욱 아니다. 사회에서 필요로 하는 인재는 지식뿐 아니라 문제해결력, 원만한 대인관계, 교양과 상식 등을 두루 갖춘 사람이다. 우리 사회가 우수한 학점만을 원하는 것은 아니라는 점이 바로 대학생활에 대한 전반적인 검토와 계획이 필요한 이유이기도 하다. 취업을 앞둔 한 학생의 이야기는 우리 사회가 어떤 인재를 원하는지 잘 보여주고 있다.

> 저는 대학에 입학하면서부터 많은 학생들이 선망하는 직장인 A사에 입사하고 싶었습니다. 그래서 대학 4년 내내 좋은 학점을 유지하기 위해 공부를 최우선으로 생각하였고, 영어공부도 게을리 하지 않았습니다. 그리고 마침내 서류전형과 필기시험도 통과하였는데, 면접시험을 치르러 갔더니 '지금부터 30분 내에 자신이 어떤 사람인지 주변사람들에게 가능한 많은 문자메시지로 의견을 받으라'는 과제가 주어졌습니다. 저는 동아리 활동이나 과 활동 같은 것을 거의 하지 않기 때문에 연락할 친구나 선후배도 별로 없었습니다. 결국 30분 동안 2통의 문자메시지만을 받았는데, 50여 통이 넘는 문자메시지를 받는 지원자도 있더라고요. 그 순간, 저의 대학 4년이 정말 후회스러웠습니다.

물론 기업이나 조직마다 필요로 하는 인재의 구체적 모습에는 차이가 있기 때문에 천편일률적으로 대학생활에서 '학점, 영어 성적, 대인관계 등을 관리하겠다'는 생각을 할 필요는 없다. 그러나 오늘날 사회에서 필요로 하는 인재는 일에 대한 지식과 기술만을 갖춘 사람이 아니므로, 대학생활을 통해 어떤 인재가 되고 싶은지 생각해보자. 성공적인 대학생활의 출발점이 될 것이다.

대학 4년 동안 어떤 능력이나 지식을 얻고 싶은지 알아보는 것은 무작정 공부를 시작하는 것보다 중요하다. 자신에게 필요한 능력을 점검한 다음, 구체적으로 어떤 공부를 해야 할지 정해도 늦지 않다.

나는 어떤 능력을 갖춘 인재가 되고 싶은가?

1. _____
2. _____
3. _____
4. _____
5. _____

시켜서 하는 공부는 이제 끝났다

대학생의 생활은 고등학생과 매우 다르다. 무엇이 다를까? 먼저 주체적, 능동적으로 공부와 기타 학교생활을 해야 한다는 점이다. 즉 대학생은 누군가가 시켜서 수동적으로 살아선 안 된다. 고등학교 때까지는 '공부'를 제외하면 거의 대부분은 '하지 말아야 할 것'들이었을 것이다. 그러나 대학에 들어온 순간 모든 것이 달라진다. 공부와 생활 등 모든 면에서 자유가 주어진 만큼 스스로 선택하고 계획하는 습관을 들여야 한다. 그러나 이 자유는 자칫 혼란과 무기력을 초래할 수도 있다. 보다 성공적인 대학생활을 위해서는 우선 대학생활이 어떻게 다른 지 살펴볼 필요가 있다.

첫째, 수업 시간표를 자율에 따라 만들 수 있다. 고등학교 때 는 모든 학생들이 정해진 교실에 모여 똑같은 수업을 들었다 면, 대학에서는 자신이 원하는 수업을 선택하고 시간표에 따라 등교시간이 달라진다. 물론 교양 필수과목, 전공 필수과목 등 이 있기는 하지만 그 외에는 자유롭게 강의를 선택할 수 있다. 간혹 어떤 신입생들은 자신이 직접 수강과목과 교수, 수업 시 간을 선택해야 한다는 사실에 당혹스러워하기도 한다. 이것은 고등학교 때까지 정해진 수업시간표와 선생님, 교실에 익숙해 졌기 때문이다.

둘째, 선생님의 간섭과 통제로부터 자유로워진다. 고등학교 때까지는 담임교사가 학생들의 공부와 학교생활을 전반적으로 지도하지만, 대학에는 담임교수가 없다. 지각이나 결석을 해 도, 시험에서 F(낙제점)를 받는다 해도 교수님에게 꾸지람을 듣거나(물론 꾸짖는 교수님도 있다!) 부모님을 모시고 오라고 하지 않는다. 대학에서는 조례나 종례도 없기 때문에 스스로 학교나 학과의 게시판에 공지된 내용들을 수시로 확인해야 한다. 대학생활의 처음부터 끝까지 학생 스스로 해야 하고, 그 결과에 대한 책임도 스스로 져야 한다.

셋째, 시간의 여유가 많아진다. 50분 수업하고 10분 쉬는, 쳇바퀴 도는 다람쥐와 같은 수험생 시절과는 달리 한결 여유롭게 학교생활을 할 수 있다. 반드시 아침 8시까지 등교해야 하는 것도 아니며 자신이 짠 시간표에 따라 등교하면 된다. 시간표 중에 공강(空講)이라는 시간도 있어 친구들과 카페에서 커피 한 잔의 여유를 즐길 수도 있다. 학생들이 교실에 앉아 있으면 시간마다 선생님이 바뀌는 것에서, 강의실을 옮겨가며 수업을 듣는 것도 새롭게 느껴질 것이다. 또 방학도 훨씬 길어지므로(여름방학·겨울방학 모두 2개월 이상) 학기 중에 하지 못했던 다양한 활동을 경험하고 전공 이외의 공부도 이 기간에 할 수 있다.

넷째, 공부를 방해하는 요소가 많다. 고등학교까지는 학교와 학원, 독서실만을 오가며 공부해야 했지만 대학에서는 어디서, 무엇을 할 것인지 선택하는 자율권이 주어진다. 수업을 듣지 않고 친구들과 당구를 치거나 카페에서 시간을 보낼 수 있으며 햇볕이 따사로운 봄날이면 강의실이 아닌 잔디밭이나 벤치에 앉아 담소를 나눌 수도 있다. 새로 사귄 이성친구와 노는 것이 더 즐거워 수업을 빼먹거나 과음을 해서 그 다음날 수업에 못 들어가는 경우도 생긴다. 이처럼 주어진 자유만큼 자신의 생활을 적절히 통제하지 못하면 공부에 지장을 초래할 수밖에 없다.

이렇게 많은 것들이 달라지지만 변하지 않는 부분은 '공부한다'는 사실이다. 개인마다 공부 외에도 대학생활에서 얻고자 하는 바가 있을 것이다. 그러나 대학은 가르치고 배우는 활동을 통해 인재를 키우는 곳이기 때문에 공부의 중요성은 두말할 필요가 없다. 대학에 입학하기까지 초등학교와 중·고등학교에서 약 12년을 공부한 학생들에게 공부를 한다는 것은 새삼스러운 일이 아니다. 그러나 지금까지 해온 공부와 대학에서의 공부는 다르다. 공부에 대한 새로운 인식과 목표, 전략이 필요하다. 그저 단순히 공식을 외우고 시험에 필요한 지식들을 머릿속에 채우려 해서는 안 된다. 그것은 진정한 공부가 아니다. 온전히 자신의 지식으로 체화되는 것이 아니라 그저 잠시 머릿속에 머물다 사라질 뿐이다. 이제는 스스로 동기를 부여하고, 책임감과 주인의식을 가지고 공부해야만 자신에게 도움이 되는 지식과 교양, 문제해결력이 생긴다.

대학에서 학생들이 성공적인 학습자가 되지 못하는 데에는 여러 가지 이유가 있을 수 있다. 특히 신입생들이 대학 첫 학기 공부를 어려워하는 이유는 바로 대학공부가 고등학교 공부와 어떻게 다른지 충분히 인식하지 못하기 때문이다. 대학에서 하는 공부가 고등학교와 다르다는 것을 인지하는 것은 대학에서 성공적인 학습자가 되기 위한 첫 단추를 끼우는 것과 같다.

그렇다면 대학공부는 어떻게 다를까? 많은 학생들이 대학에 들어와서 당황하거나 어려움을 겪은 일들을 중심으로 살펴보자.

고등학교 공부 vs. 대학공부

아마도 고등학교에서는 많은 교사들이 무엇을, 언제, 어떻게 학습할지 상세하게 학생들에게 안내했을 것이다. 학생들은 선생님의 설명을 귀 기울여 들으며 노트 필기를 하고 요약하기 바쁘다. 그뿐만 아니라 수업에서 이러한 내용은 어떠한 유형의 문제로 출제되는지, 답을 찾는 방법은 무엇인지 등과 같이 시험을 잘 치르기 위한 요령을 알려주기도 한다. 이와 같이 고등학교 공부는 교사 주도로 이루어지고 학생은 잘 따라가기만 하면 되는 것이었다.

하지만 대학공부는 학생 스스로 모든 것을 찾아서 해야 한다. 스스로 질문하며 호기심을 갖고 좀더 깊이 있는 정보들을 교재 이외의 참고도서에서 찾아내고 그것들을 비판적으로 걸러내고 통합하는 사고능력이 필요하다. 예를 들어 '시장점유율 1위인 상품 A를 뛰어넘기 위해 상품 B의 마케팅 전략을 다각적으로 세우기'라는 과제가 주어졌다고 하자. 고등학교의 경우라면 이 문제의 해답은 분명 교과서나 참고서, 문제집에 있을 것이다. 하지만 대학에서는 이에 대한 자신만의 답을 찾아내기 위해서 인터넷을 검색하고 다양한 사례를 모으며 참고도서를 통해 새로운 이론을 접목해야 한다. 즉 학습의 주체가 온전히 학생으로 옮겨가는 것이다.

또한 고등학교에서는 학생들이 공부하기 싫어할 때나 생각처럼 성적이 나오지 않아 낙담했을 때, 교사가 학습 동기를 유발해주기도 한다. 동기 유발이란 무언가를 하고자 하는 마음이 생기는 상태, 즉 무엇인가를 충족시키거나 달성하고자 하는 목표 지향적 욕구나 행동이 발생된 상태를 의미한다.

학습 동기는 크게 내적 동기와 외적 동기로 나누어볼 수 있다. 내적 동기는 자발적인 동기로, 자신의 목표를 달성하기 위하여 무엇인가를 하고자 하는 욕구나 에너지가 자발적으로 생기는 것을 말한다. 반면 외적 동기는 보상을 받거나 벌을 피하려는 것이다. 고등학교에서는 교사가 학생들의 학습 태도나 노력 등을 지켜보며 칭찬 등의 보상을 하거나 꾸중이나 벌을 주는 방법을 통해 학생들에게 외적 동기를 제공한다.

외적 동기와 내적 동기의 차이점을 보여주는 실험 사례가 하나 있다. 사회학자인 대럴 시덴탑Darrel Siedentop은 내적 동기와 외적 동기에 대한 실험을 했다. 그가 사는 아파트 옆에는 작은 공터가 하나 있었는데 아이들의 떠드는 소리 때문에 아무 일도 할 수 없었다. 처음에는 아이들을 타일러봤지만 별 효과가 없었다. 그는 아이들에게 "이곳에서 공놀이를 하면 매일 10센트씩 주겠다"고 했다. 처음에는 10센트씩 주었지만 점점 돈이 없다면서 그 액수를 줄여갔다. 마침내 1센트밖에 줄 수 없다고 하자 아이들은 "겨우 1센트 때문에 우리가 여기서 노는지 아세요?"라고 하면서 사라졌다. 그 이후로 아이들은 공터에서 더 이상 놀지 않게 되었다.

1센트라는 돈은 외적 동기이지만 그것은 결코 적절한 동기부여가 될 수 없었던 것이다. 이는 내적 동기가 어떤 행동을 지속적으로 유지하는 데 매우 중요하다는 점을 알려주는 이야기다. 공부도 마찬가지다. 적절한 외적 보상도 필요하긴 하지만 그것이 본질적으로 끝까지 목표달성을 하도록 도울 수는 없다. 영어 단어를 하나씩 외울 때마다 사탕을 한 개씩 준다고 해서 궁극적으로 유창한 영어실력을 갖추게 되겠는가? 그런 외적 동기보다는 '세계일주를 하기 위해 필요한 영어실력'을 기르는 내적 동기가 필요하다는 말이다.

학습에 대한 내적 동기를 부여하기란 결코 쉬운 일이 아니다. 그런데도 대학의 교수들은 학생들 스스로 학습 동기를 유지하길 기대하며 이를 당연하게 생각한다. 즉, 대학에서는 학생들이 자발적으로 공부하고 그 과정에서 지적 희열감을 맛보거나 성취감과 보람을 느껴 더욱 공부에 매진할 수 있는 내적 동기를 지니고 있다고 믿는다. 따라서 대학에서 요구하는 학습을 제대로 하기 위해서는 스스로 동기 부여를 해야 한다. 그렇다면 여러분은 공부에 대한 동기 부여가 자발적으로 일어나는가? 이에 대해서는 '여덟 번째 시간. 공부하고 싶은 마음 만들기'에서 자세히 살펴볼 것이다.

이와 같이 학생에 대한 기대 수준이 달라지기 때문에 수업 진행 방식이나 과제 유형도 달라진다. 교수가 수업 내용을 쉽고 친절하게 설명해주기보다 학생들의 발표나 문제 제기, 참여 등을 요구하는 수업이 많고, 과제 역시 혼자 하는 것뿐만 아니라 여러 명이 함께 해야 하는 것도 있다. 과제에서 요구하는 것들 또한 방대한 자료 조사부터 분석이나 요약, 통합에 이르기까지 다양하다.

대학에서 다루는 교과의 내용들이 깊이 있다는 것도 대학공부가 어려운 이유 중 하나다. 제대로 예습과 복습을 하기 위해서는 상당한 시간이 소요되며, 한두 번을 읽어서는 그 내용을 정확히 파악하기도 어렵다. 또한 고등학교 때처럼 도움이 될 만한 참고서가 없다는 점, 설령 참고서가 있더라도 그것을 그대로 암기하거나 요약하는 것만으로는 좋은 점수를 얻을 수 없다는 점, 그리고 자신이 어느 정도 공부가 된 것인지 확인해볼 문제집이 없다는 점도 학생들이 꼽는 대학공부의 당혹스러움이다.

또 시행착오를 거쳐가며 수업을 듣고 공부를 한 후 치르게 되는 시험도 고등학교와는 여러 면에서 다르므로 어려움을 느낀다. 고등학교의 시험은 대부분 오지선다형 문제이거나 간단한 주관식 문제들로 이루어졌을 것이다. 그러나 대학에서 출제되는 시험 문제의 유형은 진위형$^{True-False}$, 서술형, 문제풀이형 등으로 다양하다. 게다가 중간고사 또는 기말고사 기간으로 정해진 때 이외에도 교수 재량으로 시험 시기를 조정할 수 있고 사전 공고가 없는 간단한 시험을 볼 수도 있다. 대학이라고 해서 시험에서 자유로울 수 있는 것은 결코 아니다.

성공적 대학공부는 태도에서 시작된다

〈하버드 대학의 공부벌레들〉이라는 영화를 보거나 책을 읽은 적이 있는가? 영화 속에서 하버드에 입학한 수재들은 수많은 책과 자료에 파묻혀 씨름하며 밤을 샌다. 그렇게 하고도 과제를 마치지 못하기도 하고, 수업 시간에는 교수의 질문에 답을 하지 못해 난감해하기도 한다. 그러나 학생들은 힘든 과정과 시간을 거치면서 성장한다. 이 영화나 책을 재미있게 보았다면 '나도 대학에서 저렇게 치열하게 공부하고 성취감을 느끼고 싶다'는 생각을 하였을 것이다.

앞에서 살펴본 것처럼 대학공부는 고등학교 때까지 해오던 공부와 다르며 결코 쉽지 않다. 그럼에도 불구하고 많은 학생들이 대학에 와서 공부의 참맛을 느끼고, 배우고 발전하는 희열을 느낀다. 그렇다면 어떻게 해야 재미와 보람을 느끼는 대학공부를 할 수 있을까?

진대제 전 정보통신부장관은 '만점 인생에 필요한 것은 무엇인가?'라는 질문에 알파벳 단어와 숫자조합으로 재미있게 풀어냈다. 그는 다음과 같이 알파벳에 차례대로 1 ~26점의 점수를 부여하였다.

A   B   C   D   E   F   G   H   I   J   K   L   M   N
1   2   3   4   5   6   7   8   9   10 11 12 13 14

O   P   Q   R   S   T   U   V   W   X   Y   Z
15 16 17 18 19 20 21 22 23 24 25 26

그리고 100점짜리 인생이 되기 위해서는 무엇이 필요한지, 단어를 선택하고 단어의 알파벳을 숫자로 환산해서 점수를 계산하였다. 예를 들어 행운을 뜻하는 Luck의 경우, 12+21+3+11이므로 합계는 47점이 된다. 사랑^{Love}의 경우는 54점, 돈^{Money}의 경우는 72점, 지식^{Knowledge}의 경우는 96점이다. 또 열심히 일하는 경우^{Hard work}도 98점으로 100점이 되지 못한다. 그렇다면 인생을 100점짜리로 만들기 위해서는 무엇이 필요할까? 진전장관은 태도를 의미하는 Attitude가 100점이라고 설명하였다. 그리고 인생은 마음먹기에 달려 있다고 덧붙였다.

$$Attitude : 1+20+20+9+20+21+4+5=100$$

태도를 의미하는 Attitude 이외에 인생을 100점으로 만드는 것은 또 무엇이 있을까? 그에 따르면, 스트레스^{Stress}와 휴식^{Take a}

rest도 100점짜리 인생의 조건이다. 스트레스도 겪고 또 스트레스를 풀어야 100점짜리 인생이란 의미로 해석할 수 있다. 우연의 산물이기는 하지만 기가 막히게 떨어지는 이 재미있는 놀이를 그저 흥밋거리로 생각하지 말자. 대학에서 하는 공부도 때로는 상당한 스트레스로 다가올 것이다. 그러나 이 또한 내 인생을 100점짜리로 만들기 위한 요소라 생각하고 긍정적으로 받아들이는 건 어떨까? 그리고 스트레스를 잘 풀 수 있는 생산적인 휴식을 취하는 지혜도 발휘해보자.

여기서 가장 강조하고 싶은 것은 '바람직한 태도'이다. 좋은 태도를 가지고 있다는 것은 성공할 바탕이 준비되어 있음을 의미한다. 태도는 능력의 차이를 뛰어넘게 하는 어떤 힘을 가지고 있다. 또한 주어진 상황을 반전시키는 힘도 가지고 있다. 똑같은 상황에서 어떤 태도를 갖느냐는 바로 자신이 선택하는 것이다. 태도는 결코 주어지는 것이 아니다. 세상에는 긍정적인 상황이나 부정적인 상황이 존재하지 않는다. 다만 긍정적인 태도와 부정적인 태도만 있을 뿐이다. 물론 주어진 상황에 영향을 받긴 한다. 하지만 자신이 어떤 태도를 선택하느냐에 따라 '상황'마저 달라질 수 있다.

항상 적극적, 능동적, 긍정적, 진취적, 열정적인 태도로 공부하는 사람은 수동적, 소극적, 부정적, 비관적으로 공부하는 사람보다 좋은 결과를 얻지 않겠는가? 부정적인 태도에 젖은 사람들은 항상 '누가 상황을 이 지경으로 만든 거야?' 하며 핑계

거리나 비난 대상을 찾을 것이다. 이런 사람에게 장밋빛 미래는 없다. 공부할 여건이 갖추어져 있다고 생각하는 사람, 그렇지 않다고 생각하는 사람이 있다고 하자. 전자는 열심히 공부해서 좋은 결과를 얻을 것이고 후자는 공부에 염증을 느끼고 포기하고 말 것이다. 스스로 공부를 포기하고 싶은 생각이 들때마다 자신에게 긍정적인 말 한마디, 즉 격려와 동기 부여를 하는 습관을 들이면 부정적인 태도를 물리칠 수 있다.

사람에게서 모든 것을 다 빼앗을 수 있을지 모르지만 한 가지만은 결코 빼앗을 수 없다. 그것은 바로 어떤 환경에서도 자신의 태도를 선택할 수 있는 자유, 자신만의 길을 선택할 수 있는 자유이다.

─빅터 프랭클 《죽음의 수용소에서》 저자

함께 대학에 입학한 친구들을 살펴보자. 같은 대학, 같은 과에 입학했다면 그들의 지적 능력에는 별 차이가 없다 해도 무방하다. 설령 차이가 있다 하더라도 그 차이는 그리 크지 않을 것이다. 그러나 그 차이는 대학에서 어떠한 노력의 시간을 보내느냐에 따라 더 커지기도 하고 역전되기도 한다. 완벽한 인생은 마음먹기에 달렸다는 진대제 전장관의 말처럼 성공적인 대학 공부도 자신의 태도, 즉 마음먹기에서 시작된다. 자신이 어떤 능력, 어떤 배경을 갖추고 있느냐가 아니라 어떤 태도를 가졌는가에 따라 상황은 다르게 전개되고 결과물도 달라진다.

어떤 태도로 대학공부를 할 것인지 자신을 돌아보고 마음가짐을 새로이 해보자.

나는 어떤 태도로 대학공부에 임할 것인가?

1. 나에게 필요한 지식과 경험을 얻기 위해 적극적, 주체적으로 생각하고 행동한다.
2. 시간이 많다는 핑계로 다음으로 미루지 않는다.
3. 내 사전에 재수강이란 없다.
4. 예습 · 복습부터 충실히 한다.
5. 지금 내가 공부할 수 있음에 감사하며 긍정적인 태도로 공부한다.
6. 가능한 한 앞자리에 앉고 지각이나 결석을 하지 않는다.
7. 새로운 지식, 다방면의 지식을 열린 마음으로 받아들인다.
8. 대충 안다고 그냥 넘어가지 않는다.
9. 수업 시간에 졸거나 잡담을 하지 않는다.
10. 한 달에 한 권 이상의 책을 읽는다.

CHAPTER 02

두 번째 시간

목표 없는 대학생활은 무의미하다

 나는 방학이 되자마자 다음과 같은 계획을 세웠다.

– 매일 영어공부 2시간

– 전공공부

– MOS^{Microsoft Office Specialist} 자격증 따기

– 아르바이트

그리고 방학 내내 정말 열심히 생활하였고, 그 결과 모든 목표를 달성하였다. 그런데 개강을 앞둔 지금 왠지 모르게 불안하고 지난 방학을 알차게 보내지 못한 것 같은 후회가 밀려온다. 다른 친구들에 비해 체계적으로 계획도 세우고 열심히 생활한 것 같은데, 왜 그런 걸까?

목표가 있다면 절반은 성공이다

요즘 대학생들은 전공공부, 동아리 활동, 아르바이트, 외국어 그리고 각종 자격증 취득 등으로 바쁜 시간을 보내며 열심히 살고 있다. 그러나 한 학기를, 방학을, 그리고 대학 4년을 열심히 생활하고도 자신이 제대로 하고 있다는 확신이 없는 학생들이 많다. 뿐만 아니라 남들은 더 잘해내고 있는 것 같은데 자기 자신은 무언가 잘못하고 있는 것 같은 느낌마저 들기도 한다. 그 이유가 무엇일까?

실제로 하루 24시간을 더 효율적으로 보내기 위한 방법을 알려주는 책과 자료들이 많이 있다. 그와 더불어 많은 사람들이 주어진 시간 내에 보다 많은 일을 하기 위해 시간관리에 대해 계획을 세우고 실천하려고 노력한다. 시간관리는 자기관리의 중요한 요소이며, 성공적인 대학생활을 위해 꼭 갖추어야 할 능력이다. 그러나 무엇을 위해 열심히 살아야 하는지에 대한 구체적인 목표를 가지고 있지 않다면?

그것은 헛수고일 뿐이다. 하루하루를 열심히 생활하고도 공허감을 느낄 수밖에 없다. 구체적인 목표설정 없이 하는 노력들은 마치 산을 오를 때 어느 봉우리에 오르겠다는 계획 없이 그저 남들이 산을 오르니 일단 나도 가보자고 생각하며 앞으로 나아가는 것에 지나지 않는다. 이렇게 산을 오르다 보면 경우에 따라서는 길을 잃고 같은 자리를 맴돌기도 하고, 자신이 가진 에너지를 적절히 배분하여 쓰지 못하고 일찍 소진해버리기도 한다.

그렇다면 성공적인 대학생활을 위해서 어떤 기술을 갖추어야 할까? 많은 학생들이 교재를 효과적으로 읽는 법, 노트필기 하는 기술, 또는 시험을 잘 치는 요령을 생각할 수 있다. 그러나 이러한 기술의 필요성을 깨닫고 익히고 적절히 활용하기 위한 원동력이 되는 것이 있다. 바로 목표이다.

대학생활 4년 동안 무엇을 이루어야 할 것인가? 대학을 졸업할 때 어떠한 능력과 자격을 갖추길 원하는가? 이 질문들에 대한 답은 내 인생의 목표가 무엇인가에 달려 있다. 또한 이번 학기 또는 이번 방학에 무엇을 할 것인가? 이 질문에 대한 답 또한 대학생활의 목표에 달려 있다. 결국 내 삶의 궁극적인 목적지(목표)를 향해 하루하루를 열심히 살아나갈 때, 오늘 내가 흘린 땀방울이 내 삶의 밑거름이 된다. 그러나 그 목적지와 이정표가 표시된 지도와 나침반이 없다면, 그저 얻는 것 없이 바쁘기만 하고 성취감이나 만족을 느끼지 못할 것이다.

목표가 있고 그 목표를 향해 나아가는 사람의 삶은 아름답다. 마이크로소프트사의 빌 게이츠^{Bill Gates}, 디즈니랜드를 만든 월트 디즈니^{Walt Disney}, 포드 자동차를 설립한 헨리 포드^{Henry Ford} 등 자신의 분야에서 최고에 오른 이들은 모두 목표를 향해 앞으로 나아갔다는 공통점이 있다. 목표가 있는 사람 중에도 분명 성공하지 못한 사람이 있을 수 있다. 하지만 목표가 없이 성공한다는 것은 그 가능성이 희박하다.

목표설정은 자신이 현재 갖고 있거나 내면에 잠재되어 있는 욕구, 관심, 과제 등을 파악하고 자신이 이루고 싶은 바를 바탕으로 어떻게 행동할 것인지 그 방향을 설정하는 것이다. 목표는 우리가 어떤 행동을 하게 하는 원동력이 될 뿐 아니라 동기를 부여하기도 한다.

만약 장학금을 받는 것이 목표인 학생이 있다면 아무리 힘들고 어렵더라도 포기하지 않고 '조금만 더 해보자. 이 부분만 지나면 조금 수월해질 거야'라고 스스로 힘을 북돋울 것이다. 목표에는 그러한 힘이 숨겨져 있기 때문이다. 반면 구체적 목표가 없는 학생들은 조금만 어려운 과제가 주어져도 지속성이나 끈기 없이 쉽게 포기하려 들 것이다. 즉 목표가 설정되어 있는 사람은 목표에 도달하기 위한 행동 계획이나 전략 개발에 더 적극적일 뿐 아니라 해야 할 수많은 일의 우선순위도 쉽게 정할 수 있다. 목표는 모든 선택과 행동의 기준이 된다.

빌 게이츠는 1975년 "모든 책상과 가정에 컴퓨터를"이라는 목표를 가지고 마이크로소프트사를 설립하였고, 그 목표를 달성하기 위해 노력하였다. 그 결과 컴퓨터 산업에 혁명적 변화를 가져왔으며 우리는 언제, 어디서나 컴퓨터를 사용하게 되었다. 이처럼 목표에는 세상을 바꾸는 에너지가 숨어 있는 셈이다.

자신의 삶, 누군가의 삶, 더 나아가 세상을 바꿀 만한 목표가 있는가? 확실한 목표가 있다면 이미 절반의 성공을 이룬 것이다. 그리고 이제 그 목표에 도달하기 위해 어떻게 대학생활을 해야 하는지 그 방법을 찾으면 된다. 그러나 가슴 설레고 구체적이며 확실한 목표를 발견하기란 쉬운 일이 아니다. 아직 구체적인 삶의 목표가 없다면, 이제 삶의 지향점부터 찾아보자.

목표를 발견하는 3가지 방법

어떠한 삶을 살고 싶은가? 어떠한 직업을 갖고 싶은가? 어떤 인생을 살고 싶은지 구체적인 목표가 있다면 대학생활 동안, 그리고 30대, 40대, 50대 이후 인생의 로드맵$^{road\ map}$을 그릴 수 있다. 그러나 많은 대학생들이 대학에 들어온 이후에 내가 어떤 일을 잘할 수 있는지, 어떤 인생을 살기 원하는지에 대한 구체적인 답을 찾으려고 한다. 우선 다음 질문들에 답하면서 내가 무엇을 원하는지 좁혀가도록 하자.

첫째, 좋아하는 것들을 적어보자. 자신이 좋아하는 일들을 10가지, 또는 그 이상 구체적으로 적는다. 자신을 억눌러왔던 사회적 고정관념이 있다면 과감히 벗어나 자유롭게 리스트를 작성하도록 한다. 리스트를 작성한 후에는 가장 좋아하는 일부터 우선순위를 정하여 다시 정리해보자. 그러면 내가 어떤 성향을 가진 사람인지 더 잘 알 수 있다.

내가 좋아 하는 일들을 적어보자.

1. _____
2. _____
3. _____
4. _____
5. _____
6. _____
7. _____
8. _____
9. _____
10. _____

둘째, 평생 동안 이루고 싶은 것들을 적어보자. 평생 동안 이루고 싶은 일들을 개인적 측면과 직업적 측면으로 나누어 5가지씩 적어본다. 개인적 측면의 일은 부모님의 환갑 기념으로 가족 여행 떠나기, 외국에서 새로운 문화를 접하면서 1년 이상 살아보기, 친구와 함께 자전거로 세계 여행 떠나기, 또는 자서전을 내는 것처럼 시간과 노력을 들인다면 실현 가능한 일들이다. 그 순간을 즐겁게 함께 할 가족이나 친구를 포함시키는 것도 좋다. 직업적 측면에서는 해외에 ○○업종의 지사를 설립하거나 박사학위를 받는 것, 또는 40세가 되면 고향에 내려가 지역 특산물을 재배하는 것처럼 가능한 구체적으로 업종이나 기관, 지위 등을 적어보자.

평생 동안 달성하고 싶은 일들을 적어보자.

개인적 측면	직업적 측면
1. _____	1. _____
2. _____	2. _____
3. _____	3. _____
4. _____	4. _____
5. _____	5. _____

나는 어떤 사람인지, 어떤 인생을 살고 싶은지 추상적으로 생각만 하는 것보다 적어보면 자신이 무엇을 원하는지 구체적으로 알 수 있다. 또한 막연한 상상의 세계에서 벗어나 자신이 30세 또는 40세가 되었을 때 이루고 싶은 모습이 더욱 뚜렷해진다. 이런 작업이 어려울 때는 자신이 존경하는 인물, 본받고 싶은 롤모델을 떠올려도 좋다. 세계적인 산업 디자이너 '김영세'가 될 수도 있고, 〈난타〉라는 공연으로 새로운 문화 콘텐츠 산업을 일으킨 '송승환'도 좋다. 그들을 통해 직업적인 측면에

서 이루고 싶은 목표가 명확해질 수 있다. 이 작업의 또 다른 의미는 자신이 바라는 바가 무엇인지 구체적으로 적는 과정에서 자신이 적은 꿈들을 이루고자 하는 동기가 강해진다는 것이다.

셋째, 목표를 단계별로 세분화하자. 자신이 바라는 삶이 무엇인지 명확해졌다면, 이제 자신의 목표를 구체적으로 적어보고 어떻게 이루어야 하는지도 생각해보아야 한다. 앞서 작성했던 개인적 측면과 직업적 측면의 달성하고 싶은 일들을 모두 통합하여 목표를 작성할 수도 있고, 개인적 측면 또는 직업적 측면으로 목표를 따로 작성할 수도 있다.

목표를 흔히 비전^{vision}이라고도 한다. 비전은 시각화가 가능한 자신의 미래 모습을 뜻하는데, 이는 도달해야 할 목표이기도 하다. 자신의 목표를 마치 선언문처럼 작성하여 언제 어디서든 꺼내어볼 수 있게 하는 것도 좋다. 그러면 수시로 자신의 목표를 떠올리게 되고 그 목표를 향해 나아가고 있는지 확인할 수 있기 때문이다. 자신만의 목표를 한번 적어보자.

예를 들어 나의 목표가 '글로벌 IT 기업 설립'이라면 목표 도달 과정은 어떠해야 할까? 우선 국내에 IT 회사를 설립한 후, 세계 여러 나라에 지사를 설립하는 방법을 생각해볼 수 있다. 이와 같은 일을 하려면 IT 관련 기술이나 자격증을 취득하고 기업을 운영하는 능력과 외국 문화에 대한 이해 및 외국어 능력을 갖추어야 할 것이다. 그러나 이러한 능력은 일순간에 습득할 수 있는 것이 아니므로 장기적인 계획과 노력이 필요하다. 개인의

현재 역량과 상황에 따라 목표 도달 과정에 다소 차이가 있을
수 있으나 다음과 같은 계획을 세워볼 수 있다.

1. 3학년 때까지 정보보호전문가, 산업기사 자격증을 취득한다.
2. 영어와 중국어를 지속적으로 공부하되, 언어와 문화를 체험
   하기 위해 1년 정도 중국에 교환학생으로 다녀온다.
3. 졸업 후 IT 관련 ○○기업 또는 △△기업에 입사한다.
4. 보안 시스템 개발 및 마케팅 관련 실무를 5~7년 정도 한다.
5. 직장생활 중 온라인 또는 야간 대학원에서 경영학을 공부한다.
6. IT 회사를 창업하고 3~5년 정도 발전시킨다.
7. 중국에 지사를 설립한 뒤, 여러 나라에 지사를 설립한다.

내 인생의 목표(비전)

_____

목표 도달 과정

1. _____
2. _____
3. _____
4. _____
5. _____

이렇게 목표달성 과정까지 구체화하고 나면 대학생활 동안
내가 꼭 이루어야 할 일이 무엇인지 찾을 수 있고, 일의 우선순
위도 분명해진다. 경우에 따라서는 목표는 있으나 아직 어떤
구체적 단계를 거쳐 이루어야 할지 모를 수도 있고, 어떤 목표
가 자신에게 맞을지 탐색의 시간이 더 필요할 수도 있다. 어렵
다고 포기하지 말고, 우선 내 삶의 목표를 구체화하겠다는 목
표를 세우고 이를 찾아가는 과정을 적어보자. 예를 들어 내가
무엇을 잘하는지, 졸업 후에 무엇을 해야 할지 모르겠다면 '대
학 3학년까지 진로를 결정하고 4학년 때는 취업 준비를 하겠
다' 는 목표를 세운다. 그러고는 대학 3학년까지 진로를 탐색하
기 위해 무엇을 어떻게 해야 할지 적어본다.

1. 전공이 적성에 맞는지 재미를 느끼는지 알아보기 위해 전공
　공부 외에 전공 관련 업종에서 인턴 활동을 한다.
2. 전공 외에 관심 있는 영역이 무엇이 있는지 찾아보고 2전공
　또는 3전공을 이수한다.
3. 자신이 좋아하는 것이 직업과 어떻게 관련되는지 동호회나
　스터디 모임에 참여한다. 예를 들어 스포츠를 좋아하지만 선
　수 수준은 아니라면 스포츠마케팅 동호회나 스터디 모임에
　가입해보는 것도 좋다.
4. 외국어 능력이 필수적인 시대이므로 한 학기 또는 1년 정도
　외국에서 지내며 외국어를 익힌다. 이 기회에 자신이 낯선

환경에 얼마나 잘 적응하는지 확인해보고 자립심도 기르기 위해 워킹홀리데이 프로그램을 이용해본다.

이와 같이 인생의 목표가 분명하지 못한 경우에도 단기 목표를 세우고 그 과정을 계획하다 보면, 보다 성공적인 대학생활을 할 수 있다.

폴 마이어^{Paul J. Meyer} 이야기 I

폴 마이어는 어릴 때부터 개인의 성장과 성공의 원리에 관심을 기울여 왔고, 그 원리를 적용하여 27세에 백만장자가 되었다. 그 원리는 무엇일까? 그것은 바로 "목표설정을 통해 성공을 이루게 된다"는 것이다. 폴 마이어는 19세에 '세일즈맨의 넘버원이 되겠다'는 목표를 세웠고, 마침내 이루어냈다. 이후 리더십 스킬을 개발하는 실용적 프로그램 회사를 설립하고 많은 저술과 강연을 통해 세계적인 명성과 존경을 얻었다. 폴 마이어는 스스로 성취한 일 중 75%는 목표설정 덕분이라고 이야기하였다.

목표에는 2가지가 있다

수강 신청을 할 무렵이면 많은 학생들이 교과목에 대한 정보를 나누곤 한다. "OO 과목은 배우는 건 많은데, 과제가 많고 학점도 잘 안 나와"라는 이야기를 들었을 때 '배우는 것이 많다'는

말이 가슴에 남는 학생과 '과제도 많고 학점을 잘 받기 어렵다'
는 말이 가슴에 남는 학생이 있을 것이다. 아마도 전자의 학생들
은 ○○ 과목을 신청할 것이고, 후자의 학생들은 신청하지 않을
것이다. ○○ 과목을 신청한 학생, 그리고 신청하지 않은 학생들
과 이야기를 나누어보면 다음과 같은 이야기를 들을 수 있다.

- ○○ 과목 수강생 : 저는 솔직히 배우는 것 자체를 좋아해서 이
  것저것 해보는 편이에요. 틀리더라도 실수하는 과정에서 배
  울 수 있으니까 마음이 부담스럽지 않아요.
- ○○ 과목 비수강생 : 우리나라는 졸업해서 좋은 직장을 갖기
  어렵잖아요. 혹시 C학점이 하나라도 있으면 안 되니까 학점
  관리를 해야지요.

새로운 것을 배우고 익히는 자체를 대학에서 공부하는 목표
로 여기는 학생들은 숙달목표를 갖는다. 숙달목표를 갖게 되
면 스스로의 능력이나 기술 향상 자체를 추구하게 된다. 또한
과제를 완수하는 과정에서 자신의 능력이 향상된다고 믿는다.
반면, 배움 자체보다는 자신의 능력이 남들보다 우수함을 증명
하고자 성공하기 쉬운 과제를 주로 선택하는 학생들은 수행목
표를 갖는다.

대학생활의 목표 중 상당부분은 공부하는 것과 관련이 있다.
한 학년, 한 학기 단위로 목표를 세분화해서 세워나갈 때는 더

욱 그렇다. 다음 학기 나의 목표는 숙달목표인지 또는 수행목표인지 생각해보자. 그리고 어떤 유형의 목표가 더 좋은지도 생각해보자.

일반적으로 숙달목표를 설정하는 것이 바람직하다는 연구 결과들이 많다. 그러나 수행목표가 높은 학생들이 다른 학생보다 잘하기 위해 적극적으로 학습전략을 사용한다는 연구 결과들도 있다. 정리하면, 숙달목표가 수행목표보다 더 바람직하지만 목표가 없는 것보다는 수행목표라도 설정하는 게 좋다.

앞서 인생의 목표 또는 대학생활의 목표를 발견해보았다. 이제 그 목표들이 노력하면 성공할 수 있는 적절히 도전적인 목표인지, 성공하기 쉬운 목표인지 생각해보자. 그리고 이왕이면 과정을 즐기며 자신을 발전시킬 수 있는 숙달목표를 세워보자.

목표를 적는 데도 기술이 필요하다

목표를 어떻게 기술하느냐에 따라 목표를 이루고 싶은 의욕이 강해질 수도 있고, 단지 희망사항으로 끝나버릴 수도 있다. 만일 목표가 애매하거나 모호한 표현으로 기술된다면, 목표를 달성하기 어렵다. 목표를 어린 시절 꿈과 구분해야 하는 이유도 이 때문이다. 만약 어린 시절 막연하게 '나는 의사가 될 거야' 혹은 '나는 과학자가 될 거야' 라고 생각했다면 그것은 목표가 아니다. 막연한 꿈일 뿐이다. 막연한 꿈에는 목표 도달 과정, 즉 전략이 없다. 잘 기술된 목표는 다음과 같은 특징을 갖는다.

첫째, 구체성이다. 달성하기 원하는 목표는 가능한 자세히 그 내용과 기준을 기술해야 한다. 구체적 목표를 설정하는 것은 목표 도달 과정을 효과적으로 계획하기 위한 출발점이 되며, 실현 가능성 또한 높아지게 된다.

- 잘 기술되지 않은 목표 : 이번 학기에는 일찍 일어나겠다.
- 잘 기술된 목표 : 이번 학기에는 매일 아침 6시 30분에 일어나겠다.

- 잘 기술되지 않은 목표 : 영어공부를 열심히 하겠다.
- 잘 기술된 목표 : 매일 영어 방송을 30분씩 듣고, 영어로 일기를 쓰겠다.

이처럼 구체적으로 기술된 목표는 행동 방향을 제시해주거나 행동 계획을 바로 세울 수 있게 한다. 막연하게 기술된 목표는 실현 가능성이 낮다. '일찍 일어나야지!' 라고 말만 하는 사람은 결코 아침형 인간이 될 수 없다.

둘째, 측정가능성이다. 이는 목표 도달 여부를 알 수 있는 기준이 포함되어 있는가를 의미한다. 즉, 잘 기술된 목표는 기한이나 시점을 확정하고, 추구하고 있는 결과가 어떻게 가시화

될 수 있는지 척도를 포함해야 한다.

- 잘 기술되지 않은 목표 : 좋은 토플 점수를 받겠다.
- 잘 기술된 목표 : 올 8월까지 IBT 토플에서 100점 이상 받겠다.

- 잘 기술되지 않은 목표 : 대학에서 폭넓은 인간관계를 유지하
  겠다.
- 잘 기술된 목표 : 교내 스터디 모임뿐 아니라 여러 대학의 연
  합 동아리 활동에 참여하고, 조별 활동이나 워크숍 등에서 만
  나게 되는 사람들과 주 1회 정도 만나거나 문자 또는 이메일
  로 개인적인 이야기를 나누며 관계를 유지하겠다.

　목표가 '좋은 토플 점수'라면 토플 성적표를 받았을 때 만족
할 것인지, 다시 한번 시험을 볼 것인지 결정하기 어렵다. 또한
언제까지라는 기한을 정해놓지 않는다면, 시간 여유를 가지고
토플 공부를 하기보다 늘 토플 시험을 마음의 짐으로 안은 채
시간을 보내게 될 것이다. 특히 목표가 '인간관계 유지'처럼
추상적인 경우, 대학생활 동안 대인관계를 맺고 유지하는 데
어느 정도의 시간과 노력을 써야 하는지 알기 어렵고 목표를
달성하였는지 여부도 판단하기 어렵다. 그러나 측정 가능한 기
한이나 척도를 이용하여 목표를 기술하게 되면 실천과 평가가
가능한 행동 목표가 될 수 있다. 자신이 세운 목표에 적합한

행동을 했는가 그렇지 않은가를 즉각적으로 판단할 수 있는 것이 바로 측정 가능한 목표다. 만약 측정이 불가능한 목표를 세웠다면 목표를 달성하지 못했더라도 스스로 타협하게 된다.

셋째, 올바른 가치에 부합되어야 한다. 목표는 도전하고 이룰 만한 가치가 있어야 한다. 재미삼아 혹은 객기로 세운 목표는 시간과 노력을 들여가며 이루어도 보람이 없거나 후회스러운 결과를 가져올 수 있다.

• 바람직하지 않은 목표 : 72시간 동안 잠도 자지 않고 열심히 ○○게임을 해서 3단계를 돌파하겠다.

자신의 목표가 프로게이머가 되는 것이라고 해도 이와 같은 목표를 세우고 실천하기 위해 노력한다면, 설혹 목표를 달성한다고 하여도 건강을 잃거나 생활 리듬이 깨져서 정상적인 일상생활이 어려울 것이다. 또한 자신의 목표가 컴퓨터 게임과 관계없는 것이고 단지 오락이나 여가를 위해 게임을 하는데 위와 같은 목표를 세웠다면, 게임이라는 것은 중독성이 있어서 이후에도 계속 게임을 하면서 시간을 낭비하게 될 것이다.

즉, 자신이 열정을 가지고 도전해볼 만한 목표인지 고민해야 한다. '이 목표를 달성하면 나에게 어떤 도움을 주지?'라고 자문해보자. 자신이 원하는 삶, 궁극적으로 이루고자 하는 그 무엇을 위해 이 목표는 어떤 의미와 가치를 갖는지 성찰하는 것은 가치 있는 목표를 세우는 데 매우 중요하다.

넷째, 현실성이다. 우리는 이상을 세우고 꿈을 크게 가질 필요가 있다. 더구나 젊은이라면 더욱 그렇다. 그러나 우리가 세우는 목표는 우리의 노력으로 도달할 수 있는 것이어야 한다. 현실적 가능성과 제약성을 감안하여 목표를 세울 때, 노력하면 달성할 수 있다는 것을 알 때, 포기하지 않고 노력하게 된다. 자신이 갖춘 재능과 조건을 무시한 채 목표를 정한다면 그것은 어린 시절 막연한 꿈과 조금도 다르지 않다.

- 자신의 가능성 : 얼굴이 예쁘다 / 잘생겼다.
                  학점이 좋다.
- 자신의 제한점 : 사투리를 심하게 쓰고 발음이 좋지 않다.
                  긴장하거나 당황하면 말을 더듬는다.
• 바람직하지 않은 목표 : 방송국의 아나운서가 되겠다.

- 자신의 가능성 : 목소리와 발음이 좋다.
                  순발력이 있다.
- 자신의 제한점 : 긴장하거나 당황하면 목까지 붉어진다.
• 바람직한 목표 : 방송국의 아나운서가 되겠다.

목표를 세울 때는 목표달성에 도움이 되는 자신의 장점 및 가능성과 장애가 되는 제약 조건을 파악하고, 노력하면 이룰 수 있는 것인지 판단해야 한다. '방송국의 아나운서가 되겠다' 는 목표를 가진 경우, TV 화면에 잘 나올 수 있는 외모를 갖추었다고 하여도 사투리를 심하게 쓰고 발음이 분명하지 않으며 말을 더듬는 제약 조건을 가지고 있다면 자신의 장점을 살릴 수 있는 다른 목표를 세우는 것이 좋다. 이러한 제약 조건은 아나운서가 되기 위해서는 매우 중요한 요건들이며, 단기간의 노력으로 쉽게 고쳐지지 않기 때문이다. 반면, 목소리와 발음이 좋고 순발력을 갖추었다면, 긴장하거나 당황했을 때 얼굴이나 목이 붉어지는 제한점을 가지고 있더라도 메이크업이나 복장 등을 통해 보완할 수 있다. 또한 아나운서가 갖추어야 할 핵심 능력을 갖추었으므로 목표를 달성할 가능성도 높다고 볼 수 있다.

폴 마이어Paul J. Meyer 이야기 II

폴 마이어가 말하는 5가지 성공계획은 다음과 같다.

첫째, 생각을 명료하게 하라.

둘째, 목표달성을 위한 계획을 세우고, 최종 시한을 정하라.

셋째, 인생에서 원하는 것을 마음을 다해 구하라.

넷째, 자기 자신과 자기의 능력에 대한 최상의 확신을 키우라.

다섯째, 장애와 비난과 여건이 어떠하든지 또 남들이 어떻게 말하고 생각하며 행동하든 자신의 계획을 관철시키겠다는 집요한 결의를 품으라.

목표달성은 100% 나의 몫이다

인생이나 대학생활의 목표를 찾았다면, 빨리 그것을 이루고 싶은 마음이 들지도 모른다. 당장 이 목표를 달성하기 위해 무엇을 할 것인지 계획을 세우고 실천하고 싶은 동기도 강해질 것이다. 문제는 지금의 의욕과 마음가짐이 한결같이 지속되기 어렵다는 점에 있다. 어쩌면 목표를 세우는 것보다 더 중요한 것은 그것을 오랜 시간 꾸준히 유지할 수 있는 끈기일지도 모른다.

목표를 이루는 것은 마라톤과 같다. 오랜 시간 지속적인 노력이 뒷받침되어야 한다. 목표를 이루기 위해 노력하는 중에도 '이렇게 하면 정말 되는 걸까?', '너무 힘든데, 끝이 있는 것일까?' 등의 부정적이고 회의적인 생각이 들 수 있다. 이런 상황에서 누군가는 앞으로 계속 나아가고 누군가는 포기하고 만다. 목표달성을 위해서는 자기 확신이 필요하다. 이는 그 어떤 장애물과 마주치더라도 그것을 극복할 수 있다는 자기 신뢰를 의미한다.

즉, 목표를 이룰 때까지 끊임없이 노력하게 만드는 중요한 요인 중 하나는 자신의 삶을 변화시키는 주체가 바로 나 자신임을 깨닫는 것이다. 지금 현재 자신의 모습은 100% 자신이 만든 것이다. 이렇게 생각해야만 자신이 원하는 목표를 위해 열심히 도전할 수 있다. 다른 사람이나 주변 환경 등을 탓하거나 변명만 일삼는 사람은 목표를 달성하기 어렵다. 목표달성을 위해서는 자신이 모든 것을 바꿀 수 있다는 확신이 있어야 한다. 즉 자신의 인생을 스스로 관리하고 통제할 수 있다고 느끼는지, 내 삶의 진정한 주인이 '나'라는 인식이 있는가를 의미한다. 이를 전문 용어로 통제소재$^{Locus\ of\ control}$라고 한다.

통제소재는 내적^{Internal} 또는 외적^{External}으로 나눌 수 있다. 내적 통제소재를 가진 사람은 자신의 행동, 능력, 성격 등을 통해 자신의 환경이나 여건을 극복할 수 있다고 믿는다. 또한 목표에 도달할 능력을 자신이 가지고 있다고 생각한다. 내적 통제소재를 갖고 있는 사람은 긍정적 사고를 바탕으로 목표에 도달할 방법과 전략을 끊임없이 찾고자 노력한다. '어떻게 하면 학점을 올리고 효율적으로 공부할 수 있을까?', '나의 단점을 극복하고 면접에서 좋은 점수를 받으려면 무엇을 해야 할까?' 와 같은 질문을 할 때 스스로 변화하고자 하는 욕구가 강해지고 목표를 성취할 가능성이 높아진다.

반면 외적 통제소재를 가진 사람은 자신의 목표를 이루는 데 자신의 노력보다 운명이나 외부환경 조건, 타인 등이 더 중요하다고 믿는다. 이런 사람들은 '언제쯤 경제상황이 좋아져 취업하기 좋은 세상이 올까?', '누군가가 나에게 좋은 아르바이트를 소개해주면 얼마나 좋을까?' 와 같이 생각한다. 즉, 외적 통제소재를 가진 사람은 타인에게 의존하고자 하는 경향이 있고 어려움에 처했을 때 끝까지 노력하는 끈기가 부족하다.

다음은 같은 상황에서 내적 통제소재를 가진 사람과 외적 통제소재를 가진 사람이 보이는 반응이다.

- 외적 통제소재 : 이 과제의 답은 무얼까?
- 내적 통제소재 : 내가 어떻게 이 과제를 풀 수 있을까?

- 외적 통제소재 : 중간고사를 잘 못 봤는데, 이 과목에서 절대 좋은 학점은 못 받을 거야.
- 내적 통제소재 : 교수님을 만나 뵙고 중간고사 성적을 만회하고 더 잘할 수 있는 방법이 무엇인지 여쭤봐야겠다.

자신이 세운 목표를 달성하는 데 가장 중요한 요소는 무엇이라고 생각하는가? 자신의 능력과 노력이라고 생각한다면, 내적 통제소재를 가진 것이다. 자신의 노력보다 다른 사람의 도움이나 외부환경이 더 중요하다고 생각한다면 외적 통제소재를 가진 것이다. 자신이 어떤 통제소재를 가졌는지 궁금하다면 다음 사이트에서 간단히 측정해볼 수 있다.

* Web survey locus of control
http://www.dushkin.com/connectext/psy/ch11/survey11.mhtml
* The locus of control test
http://www.queendom.com/tests/access_page/index.htm?idRegTest=704
* Locus of control & attribution style test
http://psychologytoday.psychtests.com/tests/lc_access.html

앞서 이야기했듯, 내적 통제소재를 가진 사람이 목표에 도달할 가능성이 더 크다. 자기 인생의 주인은 자신이며, 스스로의 노력으로 변화될 수 있다는 믿음을 갖자. 다음과 같은 상황에서 내적 통제소재를 가진 사람이라면, 어떻게 대처해야 할까? 자신의 생각을 적어보자.

외적 통제소재 : 이 수업을 듣는 다른 학생들은 모두 나보다 똑똑한 것 같다.
내적 통제소재 : _____

외적 통제소재 : 지금까지 나는 영어를 잘한 적이 없다.
내적 통제소재 : _____

목표를 끈질기게 실천하려면?

대학에서 경험하고 이루고 싶은 것들이 참으로 많을 것이다. 많은 대학생들이 열정을 가지고 열심히 살아가는 모습은 아름답다. 그러나 대학생활 4년 또는 5년 이상을 열심히 생활하고도 무엇을 위해서 노력해왔는지 모르고 공허감을 느끼는 학생들을 보면 매우 안타깝기도 하다.

목표를 세우는 것은 성공적인 대학생활을 위해 주춧돌을 놓는 일이다. 또한 충분한 시간과 노력을 들일 가치가 있는 일이다. 고민과 성찰을 통해 세운 목표는 어디로 가야 할지 뿐만 아니라 어떻게 가야 할지도 함께 알려주는 이정표의 역할을 할 것이다.

그러나 또 다른 문제는 목표를 세우는 데 있는 것이 아니라 그것을 얼마나 끈기 있게 꾸준히 해나갈 수 있느냐이다. 목표라는 것은 현재 자신이 갖고 있지 않은 능력을 갖는 거라 말할 수 있다. 현재 나의 모습과 미래 나의 모습의 차이가 바로 목표의 크기이다. 따라서 오늘 하루 작은 노력으로 달성될 수 있는 목표는 진정한 목표가 아니다. 큰 목표는 수없이 많은 노력과 시간을 필요로 한다. 목표달성은 순식간에 이루어지지 않으므로 목표달성을 위해서는 습관화된 노력이 필요하다. 이를 위해 다음과 같이 실천해보자.

첫째, 끊임없이 목표를 떠올린다. 목표를 세운 후에는 책상 앞에 붙여놓거나 늘 가지고 다니는 수첩에 적는 것이 좋다. 처음 목표를 세울 때는 목표를 달성할 때까지 포기하지 않고 잘할 수 있을 것 같지만, 시간이 지나면 어렵게 느껴지고 포기하고 싶은 생각이 들기도 한다. 자신의 목표를 머릿속으로만 생각하고 있는 것보다 매일 보는 것이 목표를 달성하겠다는 각오를 다지는 기회가 된다. 더 나아가 목표를 이룬 자신의 모습을 생각해보자. 세계 최대 거부들과 성공한 사람들의 성공법칙을 밝혀낸 나폴레옹 힐$^{Napoleon\ Hill}$도 목표를 이룬 자신의 모습을 상상하는 것이 목표달성에 중요하다고 밝히고 있다.

　목표를 머릿속으로 그리고 떠올리는 작업은 긍정적인 자기 암시이다. 1912년 스웨덴 올림픽 철인 10종 경기와 5종 경기에서 금메달을 딴 짐 소프^{Jim Thorpe}라는 육상 선수가 있었다. 그는 다른 선수들이 모두 열심히 땀을 흘리며 연습하고 있을 때 한적한 곳에 누워 있었다. 그런 모습에 화가 난 코치가 핀잔을 주자, 그는 이렇게 말했다. "저는 지금 결승선을 통과하고 우승하는 장면을 떠올리고 있는 중이에요." 물론 그는 다른 선수들 못지않게 많은 연습을 했을 것이다. 그리고 그들과 다르게 목표 달성의 순간을 떠올리며 긍정적 자기암시를 곁들였다.

　둘째, 체크리스트를 만든다. 세부적인 계획표를 바탕으로 주기적으로 점검하는 습관을 들여야 한다. 가능한 자주, 정교하고 구체적인 체크리스트를 활용하여 잘한 점이나 개선점을 평가하는 것이 좋다. 혹시 한 달 동안 미뤄둔 공부나 읽어야 할 책이 쌓여 있다면 지금 당장 오늘 몇 페이지를 공부할 것인지 또는 읽을 것인지 계획하고 실행해보자. '천릿길도 한 걸음부터'라는 속담을 기억하면서, 너무 욕심내지 말고 작은 목표달성에 최선을 다하도록 한다. 하루, 일주일, 한 달, 한 학기의 계획을 실천해갈 때 비로소 목표는 이루어진다.

　셋째, 우선순위를 정해 행동한다. 대학생이 되면 전공 수업과 과제, 동아리 활동, 외국어 공부, 아르바이트 등으로 바쁜 나날을 보낼 것이다. 또 친구와 영화를 보거나 놀다 보면 하루가 훌쩍

가기 일쑤다. 이럴 때 필요한 것이 다양한 활동들의 우선순위를 파악하는 일이다. 다양한 활동들을 하다 보면 정작 중요한 것은 잊고 급한 일들만을 처리하게 되는데 이는 바람직하지 않다. 우선순위 정하기는 시간과 노력을 효과적으로 사용하는 밑거름이 된다. 여기에 대해서는 다음 장에서 자세히 살펴볼 것이다.

 폴 마이어^{Paul J. Meyer} 이야기 III

폴 마이어는 목표를 달성하기 위한 행동계획을 장·단기로 나누어 세우고, 매일매일 목표와 계획표를 보면서 반복해서 신념화하고 결의를 새로이 했다. 그리고 이러한 경험은 폴 마이어의 성공 시스템 '목표를 정한다. 목표에 대한 확고한 신념을 가진다. 행동한다'의 초석이 되었다. 그는 이렇게 말한다. "인생의 목표를 달성하지 못한 사람의 90%는 진짜 패배한 것이 아니었습니다. 다만 그만두었을 뿐입니다."

CHAPTER 03

세 번째 시간

시간관리는 곧 인생을 관리하는 것

나는 하루가 48시간이면 좋겠다. 대학에 오니 할 것도 많고, 만날 사람들도 많고, 공부할 것도 정말 많다. 문제는 늘 바쁘게 생활하는데도 구멍 나는 일들이 있다는 것이다. 그것도 중요한 일들이…. 어느 때는 중요한 과제를 하루 전에 시작하기도 하고, 보고서 제출일을 까맣게 잊어버리기도 한다. 그런데 학교생활뿐만 아니라 일상에서도 마찬가지다. 친구와의 약속이나 아르바이트 시간에도 자주 늦는다. 늘 시간에 쫓겨서 그런지 항상 몸도 피곤하다. 대학생은 모두 이렇게 지내는 걸까? 열심히 살고 있지만 종종 이게 다가 아닌 것 같은 생각이 든다.

시간을 관리한다는 것의 의미

의과대학에 입학한 학생들은 일반적으로 공부를 잘하는 학생들일 것이다. 그런데 이런 학생들도 성적 문제로 제적을 당하기도 한다. 왜 그럴까? 미국의 한 의과대학에서 학생들의 제적 이유에 대해 연구한 적이 있다. 의대생들이 제적을 당하는 가장 주된 이유는 학습 동기가 낮아서도 아니고, 공부전략이 부족해서도 아니었다. 그 이유는 시간관리를 잘 못하기 때문이었다.

대학공부뿐만 아니라 모든 일을 한정된 시간 안에 남들보다 더 빨리 효율적으로 달성하기 위해서는 무엇보다 시간관리를 잘해야 한다. 그런데 여기서 오해하지 말아야 할 것은 우리가 관리해야 할 대상은 결코 '시간'이 아니라 우리들의 '행동과 습관'이라는 점이다. 즉 자신의 생각, 행동을 스스로 통제함으로써 바람직하고 효율적인 습관을 만드는 것이 시간관리의 본질이다.

시간관리를 해야 한다고 해서 아침 일찍 일어나 밤늦게까지 동분서주하는 것을 의미하지 않는다. 하루에 8시간씩 꼬박꼬박 자고도 자신이 해야 할 일을 다 하는 것, 그것이 진정한 시간관리이다. 깨어 있는 동안 에너지와 정신력을 집중하고 적당한 휴식과 수면을 취해야만 다음날에도 효율적으로 시간을 쓸 수 있다. 결국 시간관리의 성패는 1시간을 2시간처럼 쓰는 집중력에

달려 있다. 러시아의 곤충학자인 알렉산드르 류비셰프^{Aleksandr A.}
^{Lyubishev}는 평생 70여 권의 학술서적, 단행본 100권에 달하는 논
문, 수천 권의 소책자와 1만 마리 이상의 곤충표본을 남긴 것
으로 유명하다. 그런데 그보다 놀라운 사실은 그가 하루 평균
8시간 이상을 잤으며 셰익스피어의 작품을 좋아해 달달 외우
고 다닐 정도였다는 것이다.

　실제로 학생들이 어려움을 토로하는 문제들의 상당 부분이
시간관리를 효율적으로 하지 못해서인 경우가 많다. 시간은
누구에게나 하루 24시간씩 주어지며 남는 시간을 저축해놓을
수도, 다른 사람의 시간을 빌려올 수도 없는 대체 불가능한 소
중한 자원이다. 어떻게 시간을 사용하는가가 대학에서의 성공
과 실패를 결정할 수 있다. 시간을 지혜롭고 효율적으로 사용
한다면 목표에 한발 더 다가설 수 있을 것이고, 시간관리를 잘
하지 못한다면 대학생활이 점점 수습하기 어려운 지경에 이를
것이다. 이러한 이유에서 시간관리는 대학에서 익혀야 할 기본
능력이다.

　벤자민 프랭클린^{Benjamin Franklin}이라는 이름을 들어보았을 것
이다. 그는 미국 독립초기의 정치가였으며, 과학자, 외교가, 문
필가로서 크게 성공하였고, 미국인들은 그를 미국의 정신이라
고 부르기도 한다. 어떻게 한 사람이 이렇게 많은 것을 이룰 수
있었을까? 그의 성공 비결은 "인생을 사랑하십니까? 그렇다면
시간을 낭비하지 마십시오. 인생이라는 것은 시간의 집결체

입니다"라는 그의 말에서 찾아볼 수 있다. 프랭클린은 정규교육이라고는 2년밖에 받지 못했지만, 20대가 되자 인생에서 가장 먼저 해야 할 일들을 정리해보고 13가지 항목에 이르는 삶의 가치관을 세웠다.

그의 13가지 덕목은 다음과 같다. 절제^{temperance}, 과묵^{silence}, 질서^{order}(모든 것을 제자리에 두고, 주어진 일을 제때에 한다), 결단^{resolution}, 검약^{frugality}, 근면^{industry}, 진실^{sincerity}(남을 속이지 않으며 순수하고 정당하게 생각한다), 정의^{justice}(다른 사람에게 손해를 입히지 않고 나의 유익함도 놓치지 않는다), 온유^{moderation}(극단적인 것을 피한다), 청결^{cleanliness}, 평상심^{tranquility}, 순결^{chastity}(타인의 신뢰와 자존심에 상처를 입히는 행동은 피한다), 겸손^{humility}. 그리고 이를 지키기 위해 시간을 계획하고 자기관리 수첩을 만들었으며, 13가지 항목별로 나날이 점검표를 짜고 얼마나 지켜나갔는지 체크하고 반성했다.

시간관리는 자신이 세운 목표가 실제 삶에서 어떻게 실행되고 있는지 확인할 수 있는 과정이다. 즉 시간관리는 목표달성을 위한 항해 일지와 같은 것이다. 매일 얼마만큼 나아갔는지 점검하고 잘못된 전략이나 항로를 수정할 수 있도록 도와준다. 시간관리가 제대로 이루어지지 않으면 오늘 할 일을 내일로 미루는 나태함이 자리 잡게 된다.

앞 장에서 성공적인 대학공부와 생활을 위해 목표를 세우는 것이 필수적이라고 이야기하였다. 이 목표를 달성하기 위해 필수적인 것은 바로 시간관리이다. 그렇다면 성공적인 대학 공부, 그리고 대학생활을 위해 시간관리를 어떻게 해야 할까? 이제 시간의 노예가 아닌 시간의 주인이 되기 위하여, 시간관리 전략을 찾아 실천해보자.

먼저 시간 활용 상태를 알아보자

많은 학생들이 해야 할 일 또는 하고 싶은 일을 하기에는 시간이 부족하다고 불평하곤 한다. 그러나 하루는 24시간씩, 일주일은 7일씩, 누구에게나 똑같은 시간이 주어지며 이것은 바꿀 수 없는 사실이다. 주어진 시간을 바꿀 수 없다면 무엇을 바꾸어야 할까? 바로 시간을 활용하는 우리의 태도와 습관이다.

실제로 낭비되는 시간을 줄이고 시간을 효율적으로 사용하는 습관을 기르게 되면 시간을 더 잘 이용할 수 있다. 자신을 제대로 아는 것만큼 시급하고 중요한 일은 없다. 자신의 현재 상황을 명확하고 구체적으로 바라보는 것이 모든 문제해결의 출발점이다. 그 구체적인 방법을 찾기 위해서는 우선 현재 자신이 시간을 어떻게 사용하고 있는지 시간 사용 일지[log]를 작성하여 분석해보자.

시간	월	화	수	목	금	토	일
7							
8							
9							
10							
11							
12							
13							
14							
15							
16							
17							
18							
19							
20							
21							
22							
23							

▶ 시간 사용 일지

약 일주일 정도 시간 사용 일지를 작성한 후 다음과 같이 세부적인 항목으로 나눠서 분석해본다. 아마 자신의 시간 중 많은 부분이 무의미하게 쓰이고 있다는 사실에 놀라움을 금치 못할 것이다.

	하루 동안 쓴 시간	일주일 동안 쓴 시간
취침		
식사		
수업		
공부		
아르바이트		
운동		
세안, 외출준비 등		
집안일		
통학 및 이동		
휴식		
기타		

▶ 활동별 사용 시간표

　위 활동별 사용 시간표를 작성한 후, 다음 질문에 답하면서 자신의 시간 사용에 대해 성찰해보자. 잘되고 있는 것보다는 잘 안 되고 있는 부분이 더 많다는 생각이 들지도 모른다.

• 잘하고 있는 것은 무엇인가?
• 부족하다고 생각되는 것은 무엇인가?
• 수업 외에 공부한 시간은 얼마나 되는가?
• 의미 없이 버려진 시간은 얼마나 되는가?
• 변화 필요성을 느낀다면, 무엇을 어떻게 변화시키고 싶은가?

시간관리를 보다 효과적으로 하기 위해서는 현재 시간관리가 잘 안 되고 있는 원인이 무엇인지 찾아야 한다. 그 원인은 내부적 원인과 외부적 원인으로 나누어볼 수 있으며, 구체적인 이유는 더 다양하게 나뉠 수 있다.

● 내부적 원인
– 몸이 아팠어.
– 첫주니까 대충 해도 되겠지.
– 귀찮았어.

● 외부적 원인
– 개강파티와 동아리 회식 등 모임이 많았어.
– 집안에 갑자기 어려운 일이 생겼어.
– 아르바이트 일정이 변경되었어.

우리는 앞서 내적 통제소재와 외적 통제소재에 대해서 배웠다. 자신이 변화시킬 수 있는 요소들이 많으면 많을수록 그 사람은 변화와 개선의 여지가 크다. 그러나 외적 통제소재에 자신의 현 상황이 좌우된다고 믿는다면 그 사람에게 변화는 무척 어렵고 불가항력의 일이 될 것이다.

내부적 원인은 자신의 목표와 동기를 새로이 하거나 심신을 관리하는 등의 방법을 이용하여 극복할 수 있다. 중요한 것은 외부적 요인에 어떻게 대처할 것인가이다. 외부적 원인 때문에 시간관리가 안 된다고 생각한다면 시간관리는 더욱 어려워진다. 외부적 원인은 그 이유에 따라 약속시간이나 모임 참여를 줄이거나 조정하는 등 우선순위를 바꾸는 방법을 통해 융통성 있게 대처할 수 있다. 외부적 원인은 변수일 뿐이다. 외부적 요인도 자기 스스로 통제하고 조절할 수 있다고 생각하고 노력해보자.

다음으로는 시간을 소모하는 요인들을 성찰해본다. 시간을 소모하는 일들은 꼭 해야 할 일이나 하고 싶은 일이 아니라 '어떻게 하다 보니 한 일'이다. 우리의 하루는 꼭 해야 할 일, 하고 싶은 일, 어떻게 하다 보니 한 일로 이루어져 있다. 이 세 부류에 맞게 자신의 일상을 재구성해보자.

꼭 해야 할 일	하고 싶은 일	어떻게 하다 보니 한 일
		TV시청
		공상
		인터넷 채팅/검색
		낮잠
		친구와의 잡담/통화

▶ 일상의 재구성

꼭 해야 할 일이나 하고 싶은 일보다는 '어떻게 하다 보니 한 일'이 많지는 않은가? 그렇다면 가장 시간을 소모하는 일은 무엇인지 순위도 적어보자. 그리고 불필요한 활동을 줄이고 꼭 해야 할 일이나 하고 싶은 일에 더 많은 시간을 할애하도록 시간계획을 세우도록 한다.

시간		사용시간	주요 활동	개선점
(시작) 7:00	(끝) 8:00	(분) 60	세면, 식사, 등교준비	
8:00	8:40	40	등교	등교 시간 지하철에서 병행할 수 있는 활동 찾아보기
8:40	9:00	20	아무 일도 안 함	다음에는 지난 시간 노트필기 복습시간으로 활용
9:00	10:00	60	심리학 수업	
10:00	10:45	45	커피 & 친구와 담소	휴식과 담소가 너무 긺 다음에는 영어 단어 암기 시간으로 활용
10:45	11:00	15	아무 일도 안 함	
11:00	12:00	60	경영학 수업	
12:00	12:30	30	점심 식사	
12:30	13:00	30	휴식	
13:00	14:30	90	고대사 과목 공부	
14:30	15:10	40	휴식	휴식 시간 줄이기
15:10	15:50	40	수학공부	
…	…	…	…	…

▶ 시간 사용 실태 분석 예

좀더 구체적으로 자신의 시간 사용 실태를 분석하고자 한다면, 위 분석표처럼 하루 단위로 상세히 나누어 살펴볼 수 있다. 이와 같이 분석하다 보면, 하루의 시간 중 개선이 필요한 시간과 각 시간에 적합한 활동을 구체적으로 찾아볼 수 있다. 이제 자신의 시간관리가 무엇이 문제인지, 그리고 어떻게 개선할 것인지 분석되었다면 구체적으로 시간관리 전략을 세워야 한다. 그 첫걸음은 바로 스케줄링^{scheduling}이다. 즉 시간계획을 세우는 법을 익히고 계획을 실천하는 훈련을 해야 한다.

스케줄은 왜 짜야 하는가?

오늘 하루는 무엇을 할 것인지 매일 계획을 세우는가? 더 나아가 일주일, 한 달, 한 학기의 계획을 세우고 있는가? 스케줄을 짜지 않는 학생들이 하는 공통적인 대답은 다음과 같다. 첫째, 스케줄을 짜도 지키지 못하기 때문에 필요가 없다. 둘째, 스케줄을 짜면 마음이 조급해지고 쫓기는 기분이 든다.

그렇다면 스케줄을 짜는 사람은 계획대로 모든 활동이 달성되기 때문에 계속하는 것일까? 꾸준히 스케줄을 짜는 사람들도 결코 계획을 모두 달성하고 있기 때문에 그렇게 하는 것은 아니다. 초등학교와 중·고등학교 시절 완벽한 계획표를 수없이 짜보았을 것이다. 새벽 6시 기상, 1시간 운동, 30분 씻기, 30분 식사, 2시간 영어공부, 10분 휴식, 2시간 수학공부… 이러한 계획표는 너무 완벽하기 때문에 실천할 수 없다. 완벽하다는 것은 빈틈이 없다는 것이지만, 완벽한 계획표에는 일상의 다양한 활동이나 적정한 휴식시간이 포함되지 못한 경우가 많다.

스케줄에는 일상생활의 활동들과 적절한 휴식도 반드시 포함되어야 한다. 휴식도 일과 중에 중요한 시간임을 잊어서는 안 된다. 우리가 스케줄을 짜는 이유는 이상적으로 보이는 계획표를 짜놓고 시간의 노예가 되기 위해서가 아니다. 목표에 도달하기 위해 필요한 노력과 에너지를 자기 주도적으로 사용하기 위해서이다. 그리고 계획한 대로 100% 실천하지 못하더라도 스케줄을 짜지 않는 경우보다 분명히 시간을 더 효율적으로 사용하게 되기 때문이다. 앞서 말한 러시아의 곤충학자 알렉산드르 류비셰프조차도 일기에 자신의 계획 중 28%가 미진했다고 적었지만 평범한 우리가 보기에 평생 동안 얼마나 많은 일을 했는가! 만약 류비셰프가 스케줄을 짜지 않고 하루하루를 살았더라면 과연 그만한 업적을 이루었을까? 혹 스케줄 관리에 시행착오를 겪고, 원했던 결과에 도달하지 못하더라도 실망해서는 안 된다. 그것은 헛된 노력으로 끝나는 것이 아니라 더 성공적인 시간관리에 밑거름이 될 것이기 때문이다. 스케줄을 통한 시간관리가 우리에게 어떤 도움을 주는지 구체적으로 정리해보자.

1. 자기조절에 큰 도움이 된다.
2. 계획한 일들에 책임감을 심어준다.

3. 일을 하고자 하는 동기 유발이 더 잘된다.

4. 일에 대한 계획과 준비를 더 잘할 수 있다.

5. 정신없이 서두르지 않아도 되고 스트레스도 덜 받는다.

6. 시간을 절약하게 되고, 공부 이외에 자유로운 시간을 가질 수 있다.

7. 계획한 일의 목표달성뿐 아니라 대학생활이나 인생의 목표 달성도 쉬워진다.

스케줄 짜는 방법을 알아보자

스케줄 짜는 방법은 크게 세 단계로 나누어볼 수 있다. 첫 번째 단계는 한 달 또는 한 학기, 1년의 장기적인 계획을 세우는 것이다. 두 번째 단계는 주간 계획을 세우는 것이고, 마지막 세 번째는 일일 계획을 짜는 것이다.

우선 한 달 또는 한 학기의 스케줄을 짜는 것부터 살펴보도록 하자. 먼저 학업 또는 개인 목표와 관련하여 해야 할 일들과 마감일, 시작일 등에 대한 계획을 세운다. 구체적인 계획을 세우기 전에 한 달, 한 학기의 목표 또한 명시하는 것이 좋다. 또는 그 기간에 해야 할 핵심 과제를 2~3가지 정도 적어놓는 것도 필요하다. 한 달 또는 한 학기의 목표에 대한 분명한 인지는 중장기적 계획을 세우고 실천하는 데 큰 도움이 된다.

장기적 관점에서 중요한 일들의 시작일이나 중간 진행 활동까지 포함된 계획이 수립되면, 중요한 일을 놓치는 실수를 예방할 수 있다. 또한 과제나 목표별로 적절한 시간을 배분하여 관리할 수도 있다. 다음 한 학생의 장기적인 계획을 살펴보자.

- 이번 학기 목표
- 수강하는 과목들은 모두 B학점 이상 받는다.
- 토익시험에서 700점 이상 받는다.
- 동아리 전시회에 2작품 이상 출품한다.

이 학생은 보고서 제출일을 염두에 두고 언제부터 준비를 해야 할지 계획하였다. 또 실제로 있을 토익시험을 대비하여 모의토익시험도 잡아두었다.

3월

일	월	화	수	목	금	토
				1	2	3
4	5	6	7	8	9	10
11	12 미술사 보고서 시작	13	14	15	16 교양영어 퀴즈준비 시작	17
18	19	20	21	22	23 교양영어 1차 퀴즈	24
25	26	27	28	29	30	31

4월

일	월	화	수	목	금	토
1	2 미술사 보고서 제출	3	4	5	6	7
8	9	10	11	12 한국사 발표준비 시작	13	14
15	16	17	18	19	20	21
22	23	24	25	26	27	28
29	30					

5월

일	월	화	수	목	금	토
		1	2 교양국어 독후감 시작	3	4 모의 토익 시험	5
6	7	8	9	10	11 교양영어 퀴즈준비	12
13	14	15 ◀━━━━ 동아리 전시회	16 ━━━━▶	17	18 교양영어 2차 퀴즈	19
20	21	22	23 교양국어 독후감 제출	24	25	26
㉗ 토익시험	28	29	30	31 한국사 발표		

▶ 장기계획 예

　다음에는 주간 상세 스케줄을 짠다. 학기 중에는 대부분의 스케줄이 수업을 기준으로 운영되므로, 수업이 없는 시간을 중심으로 일주일간 해야 할 일들을 계획한다.

주간 계획은 월간 계획보다 구체적이고 정교해야 한다. 계획을 위한 계획이 되어서도 안 되며, 빈틈없이 빡빡해서 스스로 지치게 만들어서도 안 된다. 자신의 집중력이나 체력 등을 고려하여 실현가능한 계획이 되어야 한다. 목표에 대한 욕심과 의욕만 앞서다 보면 제대로 실천하는 일은 하나도 없을 수 있다.

시간	월	화	수	목	금	토	일
7							
8							
9	현대문학사	국어 1	현대 문화사	국어 1	광고학개론 스터디 모임	여유 시간	종교 활동
10	기업회계	영상문화론	현대 문화사	영상문화론	광고학개론 스터디 모임	여유 시간	종교 활동
11	기업회계	영상문화론		영상문화론		여유 시간	종교 활동
12	광고학개론		기업회계			여유 시간	
13		영상문화론 복습	기업회계	적응심리학 발표 연습	광고학개론		
14	기업회계 조모임	영상문화론 복습		적응심리학 발표 연습	광고학개론		
15	기업회계 조모임	적응심리학		적응심리학			현대 문학사 보고서 초고 작성
16		도서찾기	종교의 이해		종교의 이해	토익 공부	현대 문학사 보고서 초고 작성
17	아르바이트	토익 공부	종교의 이해	아르바이트		토익 공부	
18	아르바이트	토익 공부		아르바이트			
19					동아리 모임		
20		기업회계 퀴즈공부			동아리 모임		다음주 수업 예습
21	적응심리학 예습	기업회계 퀴즈공부	적응심리학 발표자료 제작	국어 1 자료 읽기	동아리 모임	금주 수업 복습	다음주 수업 예습
22	적응심리학 예습		적응심리학 발표자료 제작	국어 1 자료 읽기		금주 수업 복습	다음주 수업 예습
23							

▶ 주간계획 예

이 계획표를 보고 어떤 생각이 드는가? 누군가는 너무 빡빡하다고 할 것이고 또 다른 누군가는 상대적으로 여유가 있다고 할 것이다. 이와 같이 계획을 세울 때는 무엇보다 자신의 능력과 상태를 아는 것이 중요하다. 또한 주간 스케줄을 짤 때는 아무 계획도 없는 여유 시간을 스케줄에 포함하는 것이 중요하다. 열심히 생활하겠다는 각오를 다지며 주간 계획을 세우고 최선의 노력을 다해도, 매일의 계획을 모두 실천하는 것은 정말 어려운 일이다. 월요일의 계획을 모두 달성하지 못한 경우, 화요일을 맞이하는 마음이 무거울 것이다. 혹 화요일에도 계획을 실천하지 못한다면, 마음이 쫓기게 되고 스케줄 관리의 노력을 포기하고 싶은 생각마저 들 것이다.

대학생들의 경우 월요일부터 금요일까지의 주중은 약 20시간 내외의 수업으로 채워져 자유로운 시간관리가 쉽지 않다. 따라서 일주일 단위로 마치지 못한 일들을 할 수 있는 여유 시간이 있어야 한다. 대부분 주말이 될 수 있고, 시간표에 따라 수업이 없는 주중의 오전 또는 오후가 이러한 시간으로 이용될 수 있다. 주중에 다 실천하지 못한 계획들을 보충할 수 있는 여유 시간이 주간 스케줄 내에 반영되어 있으면, 마음의 부담을 덜 수 있고 계획 달성률도 높일 수 있다. 주간 스케줄을 모두 계획대로 실천하였다면, 여유 시간은 자신에게 주는 상으로 생각하고 자유롭게 사용해도 좋다.

마지막으로 구체적인 하루의 상세 스케줄을 작성한다. 주간 스케줄을 작성하였지만, 여러 가지 변동이 생길 수 있다. 갑작스런 약속이나 조별 활동이 생길 수도 있고 아르바이트 일정이 변경될 수도 있다. 이러한 변동 사항을 반영하여 일일 스케줄을 계획한다. 자기 전 다음날 스케줄을 미리 계획할 수도 있고, 아침에 일어나자마자 계획을 짤 수도 있다. 일일 계획표는 다음과 같이 시간별로 짤 수 있다.

시간	계획	준비사항
8-9	등교	암기할 카드(영어, 전공용어) 챙기기
9-12	수업	
12-13	점심 식사	A과목 조모임 병행
13-14	수업	
14-15	도서관	B과목 보고서 자료 대출
15-16	동아리	
16-17	이동 시간	
17-19	아르바이트	
19-20	저녁 식사	쉬면서 조모임 요약 이메일 보내기
20-23	공부	

▶ 일일계획표 예

매일 시간대별로 무엇을 할 것인지 계획을 세우는 것이 부담스러운 경우, 해야 할 일의 목록$^{To\ do\ list}$을 작성하는 방법으로 일일 스케줄을 관리할 수도 있다. 해야 할 일의 목록에는 공부 뿐 아니라 일상생활과 관련하여 해야 할 일도 포함되어야 한다.

해야 할 일	실행 여부
심리학 chapter 3 예습	∨
수학 I 연습문제 5개 풀기	△
커뮤니케이션 조모임	
사회학 보고서 참고도서 대출	
친구 oo에게 생일 축하 문자 메시지 보내기	∨
계란, 빵 사가기	

▶ To do list의 예

　아무리 버려지는 시간이 없도록 최선을 다해도, 도저히 주어진 시간 내에 다 못할 수 있다. 그러면 어떻게 해야 할까? 답은 간단하다. 해야 할 일을 줄여야 한다. 우선순위에 따라 선택할 수밖에 없다. 자신의 능력과 주어진 시간에 비해 너무 많은 목표는 결국 자신을 지치게 만든다. 많은 경우에 학생들이 시간 계획을 세우고 실천하는 것만큼이나 할 일을 줄이는 것도 어려워한다. 아무리 봐도 뺄 수 있는 일이 없는 것처럼 보인다.

　이때 '아이젠하워의 법칙'을 적용하면 도움이 된다. 미국 육군 참모총장과 대통령을 역임한 바 있는 드와이트 데이비드 아이젠하워^{Dwight David Eisenhower}는 시간관리의 대가였다. 할 일이 상당히 많았는데도, 가족과 많은 시간을 함께 보냈고 취미도 다양했다. 어떻게 그럴 수 있었을까? 바로 해야 할 일을 네 등급으로 나누었기 때문이다. 아이젠하워는 중요성과 긴급성을 기준으로 할 일을 네 가지로 나누었다.

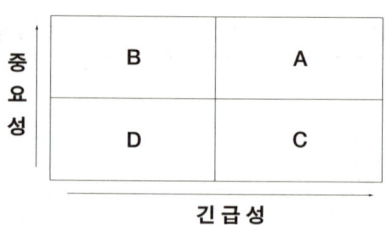

▶ 아이젠하워의 법칙

- A는 시급하면서도 중요한 업무로, 당장 직접 처리한다.
- B는 시급하지 않지만 중요한 업무로, 기한을 설정하고 전략적으로 계획하여 처리한다.
- C는 시급하지만 중요하지 않은 업무로, 다른 사람에게 위임한다.
- D는 중요하지도 시급하지도 않기 때문에 아예 손을 대지 않는다.

어떠한 활동을 줄여야 할지 선뜻 판단이 되지 않을 때, 아이젠하워의 법칙은 좋은 지침이 될 것이다. 이와 같은 노력을 통해 계획표를 작성하였다면, 다음 질문에 답해보자. "예"라고 답할 수 있어야 균형 잡힌 계획표라고 볼 수 있다.

- 계획표에 대학생활에서 중요한 목표들이 반영되어 있는가?
- 계획표에 여러 가지 활동들(공부, 식사, 동아리, 운동, 취침, 휴식 등)이 모두 포함되어 있는가?

- 여러 가지 활동들(공부, 식사, 동아리, 운동, 취침, 휴식 등)에 적절한 시간이 배분되어 있는가?
- 계획표에서 균형과 활력을 느낄 수 있는가?

  이 모든 질문에 "예"라고 답하기 어려울 것이다. 정신 활동과 신체 활동, 그리고 사회생활과 사생활이 잘 어우러지기란 그만큼 어려운 문제이기도 하다. 또는 "예"라고 답했으나 실제로 실천을 하다 보면 계획표와 자신의 진행속도가 맞지 않을 수도 있다. 이런 경우에는 계획표를 조정하는 것이 필요하다. 계획표는 한번 만들면 수정이 불가능한 것이 아니다. 상황과 자신의 능력에 따라 재조정되고 수정되어도 좋다. 다만 스스로 게을러져 뒤로 미루는 습관만은 경계하자.

시간관리 잘하는 방법

  시간관리를 보다 효과적으로 하기 위해 기억해두면 유용한 지침들을 살펴보자.
  첫째, 시간을 블록 단위로 나누자. 혹시 이런 경험이 있는가? 금요일 밤 잠들기 전 '내일은 일어나서 오전에 영어공부 좀 하고, 오후에는 영화 한 편 보고 저녁에는 친구나 만나야겠다' 생각했는데, 일어나 보니 이미 시계는 10시를 가리키고 있었다. 이때 어떤 생각이 드는가? '지금 10시면, 세수하고 밥 먹으면 11시는 되겠네. 11시면 오전도 다 갔는데, 영어공부는 다음으로 미뤄야겠다.' 아마도 자연스럽게 이런 생각이 들 것이다. 이 경우, 하루에 대한 시간 블록이 오전-오후-저녁으로 되어 있기 때문에, 계획대로 되지 않는다고 느낄 때 쉽게 하나의 블록, 즉 오전이나 오후, 또는 저녁 시간을 알차게 보내는 것을 포기하게 된다.

만약 시간계획이 한 시간 단위로 세워졌다면, 10시에 일어났을 때 11시부터의 계획은 지켜야겠다는 생각이 들 것이다. 이러한 이유에서 시간 블록을 어떻게 잡느냐가 매우 중요하다. 바람직한 시간 블록은 한 시간 단위이다. 아직 시간관리가 익숙하지 않다면 한 시간 반에서 두 시간 정도를 하나의 블록으로 잡아도 좋다.

둘째, 프라임타임에 공부하자. 프라임타임은 두뇌가 활성화되고 공부가 잘되는 시간을 의미한다. 일반적으로 프라임타임은 약 2시간 정도이다. 자신의 프라임타임이 언제인지 찾았다면, 프라임타임은 반드시 공부시간으로 할당하는 것이 좋다.

뚜렷한 프라임타임을 찾지 못했다면, 공부를 시작한 시간으로부터 2시간여를 프라임타임으로 생각하면 된다. 따라서 도서관에서 공부를 시작했는데 친구가 커피 한잔 마시자고 한다면, 2시간 후에 마시자고 하는 것이 좋다. 프라임타임 2시간 동안이 가장 생산적으로 공부할 수 있는 시간이기 때문이다.

셋째, 매일 같은 시간대에 공부하자. 규칙적으로 운동을 해본

적이 있는가? 대부분의 사람들이 아침 또는 저녁의 일정한 시간에 운동을 한다. 가능한 한 스케줄을 짤 때 동일한 활동을 같은 시간대에 계획하는 것이 좋다. 공부도 규칙적으로 같은 시간대에 하게 되면, 집중력도 높아지고 공부의 질도 높아진다.

넷째, 어려운 것부터 해결하자. 공부를 할 때 좋아하는 과목이나 쉬운 과목부터 하는 학생들이 있고, 어렵고 하기 싫은 과목부터 하는 학생들도 있다. 전자의 학생들은 남은 것이 어렵고 싫은 것이기 때문에 좋아하는 과목을 먼저 하면서도 남은 공부 생각에 마음이 가볍지 않고 또 이를 미루려는 경향이 있다. 반면 후자의 학생들은 미루는 습관이 줄어든다. 남은 공부가 쉽고 좋아하는 것이기 때문에 계획을 모두 달성할 가능성도 높다. 시간관리를 할 때에도 마찬가지이다. 하기 싫은 것, 어려운 것부터 마치는 것이 좋다. 특히 미루는 습관이 문제라고 생각된다면, 이 전략을 꼭 기억하고 실천하는 것이 좋다.

다섯째, 정해진 시간에 집중하자. 계획표를 작성한 후에는 정해진 시간에 해야 할 활동들을 중단하지 않는 노력이 필요하다. 계획된 활동을 하면서 자주 쉬거나 중단하면 효율성이 떨어진다. 또한 중단하지 않고 집중하려는 노력을 통해 집중력이 길러지고 성취감도 커진다.

여섯째, 만약을 대비한 시간을 남겨두고 계획을 세우자. 앞에서도 이야기한 바와 같이 계획대로 실천하지 못했을 때 여유를 가질 수 있는 시간이 스케줄에 반영되어야 한다. 여유 시간이 계획표에 포함되면, 마음의 여유를 가질 수 있고 시간관리의 노력이 지속될 수 있다. 항상 계획은 다양한 변수에 따라 변경될 여지가 있음을 염두에 두어야 한다.

마지막으로 공부나 수업과 관계없는 활동을 포함하자. 대학에서 무엇을 이루고 싶은가? 학문적 성취뿐 아니라 대인 관계나 취미 활동 등 다양한 목표들이 있을 것이다. 계획표에는 이러한 활동들이 모두 포함되어야 지치지 않을 뿐 아니라 더 열심히 생활할 수 있는 에너지가 충전된다. 또한 완벽주의에서 벗어나 상황에 대처하는 여유를 갖는 것도 필요하다.

에너지 리듬도 시간관리만큼 중요하다

누구에게나 하루 24시간은 똑같이 주어진다. 그러나 24시간 중 공부가 잘되거나 생각이 잘 떠오르는 시간, 운동이 잘되는 시간 등은 모두 다르다. 즉, 개인마다 에너지 리듬이 다르기 때문에 해야 할 일들마다 효율적으로 처리할 수 있는 시간 또한 다르다. 하루 중 자신이 공부가 잘되는 시간이 언제인지 알고 있는가?

어떤 학생들은 '새벽형'이라고 하여 아침 일찍 공부가 잘되며, 또 어떤 학생들은 '올빼미형'이라고 하여 밤늦은 시간에 두뇌 활동이 활발해진다. 이와 같은 자신의 에너지 주기를 알고 이해하면, 그에 따라 일정을 조절할 수 있고 자신의 에너지 또한 효율적으로 활용할 수 있다. 우선 다음 질문에 답하면서 자신의 에너지 리듬을 알아보자.

나의 에너지 주기

새벽에 하면 가장 좋은 일 : _____

새벽에 하면 맞지 않은 일 : _____

오전에 하면 가장 좋은 일 : _____

오전에 하면 맞지 않는 일 : _____

오후에 하면 가장 좋은 일 : _____

오후에 하면 맞지 않은 일 : _____

저녁에 하면 가장 좋은 일 : _____

저녁에 하면 맞지 않은 일 : _____

밤에 하면 가장 좋은 일 : _____

밤에 하면 맞지 않은 일 : _____

실제 많은 학생들이 자신의 에너지 흐름을 알지 못할 뿐 아니라 어떤 시간대에 공부의 효율성이 높아지는지도 알지 못한다. 우선 자신의 에너지 주기를 알아보기 위해 매일 해야 하는 일들을 나열해본다.

• 전공공부 / 영어공부

- 운동
- 교양도서 읽기
- 인터넷 이용
- 아르바이트

다음으로는 위의 활동들을 하루 중 어느 시간에 하는 것이 자신에게 더 맞는지 찾기 위해, 한 가지 활동을 시간대를 바꾸어가며 해본다. 예를 들어 사고력과 집중력을 요하는 전공공부에 적합한 시간을 찾기 위해 하루는 새벽에, 다음날은 아침에, 그 다음에는 오후, 저녁, 밤으로 공부 시간을 바꾸어가며 공부해본다. 이렇게 한 주, 두 주 정도 공부하다 보면 두뇌 활동이 활발해지고 효율적으로 공부할 수 있는 시간 찾기가 가능하다. 다른 활동들의 경우도 같은 방법으로 활동 시간대를 바꾸어가면서 적절한 시간을 찾아본다. 이와 같이 자신의 에너지 흐름에 적합한 활동이 무엇인지 알고, 시간계획에 반영하면 같은 시간에 더 많은 활동을 할 수 있을 뿐 아니라 몸과 마음의 에너지도 최적의 상태를 유지할 수 있다.

다음으로는 자신의 에너지 원천이 무엇인지 파악하는 것이 필요하다. 24시간을 효율적으로 사용하다 보면 중간에 지치고 에너지가 떨어지게 된다. 따라서 새로운 에너지를 충전해주어야 한다. 자신에게 어떤 활동이 에너지를 충전해주는지 찾아보자. 예를 들어 다음과 같은 활동들이 에너지를 보충해줄 수 있다.

- 기지개를 켜거나 심호흡을 한다.
- 음악을 듣는다.
- 간식을 먹는다.
- 커피나 음료를 마신다.
- 잠시 이야기를 나눈다.
- 목표를 재고해본다.
- 활동을 바꾼다.
- 흥미로운 일을 계획한다.
- 사랑하는 가족이나 사람의 사진을 본다.
- 낮잠을 잔다.

이상의 활동들 외에도 가능한 여러 종류의 활동들을 에너지 원천으로 가지고 있는 것이 좋다. 그리고 적극적으로 자신에게 새로운 에너지를 충전해주는 활동들을 개발해야 한다. 간혹 휴식을 취하면서도 마음은 편하지 않다고 이야기하는 사람들이 있다. 휴식은 절대 게으름과 동의어가 아니다. 휴식은 계획적으로 쉬는 것이다. 또한 휴식이란 정신적, 육체적 영역 모두에 해당하는 것이다. 몸은 쉬면서도 머릿속으로는 계속 공부나 일을 생각한다면 그것은 진정한 의미의 휴식이 아니다. 몸과 마음이 모두 즐거운 상태에서 다른 활동에 몰입하는 것이 좋다. 운동이나 등산, 영화 감상처럼 자신이 좋아하는 일을 선택해서 자신의 스케줄에 포함시켜야 한다.

휴식하는 법, 제대로 노는 법을 알아야 정작 자신이 해야 할 일, 공부나 일에 더 집중할 수 있고 효율성 또한 높아짐을 알아야 한다. 미국 LPGA에서 맹활약을 펼치던 박세리 선수가 한때 슬럼프에 빠져 아예 골프채를 잡지 않고 산책이나 등산, 여행 등으로 시간을 보낸 적이 있다. 박세리 선수는 자신의 긴 슬럼프의 원인을 '골프 이외의 활동을 즐기지 못한 데 있다'고 스스로 진단했다. 그녀에게 골프는 매우 중요한 일이었지만 그 이외의 여가활동에 할애된 시간이 없다는 것 자체가 그녀를 지치게 만들고 골프에 집중할 수 없게 한 셈이다.

신체 특정 부위의 근육을 강화하기 위해서는 매일 운동하는 것보다 운동과 휴식을 적절히 반복해주는 것이 좋다. 우리 두뇌도 너무 오랫동안 과부하 또는 긴장 상태가 유지되면 오히려 집중력과 효율성이 떨어진다. 적절히 집중하고 이완하기 위해서는 자신에게 적합한 형태의 휴식 방법을 찾고 그것을 스케줄에 정기적으로 포함시키는 것이 필요하다.

벼락치기로 하는 공부는 매일 할 수 없다. 하루 이틀은 버틸수 있겠지만, 매일 비상 상태로 생활할 수는 없기 때문이다. 성공적인 대학생활에 대한 열의가 높더라도 무조건 열심히 하는 것이 성공을 보장하지 않는다는 사실에 모두 동의할 것이다. 자신의 에너지 리듬과 에너지를 재충전하는 활동들이 무엇인지 아는 것은 보다 지혜로운 시간관리의 밑바탕이 될 것이다.

CHAPTER 04

네 번째 시간

나에게 꼭 맞는 공부방법 찾기

> 나는 영어 단어를 외울 때 직접 손으로 쓰면서 외운다. 어떤 때는 노트가 새까맣게 될 정도이다. 그리고 조용한 곳에서만 공부가 되기 때문에 되도록 집에서 혼자 공부한다. 나에게는 다른 사람들이 넘기는 책장 소리까지 방해가 되는데, 내가 너무 예민한 걸까?
>
> 반대로 내 주위에는 손가락 하나 까딱하지 않고 중얼 중얼거리면서 영어 단어를 외우는 친구가 있다. 그 친구는 사람들이 많은 도서관이 더욱 공부가 잘된다고 한다. 그뿐만 아니라 가끔은 시끄러운 지하철이 자신만의 공부방이라고 말할 때도 있다. 사람마다 왜 이렇게 다르며, 도대체 어떤 방법이 더 좋은 것일까?

나의 감각 선호도 찾기

봄에 대학 캠퍼스를 거니는 학생들을 보면 '저 친구는 신입생이구나' 하는 것을 금세 알아챌 수 있다. 나름대로 멋을 부리고 요즘 유행하는 복장과 가방, 액세서리 등을 하고 있지만 왠지 어색하고 어울리지 않는다. 그러나 대학에서 한 학기, 두 학기 지내면서 점차 자신에게 맞는 스타일을 찾아가는 것을 보곤 한다. 키가 큰 사람은 큰 대로, 작은 사람은 작은 대로 자신의 장점을 살리고 단점을 보완하려고 노력한다. 친구가 입은 최신 유행의 옷이 자신에게는 어울리지 않는다는 것을 알면, 굳이 유행에 따르려고 하지 않을 것이다.

아무나 입어도 멋지게 어울리는 옷이 없는 것처럼, 누구에게나 꼭 맞는 최고의 공부방법은 없다. 대신 자신의 감각이나 두뇌 활동, 그리고 성격 등에 따라 좀더 적합한 공부방법은 있다. 늘 1등만 하는 친구의 공부방법을 따라해보았지만 오히려 공부가 잘되지 않았던 경험이 있는가? 친구에게는 멋지게 어울리던 옷이 내게는 어울리지 않는 것처럼, 친구의 공부방법이 내게는 맞지 않을 수 있다. 자신에게 맞는 색깔의 옷이 있는 것처럼, 내게 맞는 공부방법을 적극적으로 찾아보자.

우선 인간의 다섯 가지 감각을 한번 떠올려보자. 시각, 청각, 촉각, 후각, 미각. 우리는 이러한 감각을 통해 외부 환경으로부터 어떠한 정보를 인지하게 된다. 그러나 모두가 똑같은 감각을 이용하여 정보를 받아들이는 것은 절대 아니다. 즉 각자 정보를 습득하는 주된 감각이 있다. 학습과 관련하여 주로 정보를 받아들이는 감각은 시각, 청각, 촉각이다.

한 번 본 얼굴은 절대 잊지 않는 사람도 있을 것이고, 한 번 들은 이름은 절대 잊지 않는 사람도 있을 것이다. 왜 이런 차이가 나는 것일까? 이들은 각각 선호하는 정보 습득 방식이 다르기 때문이다. 얼굴을 잘 기억하는 사람은 시각, 이름을 잘 기억하는 사람은 청각이 주된 정보 인지 방법이다. 물론 정보를 받아들이는 것 외에도 사람들은 생활 속에서 우선적으로 반응하는 감각을 제각기 가지고 있다. 만약 학기 중에 가장 기뻤던 일을 떠올려보라고 했을 때, 성적표에 적힌 A$^+$가 머릿속에 그려지는 사람은 시각, "잘했어" 혹은 "수고했어"라는 교수의 칭찬이 떠오른 사람은 청각, 많은 학우들 앞에서 발표수업을 성공적으로 끝낸 뒤에 느낀 짜릿함이 떠오른다면 촉각이 주된 감각이라고 말할 수 있다.

정보를 습득하는 방법에 따라 효과적인 공부방법에도 차이가 있다. 앞서 살펴본 바와 같이 사람마다 정보를 습득하는 주된 방법이 다르기 때문에 효과적으로 공부하기 위해서는 자신에게 맞는 방법을 찾아야 한다. 자신의 감각 선호도를 다음 질문을 통해 알아보자.

다음 질문의 보기 중 자신을 더욱 잘 설명하고 있는 것을 고른다.

1. 나는 새로운 것을 배울 때 대체로 ___ 하고 싶다.

☐ a. 누군가에게 설명해달라고 요청

☐ b. 책이나 잡지에서 관련 내용 읽기

☐ c. 직접 해보고, 필기하거나 모델 제작

2. 파티에 참석하면, 나는 대부분의 시간을 ___ 하며 보낸다.

☐ a. 한번에 2~3명과 이야기 나누기

☐ b. 사람들을 살펴보기

☐ c. 춤추고, 게임도 하며, 어떤 활동에든 참여하기

3. 내가 뮤지컬 공연을 돕게 된다면, ___ 하고 싶다.

☐ a. 작곡하거나 반주 연주

☐ b. 의상 디자인, 배경 색칠, 조명 효과 담당

☐ c. 의상 제작, 세트 제작, 연기

4. 화가 났을 때 나의 첫 반응은 ___ 이다.

☐ a. 화난 대상에 대하여 사람들과 말하고 웃고 농담하기

☐ b. 자신 또는 다른 사람을 비난하고, 화가 난 것에 대해 상상하거나 속으로 삭이기

☐ c. 근육이 긴장되고 무언가를 치거나 던지기

5. 내가 경험해보고 싶은 행복한 일은 ___ 이다.

☐ a. 연설이나 연주 후 우레와 같은 박수를 받는 것

☐ b. 이슈가 될 만한 상을 받을 만큼 훌륭한 사진을 찍는 것

☐ c. 춤, 연기, 스포츠 경기 등과 같은 신체 활동에서 1등 하는 것

6. 나는 ___ 과 같은 방법을 사용하는 교수를 선호한다.

☐ a. 설명과 토론 같은 강의 기법 사용

☐ b. 칠판에 쓰거나 시각 자료 이용, 읽기 과제

☐ c. 포스터나 모델 제작, 연습, 교실 활동

7. 나는 내 자신이 ___으로 말한다는 것을 안다.

☐ a. 다양한 목소리 톤

☐ b. 눈이나 얼굴 표정

☐ c. 손짓이나 몸짓

8. 나중에 기억하기 위해 어떤 사건을 기억해야 한다면, 나는 ___ 방법을 선택할 것이다.

☐ a. 누군가에게 크게 말하거나 오디오 테이프를 듣거나 노래 부르기

☐ b. 그림을 보거나 설명 읽기

☐ c. 춤, 연극, 연습 등과 같은 움직임을 재현해보기

9. 새로운 음식을 요리할 때 ___ 이 좋다.

☐ a. 누군가에게 방법을 설명 듣는 것

☐ b. 레시피를 읽고 판단하는 것

☐ c. 많은 냄비, 접시, 도구 등을 이용하는 것

10. 여유 시간에 나는 ___를 좋아한다.

☐ a. 라디오 듣기, 전화로 수다 떨기, 음악회 관람

☐ b. 영화 보기, TV 보기, 잡지나 책 읽기

☐ c. 운동하기, 산책, 게임하기, 만들기

11. VCR, 캠코더, 컴퓨터 같은 기자재를 처음 사용할 때, 나는 ____

☐ a. 어떻게 사용하는지 설명을 듣고 싶다.

☐ b. 작동법을 읽거나 다른 사람이 하는 것을 지켜보고 싶다.

☐ c. 바로 직접 해보고 싶다.

12. 나는 _____ 교실이 좋다.

☐ a. 다른 학생들과 상호작용 할 수 있도록 원형으로 배치된

☐ b. 교수자와 마주할 수 있도록 깔끔하게 정열된

☐ c. 다양한 활동을 할 수 있도록 무작위 순으로 배열된

출처: Hopper, C. H. (2001). Practicing college study skills. pp. 150-151.

위의 질문들에 답하였다면 a, b 그리고 c로 답한 것이 각각 몇 개인지 세어본다. a라고 응답한 수가 더 많다면 청각적 학습자이며, b라고 응답한 수가 더 많다면 시각적 학습자, 또한 c라고 응답한 수가 더 많다면 촉각적 학습자이다. a, b 그리고 c, 각각에 응답한 수의 차이가 많이 날수록 특정 성향이 강한 것을 의미한다. 예를 들어 a에 답한 것이 8개, b에 답한 것이 2개,

c에 답한 것이 2개라면 청각적 학습자의 성향이 강한 것이다. 반면, 응답 수에 별 차이가 없다면 어느 한 가지 성향이 두드러지지 않다는 의미이다. a가 4, b가 3, 그리고 c가 5개라면 정보를 습득하는 데 청각적, 시각적 그리고 촉각적 성향을 비슷하게 가지고 있는 것이다.

그렇다면 각각의 성향에 맞는 공부방법은 무엇일까? 만약 자신이 청각적 학습자라면 강의를 듣거나 녹음 자료를 이용하여 학습하는 것이 좋다. 하지만 결코 수업 시간에 열심히 듣기만 하면 된다는 의미는 아니다. 청각적 학습자더라도 수업을 들을 때 필기를 해야 한다. 또한 청각적 학습자들에게는 토론 학습을 즐기고 그룹으로 학습하는 것이 도움이 된다. 공부한 내용을 상대방과 이야기하거나, 자신이 학습한 내용을 누군가에게 설명하고 가르치면서 더욱 기억을 잘하기 때문이다.

시각적 학습자의 경우, 어떤 내용을 학습하고 기억해야 한다면 시각자료를 이용하는 것이 좋다. 예를 들어 단어를 외워야 할 때, 듣기만 하는 것이 아니라 칠판이나 책 또는 노트에 쓰면서 그 단어의 형태를 보는 것이 도움이 된다. 따라서 중요한 정보가 있다면 색깔을 달리하여 밑줄을 치거나 표시하며, 그래픽이나 그림으로 공부하는 것이 좋다. 또한 학습 내용들을 다이어그램이나 컨셉맵 등의 형태로 표현해보는 것도 좋다. 컨셉맵은 '다섯 번째 시간'에 자세히 살펴보도록 하자.

신체 활동을 선호하는 타입, 즉 촉각적 학습자일 경우 공부하고 있는 것을 만져보거나 직접 체험해보는 것을 선호한다. 촉각적 학습자들은 공부하는 내용을 물리적으로 조작해볼 때 이해와 기억이 촉진된다. 따라서 실험이나 현장 학습, 역할극 등의 방법을 이용한다면 학습 효과가 극대화될 것이다. 만약 학습 내용이 실제로 만지거나 체험할 수 있는 성격이 아니라면, 공부한 내용을 플래시카드로 만들어보거나 이를 이용하여 공부하는 것이 도움이 된다.

좌뇌와 우뇌, 나는 어느 쪽?

우리의 두뇌는 좌뇌와 우뇌로 나누어볼 수 있다. 지금까지 두뇌에 관한 많은 연구가 있었고 그 결과, 좌뇌와 우뇌의 주요 기능에는 차이가 있다고 밝혀졌다. 물론 '어떤 기능은 좌뇌, 어떤 기능은 우뇌'라는 식의 이분법적 사고는 바람직하지 않지만, 각 뇌가 가진 특성을 알게 되면 자신에게 맞는 효과적인 공부전략을 세우기 쉽다. 일반적으로 좌뇌는 분석적이고 논리적이며 신중하고 계획적이다. 반면 우뇌는 예술적이고 창조적이며 문제해결에 있어서도 직관이나 감정에 의존하는 경향이 있다. 한번 표로 정리해보자.

좌 뇌	우 뇌
논리적	감정적
사실적	상상적
언어 사용	이미지나 상징
아는 것	믿는 것
순서 또는 패턴 인식	공간 인식
대상의 이름을 아는 것	대상의 기능을 아는 것
안전 지향	위험 감수

▶ 좌뇌와 우뇌의 기능

　이러한 좌뇌와 우뇌의 차이 때문에 각 뇌에서 이루어지는 학습 관련 인지 활동도 다르다. 좌뇌에서는 정보가 순차적으로 처리된다. 그래서 좌뇌가 발달한 사람은 사건이나 사물을 논리적으로 배열하거나 목록을 만드는 데 뛰어나다. 조모임 발표 과제에 유난히 자료 조사와 정리에 뛰어난 사람들이 있을 것이다. 이들은 좌뇌가 발달한 사람이라고 볼 수 있다. 또한 좌뇌는 논리적으로 정보를 처리하기 때문에 책을 읽거나 수업을 들으면서 관련 정보들을 연결하여 논리적 결론으로 도출한다.

　반면, 우뇌는 정보를 전체적으로 처리하거나 무작위로 처리한다. 즉 나무보다는 산이 먼저 눈에 들어오는 사람들이 우뇌가 발달한 사람들이다. 따라서 이들은 전체를 먼저 보고 부분적으로 내용을 파악한다. 그러므로 여러 과제나 활동을 넘나들며 사고하는 경향이 있다. 이들은 정보를 직관적으로 처리하기 때문에, 답은 알지만 그 과정은 분명하지 않아서 답에서 시작하여 거꾸로 추론하는 방법을 사용한다.

예를 들어 '집을 짓기 위해서는 어떤 과정과 재료가 필요한가?' 라는 문제를 해결하기 위해 우뇌가 발달한 사람은 짓고 싶은 집을 먼저 떠올리게 된다. 그리고 집이 완성되기 바로 이전 단계는 무엇인지 생각하고, 또 그 이전 단계는 무엇인지 생각해가는 것이다. 집을 완성하기 전에 지붕을 올려야 하고, 지붕을 올리기 전에는 벽체가 있어야 하고, 벽에는 문과 창문이 있어야 하고… 등과 같이 사고하는 것이다. 이를 후행 사고^{working} ^{backward} 전략이라고 한다.

좌뇌 또는 우뇌 중 어느 한쪽 뇌의 활동이 더 활발한 학습자는 대체로 학습 내용이나 과제가 바뀌어도 유사한 전략을 계속 사용할 가능성이 높다. 따라서 좌뇌와 우뇌가 고르게 발달한 사람에 비해 공부를 하거나 문제를 해결할 때 유연한 전략을 생각해내기가 어렵다. 따라서 되도록 공부를 할 때에는 좌뇌와 우뇌를 골고루 활용하는 것이 좋다. 한 과목 또는 유사한 학습 내용만 계속 공부하기보다 과목을 바꾸어가며 공부하는 것이 좌뇌와 우뇌를 골고루 활용할 수 있는 방법이다.

과목을 바꿀 경우, 이전 과목에서 사용하던 전략을 계속 사용하는 것은 별 도움이 되지 않는다. 이때는 새로운 과목에 맞는 전략이 무엇인지 먼저 생각하고, 새로운 전략을 적용해보고자 노력해야 한다. 즉, 자신이 동일한 학습 전략만 계속 사용하지 않도록, 의도적으로 접근법을 바꾸어보는 것이 좋다.

혼자서 학습하기 vs. 그룹으로 학습하기

대학공부는 수박 겉핥기식으로 해서는 안 되는 어렵고 깊이 있는 내용을 많이 다룬다. 따라서 한 문제에 관해 다양한 관점을 필요로 하므로 여러 명이 함께 공부하는 것이 도움이 된다. 특히 내용에 대한 이해를 넘어 다양한 상황에서 응용하거나 활용해야 하는 과목, 또는 다양한 관점과 해석을 요하는 과목의 경우, 여러 명이 모여서 공부하면 시너지 효과가 발생한다. 그래서인지 요즘에는 학생들이 자발적으로 스터디 그룹을 만들기도 하고, 수업에서 조별 활동을 권하기도 한다.

그러나 일부 학생들은 여러 명이 모이기 위해 약속을 잡고 할 일을 분담하는 등 그의 모든 과정이 번거롭고 비효율적이라고 생각하기도 한다. 물론 어느 것이 더 좋은 방법이라고 말할 수 없다. 왜냐하면 자신에게 더 맞는 공부방법이 있기 때문이다. 따라서 자신에게는 어떻게 공부하는 것이 더 맞는지 알면 공부 전략을 세우는 데 좀더 유용할 것이다. 자신이 선호하는 것은 어떤 방식인지 알아보자.

다음 질문의 보기 중 자신을 더욱 잘 설명하고 있는 것을 고른다.

1. 생물학 실험 공부를 할 때, 나는 ___ 을 더 선호한다.

☐ a. 실험 파트너와 함께 작업하는 것

☐ b. 혼자 작업하는 것

2. 어려운 개인적 문제에 봉착했을 때, 나는 ____을 더 선호한다.

☐ a. 다른 사람과 의논하는 것

☐ b. 혼자 해결하는 것

3. 많은 교수들이 ____함으로써 수업을 개선할 수 있다.

☐ a. 토론이나 그룹 활동을 더 많이 포함

☐ b. 학습자에게 스스로 학습할 수 있는 기회를 더 많이 제공

4. 강의를 들을 때 나는 ____에 더 반응한다.

☐ a. 아이디어를 제시하는 사람

☐ b. 아이디어 자체

5. 팀 프로젝트를 수행할 때 나는 ___을 더 선호한다.

☐ a. 몇 명의 팀원들과 함께 작업하는 것

☐ b. 과제를 나누고 나에게 할당된 것을 완벽하게 하는 것

6. 쇼핑을 하거나 심부름 할 때, 나는 ___을 더 선호한다.

☐ a. 친구와 함께 하는 것

☐ b. 나 혼자 하는 것

7. 바쁜 사무실에서 일하는 것이 ___

☐ a. 혼자 하는 것보다 더 좋다

☐ b. 혼자 하는 것보다 덜 좋다

출처: McWhorter, K. T. (2003). College reading & study skills. pp. 46-47.

　자신이 만약 a라고 더 많이 답했다면 그룹으로 공부하는 것이 적합한 사회적 학습자이고, b라고 응답한 수가 더 많다면 혼자 공부하는 것이 더 적합한 독립적 학습자이다. 전자일 경우, 친구들과 그룹을 만들어서 학습하거나 교수와 면담 또는 질의응답 시간을 가지며 공부하고 작업하는 것이 좋다. 이러한 유형에 속하는 사람들은 다른 사람들과 함께 서로의 의견을 주고받는 등 상호작용을 통해 학습하는 것을 선호한다. 반면, 후자의 독립적 학습자들은 자기 주도적 성향이 강하고 스스로 동기 부여가 되는 사람들이다. 또한 자신이 세운 목표가 있다면 끝까지 달성하려고 하는 목표 지향적 성향이 있기 때문에 혼자 공부하거나 작업하는 것이 효율성을 높이는 데 더 도움이 된다.

내 성격에 맞는 공부법?

"난 ENTP인데, 넌 어떤 유형이야?" "나? INFP야."

혹시 이와 유사한 대화를 들어본 적이 있는가? 불과 몇 년 전만 해도 "내 성격은 활발한 편이야" 혹은 "난 내성적이야" 등으로 자신의 성격을 표현했었다. 그런데 요즘은 MBTI 검사가 보편적으로 이루어지고 있다. 심지어 MBTI 검사 결과를 적는 이력서를 요구하는 기업이 있을 정도이니 말이다.

MBTI 검사는 Myers-Briggs Type Indicator의 줄임말로 4가지의 선호지표로 파악한 성격유형 검사 프로그램이다. 좀더 구체적으로 말하자면 외향^{Extraversion}과 내향^{Introversion}, 감각^{Sensing}과 직관^{Intuition}, 사고^{Thinking}와 감정^{Feeling}, 판단^{Judging}과 인식^{Perceiving}으로 나뉜다. 이는 자신이 어떤 성격유형인지 아는 데 그치는 것이 아니라 직업을 선택할 때나 대인관계에 문제가 생겼을 때에도 유용하게 쓰인다. 특히 자신에게 적합한 공부방법을 찾는 데에도 효과적이다.

그래서 일부 대학에서는 학생들이 언제든지 MBTI 검사를 받을 수 있도록 서비스를 제공하고 있다. 하지만 그러한 프로그램을 적극적으로 이용하는 학생들은 일부에 그치고 있어 다소 안타깝다. 학교가 제공하는 서비스를 맘껏 누려보는 건 어떨까? MBTI 검사는 자신만의 학습전략을 세우는 데 큰 도움이 될 것이다.

만약 학교 내 상담소를 이용하는 것이 번거롭다면 온라인 심리검사센터(http://www.career4u.net/)를 이용하는 것도 좋다. 각 성격유형을 정리해보면 다음과 같다.

에너지의 방향			
E 외향	활동적이다. 타인과 함께 있을 때 활력을 느낀다. 생각보다 행동이 앞선다. 시행 착오가 두렵지 않다. 신속한 반응을 보인다. 주위환경에서 자극을 찾는다.	I 내향	사려 깊다. 혼자 시간을 보낼 때 활력을 얻는다. 생각을 먼저 한 뒤 행동으로 옮긴다. 행동을 하기 전에 깊이 생각한다. 면밀히 검토한 후 반응을 보인다. 내면에서 자극을 찾는다.
외부 정보 인식 방법			
S 감각	오감을 통해 인식한다. 확실하고 구체적인 것을 신뢰한다. 현실주의와 상식을 중시한다. 현재에 주의를 기울인다. 일상의 조그만 것들을 본다.	N 직관	기억과 연상으로 지각한다. 영감과 추론을 신뢰한다. 상상과 혁신성을 좋아한다. 미래를 향한 가능성을 본다. 전체적 흐름을 본다.
판단과 추리의 방식			
T 사고	논리적 분석을 사용한다. 확고한 마음을 지닌다. 결점을 보며 비평적이다. 감정 표출은 논리적으로 타당할 때만 인정한다.	F 감정	개인적 우선순위를 적용한다. 관계에 있어 따뜻함에 가치를 부여한다. 남의 마음에 들기 바라며 쉽게 감사한다. 어떤 감정의 표출도 정당하다고 믿는다.
생활 양식			
J 판단	결정이 내려진 후에야 만족한다. 결정하고 계획한다. 자료가 불충분해도 마감을 원한다. 목표를 설정한 뒤 제 시간에 달성하기 위해 일을 한다.	P 인식	여러 대안을 생각할 때 만족한다. 정보를 취한다. 더 많은 자료를 얻기 위해 마감을 미룬다. 새로운 정보가 생길 때마다 그에 따라 목표를 바꾼다.

지금부터는 성격유형에 따른 공부방법을 알아볼 것이다. MBTI 검사를 해본 학생이라면 자신의 유형을 적고 그것에 해당하는 공부방법을 골라서 살펴보자.

● 나는 _____ 유형이다.

에너지의 방향에 따른 성격은 외향형과 내향형 두 가지가 있다. 이들에게는 각각 어떤 공부방법이 효과적일까?

E에 해당하는 외향형 학생들은 에너지의 방향이 외부를 향해 있기 때문에 호기심이 많고 환경 변화에 민감하다. 즉 넓은 공간에서 공부를 하고 있을 때, 멀리서 어떤 소리가 들려오면 그쪽에 흥미를 느끼며 신경을 쓰는 유형이다. 그러므로 가능하면 방해요인이 적은 곳에서 공부하는 것이 좋다. 또한 자신이 본 것과 아는 것을 혼동하는 경향이 있다. 즉, 이 유형에 속한 학생들은 교재를 읽거나 수업을 들으면 모두 자신이 아는 것이라고 착각하기 쉽다. 그러므로 지나치게 예습 위주의 공부를 하기보다 학습한 내용을 확실히 정리하면서 공부하는 태도가 필요하다. 이들에게 효과적인 공부방법은 다음과 같다.

• 정돈된 환경에서 공부한다.
• 아는 것과 모르는 것을 확인한다.
• 과제나 시험 후에는 반드시 검토한다.

- 학습 중 스트레스 해소를 위해 신체 활동을 하면서 쉬는 것이 좋다.
- 학습 결과물이 다른 학습자들에게 공개되거나 활용될 때, 학습 동기가 자극된다.
- 몸을 움직이거나 말하기가 포함된 역동적 학습 활동이 학습 동기를 북돋는다.

I에 해당하는 내향형 학생들은 에너지 방향이 내부를 향해 있기 때문에 내부의 생각들이 공부에 방해되기 쉽다. 공부를 하려고 책상 앞에 앉았는데 '이따가 저녁으로 뭘 먹지?', '왜 연락이 안 오지?' 등 자꾸 다른 생각이 떠오르는 사람이 있을 것이다. 이 유형은 공부하면서 딴 생각을 하거나 상상의 나래를 펴기 때문에 공부한 시간에 비해 성과가 나오지 않는다. 따라서 시간계획을 철저히 세운 뒤 공부하고 중간에 기분전환을 할 수 있는 활동을 갖는 것이 좋다. 만약 자신이 내향형이라면 다음과 같이 장점을 살리고 단점을 보완하는 공부방법이 바람직하다.

- 하나의 과목 또는 학습 내용을 오랫동안 공부하지 않는다.
- 공부한 내용이나 생각을 정리할 충분한 시간을 갖는다.
- 듣고 관찰하는 데 집중할 기회를 갖는다.
- 공부와 관련하여 요구되는 것이 무엇인지 확인한다.

- 이해되지 않는 부분이나 질문이 있으면 적극적으로 표현하고 도움을 구한다.

외부 정보를 인식하는 방법에는 감각형과 직관형이 있다.

먼저 S에 해당하는 감각형 학생들의 공부방법에 대해 알아보자. 이들은 정보를 받아들이는 데 주로 오감을 이용하는 경향이 있어 현실적이며 분석적인 성향을 갖는다. 반면 세세한 것까지 집중하다 보니 전체적인 이해가 부족하게 될 때도 있다. 감각형 학생에게 효과적인 공부방법은 다음과 같다.

- 직접 다룰 수 있는 자료를 가지고 학습을 시작한다.
- 지나치게 부분에 집착하여 다음 진도에 방해되지 않도록 한다.
- 학습을 시작하기 전에 무엇을 해야 하는지 정확히 확인한다.
- 정답대로만 공부하려고 하지 않는지 성찰한다.

반대로 N에 해당하는 직관형 학생들은 외부 정보를 받아들이는 데 직감을 이용한다. 따라서 창의적 아이디어를 잘 생각해낸다. 어느 광고회사는 직원들의 90%가 MBTI 성격유형에 N이 포함되어 있다고 한다. 직관형 사람들은 논리적이거나 분석적인 면이 부족한 편이라서 자신의 주장에 구체적인 근거를 마련하는 작업을 의도적으로 해보는 게 좋다. 직관형에게는 다음과 같은 공부방법이 효과적이다.

- 새롭고 신기한 학습 자료나 질문을 가지고 공부를 시작한다.
- 세세한 부분을 놓치지 않도록 기록하면서 꼼꼼히 공부한다.
- 공부하면서 자의적 해석을 하지 않는지 성찰한다.
- 공부에 대한 계획을 스스로 세우고 진행하면 학습 동기를 높일 수 있다.
- 공부하면서 객관적 근거나 데이터를 확인한다.

　판단이나 추리를 할 때는 사고형과 감정형으로 나뉜다.
　T에 해당하는 사고형 학생들은 자신의 생각을 중요시 여긴다. 따라서 타인의 감정적 호소에 잘 움직이지 않는다. 반대로 객관적 자료나 데이터, 접근법을 제시했을 때 비로소 마음을 여는 경향이 있다. 이 유형에 속한 학습자들은 다음과 같이 공부하는 것이 좋다.

- 공부가 필요하다는 것을 스스로 인정한다.
- 논리적으로 구성된 주제와 자료, 학습 활동을 계획한다.
- 정서적으로 방해받지 않는 환경에서 공부에 집중한다.
- 친구의 공부법이나 교수의 조언을 적극적으로 받아들인다.
- 학습 진행 상황 또는 이해한 부분과 그렇지 못한 부분을 명확히 파악한다.

　사고형과는 반대의 성격인 감정형인 F에 해당하는 학생은 쉽게 말해 감정의 기복이 큰 사람이다. 즉 기분에 따라서 공부가 잘되는 날과 그렇지 않은 날의 차이가 크다. 상담을 청해온 한 학생은 자신과 절친한 친구가 "오늘은 우울해서 공부가 안되니 영화나 보러 가자"라고 제안하면 어쩔 수 없이 따라가야 한다고 했다. 친구가 전형적인 감정형의 학생이었던 것이다. 혹시 자신이 이러한 감정형이거나 주위에 그러한 친구들이 있다면 다음과 같은 방법을 권해보자. 이들은 학습 결과물에 대한 칭찬보다 자신에 대한 칭찬을 더 좋아하기 때문에 칭찬을 곁들이는 것도 효과를 높이는 방법 중 하나이다.

- 자신이 공부해야 하는 이유나 가치, 목표를 명확히 한다.
- 감정에 치우치거나 좌우되지 않도록 주의하고, 꾸준히 공부하는 습관을 기른다.
- 부정적인 피드백을 받더라도 기분 나빠하지 말고, 필요한 부분은 수용한다.
- 팀 활동을 할 때에는 우선 따뜻하고 우호적인 분위기를 형성하는 것이 학습 활동을 촉진한다.
- 스스로를 격려하고 고무시킬 수 있는 방법을 개발한다.

생활양식에 따른 성격유형을 구분하자면 판단형과 인식형이 있다.

J에 해당하는 판단형 학생은 계획적이고 안정적인 것을 선호

하는 경향이 있다. 예정에 없던 일을 갑작스럽게 해야 할 때는 스트레스를 받는다. 그래서 자신이 해야 할 일이 있을 때 여유 있게 마감 기한을 정해두고 하면 더 잘되는 유형이다. 판단형 인 학생들은 다음과 같은 공부방법이 좋다.

• 계획을 세울 때에는 여유 시간을 포함시키도록 한다.
• 세부 스케줄을 계획할 때 우선순위를 분명히 하고, 스케줄이 변하더라도 스트레스를 받지 않도록 한다.
• 계획을 세운 후, 실천이 잘되는지도 점검하도록 한다.
• 공부를 할 때 자신의 목표와 책임이 무엇인지 확실히 한다.
• 공부의 재미와 성취의 보람을 느끼며 공부하도록 한다.
• 규범이나 틀에 너무 얽매이지 않도록 한다.

P에 해당하는 인식형 학생들은 판단형과는 반대로 즉흥적인 경향이 있다. 그래서 호기심이 있는 과제나 스스로 선택한 공부 를 할 때에는 뛰어난 능력을 보인다. 하지만 그렇지 않은 과제 나 공부를 할 때에는 미루거나 급하게 처리해버린다. 일반적으 로 공부를 미루는 습관은 바람직하지 않지만 인식형 학습자들 에게는 미뤘다 몰아서 하는 공부방법이 폭발적 에너지로 분출 되기도 한다. 즉 자신은 벼락치기 스타일이라고 말하는 사람들 이 대체로 이 인식형이다. 그러나 두서가 없고 정리가 안 된 채 공부할 때도 있어, 이 유형에 속한 학생들이 장점을 살리려면

다음과 같이 공부해보자.

- 반드시 계획을 세운다.
- 필기하고 정리하는 습관을 기른다.
- 가능한 수업 목표를 달성하는 방법을 스스로 선택하는 것이 좋다.
- 문제해결에 융통성을 발휘하도록 한다.
- 학업이나 과제를 함에 있어서 자신감을 갖고 지속적으로 공부한다.

PART 2

나만의 공부전략 세우기

- 그냥 읽기와 제대로 읽기의 차이

- 수업을 잘 듣기 위해서는

- 무엇을 어떻게 적을 것인가

- 공부하고 싶은 마음 만들기

- 집중력을 높여라!

- 공부의 왕도 찾기

- 기억! 망각과의 싸움

- 대학생에게 꼭 필요한 사고력

- 함께 하는 공부

CHAPTER_ 05

다섯 번째 시간

그냥 읽기와 제대로 읽기의 차이

> 대학에 입학하면서 '나도 장학금 한번 받아보자'라는 마음으로 열심히 공부하기로 결심했다. 그리고 그 첫걸음으로 철저한 예습과 복습을 계획하였다. 대학공부는 좀 다르다고 하지만, 그래도 예습과 복습은 모든 공부의 기본이 아닌가?
>
> 개강 첫날, 도서관에 자리를 잡고 예습을 시작하였다. 그런데 몇 시간을 읽고 또 읽어도 도대체 무슨 말인지 모르겠다. 분명 우리말로 쓰인 책인데 마치 외계어를 읽는 것 같았다. 한 단어, 한 단어, 한 문장, 한 문장 곱씹어보아도, 영어 독해를 하듯 주어와 동사를 찾아 밑줄을 그어보아도, 이해가 안 되기는 마찬가지였다.
>
> 교재를 안 읽을 수도 없고, 그렇다고 24시간 교재만 읽을 수도 없고… 완전 좌절이다. 장학금은커녕 이번 학기를 무사히 마칠 수 있을지 걱정이다.

왜 읽어야 하는가?

소설이나 에세이는 그야말로 단숨에 읽힌다. 같은 책인데 왜 유난히 대학에서 필요로 하는 책들은 잘 읽히지 않는 걸까? "두꺼운 전공서적을 펼쳤더니 아무리 눈을 비벼보아도, 힘주어 부릅떠도 내용은 눈에 들어오지 않아요." "읽고 또 읽어도 이해되지 않고 교재 한 챕터를 읽는 데도 너무 많은 시간이 소요됩니다." 거의 대부분 학생들이 이러한 상황에 맞닥뜨리게 된다. 특히 신입생의 경우 전공서적과의 첫 대면은 입학한 뒤 겪는 첫 번째 좌절이기도 하다.

만약 교재를 읽는 일이 어렵고 힘들다고 느낀다면, 너무 고민하지 않도록 한다. 이는 지극히 정상적인 일이다. 대학 수준의 공부는 한 번 읽으면 내용이 머리에 쏙쏙 들어오고 정리되는 쉬운 공부가 결코 아니다. 그래서 교재를 제대로 읽기 위한 방법을 익힐 필요가 있다. 즉 가볍게 재미삼아 읽을 때와는 다른 태도와 전략이 필요하다. '다섯 번째 시간'에서는 교재를 보다 효과적으로 읽기 위한 방법에 대해 구체적으로 살펴보도록 하자.

교재를 잘 읽는 방법을 알기 전에 '왜 읽는가?'에 대해 생각해보아야 한다. 앞서 말한 바와 같이 대학 교재는 한 번 읽고 공부를 끝낼 수 있는 책이 아니기 때문이다. 그러므로 어떠한 책을 만나든지 '지금 교재를 읽으면서 무엇을 파악해야 하는가?',

'왜 이 책을 읽어야 하는가?'를 생각하는 게 중요하다.

한 예로 예습 단계에서의 읽기와 복습 단계에서의 읽기는 달라야 한다. 예습 단계의 읽기는 아직 배우지 않은 내용이므로 자세히 읽고 이해하려면 상당한 시간이 소요될 수밖에 없다. 그렇다고 예습을 포기하라는 의미는 절대 아니다. 우선 책을 읽어야 하는 이유에 대해 생각해보자. 예습 단계의 읽기는 수업을 보다 잘 듣기 위해서이다. 그렇다면 수업의 이해도를 높일 수 있는 정도의 읽기만 하면 된다. 즉 자세한 내용을 일일이 적고 기억할 필요 없이 전체적으로 어떤 내용인지 알아보는 것이다.

그러나 복습을 위한 읽기라면 이야기가 조금 달라진다. 일단 수업에서 들은 내용이므로 교재를 읽는 것이 예습 때보다는 쉽다고 느낄 것이다. 따라서 미리 자신이 책을 통해서 무엇을 얻을 것인지 생각해보아야 한다. 수업 전체 내용을 다시 한번 상기시키기 위해서라면 완급을 조절하며 주요 부분 중심으로 읽어나가고, 수업 전체 내용을 상세히 복습하는 것이라면 정독하는 것이 좋다. 어느 한 부분이 이해가 되지 않아 읽는 것이라면 그 부분만 집중적으로 발췌해 읽도록 한다.

이와 같이 교재에서 다루는 내용의 개괄적 이해를 위한 것인지, 구체적 내용들을 확인하기 위한 것인지, 시험을 앞두고 깊이 있는 공부를 위한 것인지, 과제나 시험은 어떤 방법으로 출제되는지 등에 따라 교재를 읽는 목적이 달라진다. 먼저 이를 파악하면, 교재 읽기에 들이는 시간과 노력을 줄이거나 방법을 조절할 수 있다. 보다 효율적 읽기 활동은 바로 읽기 활동의 목적이 무엇인지 아는 것에서 시작된다는 점을 명심하자.

읽기의 준비단계, 훑어보기

모든 운동을 할 때는 준비운동을 거친다. 수영을 할 때, 수영복으로 갈아입자마자 물에 뛰어들지는 않을 것이다. 교재 읽기도 마찬가지이다. 본격적인 읽기 활동 전에는 반드시 훑어보기 활동이 필요하다.

훑어보기는 교재를 읽는 데 있어 사고를 활성화하기 때문에 매우 중요하다. 영화를 볼 때는 미리 줄거리를 알고 보면 긴장감이 떨어지고 재미가 없다. 그러나 공부를 할 때에는 어떤 내용들이 전개될 것인지 예상할 수 있어야 한다. 또한 배울 내용과 관련하여 이미 알고 있는 것들을 상기시키는 것도 중요하다. 예를 들어 임진왜란에 대해 공부한다면, 이전에 배웠던 당시 중국이나 일본의 정세, 조선시대 군대 조직 등에 대한 기억을 되살리면 보다 깊이 있게 임진왜란에 대해 공부할 수 있다.

또한 훑어보기를 통해 앞으로 어떤 내용이 전개될지 미리 예측해보거나 추론할 수도 있다. '자세히 읽어볼 시간도 부족한데 훑어보기까지 어떻게 하느냐'고 푸념을 늘어놓는 사람도 있다. 그러나 훑어보기 활동은 절대 시간 낭비가 아니며, 교재 읽기에 추가 시간을 소요하게 하는 것도 아니다. 훑어보기 활동은 보다 쉽고 빠르게 읽을 수 있도록 도움을 주고, 교재를 읽는 재미와 동기를 부여해준다. 그리고 이러한 읽기 단계를 거치면, 교재의 내용에 관해 익숙해지고 생각할 기회를 갖게 되어 기억도 촉진된다. 훑어보기를 하는 구체적 방법은 다음과 같다.

1. 제목과 부제목 읽기

처음 교재를 읽어야 할 때는 제목과 목차부터 유심히 살펴보자. 그러면 책이 어떤 내용을 다루고 있는지 예측할 수 있다. 대체로 제목은 교재나 단원에서 다루는 전반적 내용을 제시하고, 부제목은 구체적으로 주요 내용과 관점, 접근 방법 등을 제시한다. 또한 제목, 서문, 저자 정보 등을 살펴봄으로써 책에 대한 배경지식을 키울 수 있다. 훑어보는 일이 읽기 활동의 밑거름이 된다는 것을 잊지 말자.

2. 첫 문단의 도입 또는 소개 부분 읽기

뜀틀을 넘으려면 도움닫기가 필요하듯 책에도 도움닫기와 같은 기능이 숨어 있다. 특히 첫 문단의 도입부분에는 전체적인 내용을 소개하는 경우가 많다. 즉 교재나 단원에서 제시하는 내용을 어떤 관점에서 접근할 것인지에 대한 개괄적 아이디어가 숨어 있으니 훑어보기로 미리 알아보는 게 좋다.

3. 각 문단의 주요 내용 찾아 읽기

각 문단의 주요 내용을 좀더 손쉽게 찾기 위해서는 우선 각 문단의 구조를 파악해야 한다. 저자에 따라 주요 내용이 처음에 제시되기도 하고 나중에 제시되기도 한다. 문단의 구조를 알면 주제나 주요 개념을 파악하는 것이 쉬워진다. 주요 개념은 다음과 같이 나타날 수 있다.

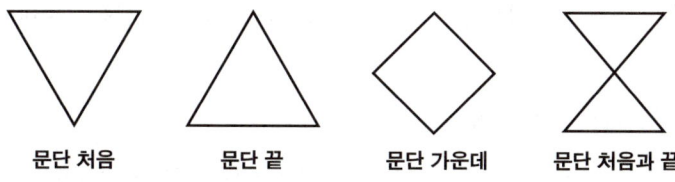

문단 처음　　　**문단 끝**　　　**문단 가운데**　　　**문단 처음과 끝**

문단 처음에 주요 내용이 제시되는 경우가 가장 많으며, 그 다음으로 문단 끝에 주요 내용이 배치되는 경우가 많다. 만약 "이 글의 주제를 찾으시오" 라는 시험문제를 만난다면(글을 꼼꼼히 읽어볼 시간이 없다면) 글의 맨 앞이나 맨 뒤를 살펴보는 것도 좋은 방법이다. 물론 주요 내용이 문단 가운데에 있거나 문단 처음과 끝에 있는 경우도 있다. 문단 가운데 배치되는 경우, 주요 내용을 문단 가운데에서 제시한 후 이를 더 상세하게 설명하는 경향이 있다. 주요 내용이 문단 처음과 끝에 두 번 제시되는 경우, 주요 내용을 처음에 제시한 후 부가적 설명을 하고 끝에서 다시 한번 언급하는 형태로 이루어진다. 일단 저자가 문단의 주요 내용들을 어디에서 제시하는지 구조를 파악했다면, 훑어보기를 할 때 해당 위치를 중심으로 읽으면서 쉽고 빠르게 주요 내용을 이해할 수 있다.

4. 강조 부분 읽기

교재에 따라 주요 용어나 내용들을 굵은 글씨체나 이탤릭체, 강조색 등으로 눈에 잘 띄게 표현하는 경우가 많다. 이와 같이 강조된 부분들을 훑어보면 주요 용어 또는 내용 파악이 쉬울 것이다.

5. 시각 자료 읽기

교재에 제시된 그림, 사진, 그래프, 차트 등은 관련 내용을 집약적으로 보여주는 중요한 자료들이다. 그림이나 그래프 등의 시각 자료가 있다면, 어떤 의미를 담고 있는지 눈여겨보는 것이 필요하다.

6. 마지막 문단과 요약 읽기

마지막 문단 또는 요약 부분은 해당 챕터의 내용을 총체적으로 정리해주는 역할을 한다. 마지막 부분을 읽으면서 주요 아이디어들을 정리해보는 기회로 삼아보자.

7. 챕터나 교재의 끝 부분 읽기

챕터나 교재의 끝 부분에 질문이나 용어 정리, 참고문헌 등이 제시된다. 이와 같은 내용들을 간단히 살펴보는 것만으로도 중요한 요점을 파악하는 데 도움이 된다. 특히 내용과 관련된 질문은 중요한 것이 무엇인지, 주요 내용들이 어떤 관계를 갖는지, 생각해볼 문제가 무엇인지 등을 알려준다.

교재를 읽는 데 훑어보기를 결코 얕잡아 봐서는 안 될 가장 큰 이유는 '추론'을 하도록 만들어주기 때문이다. 훑어보기에서는 모든 내용을 상세히 읽는 것이 아니라 주요 내용을 중심으로 읽기 때문에 정보들 사이에 간격이 생길 수밖에 없다. 그러므로 주요 내용들이 어떤 관계를 갖는지 추론을 통해 파악하게 된다. 추론은 알고 있는 것에 기초하여 알지 못하는 것을 논리적으로 사고하는 것이다. 즉, 추론하는 과정에서 가설을 세우고 이를 근거로 판단을 정당화해가는 적극적 사고 활동이 일어나게 된다. 이는 내용이나 대상에 대해 판단과 평가할 수 있는 능력을 기르는 데에도 도움이 된다. 비판적 사고력critical thinking은 객관적 근거에 의거하여 분석 또는 평가하려는 능력을 근간으로 하므로 결국 추론을 통해 비판적 사고력도 함양될 수 있다.

상황에 따라 다르기 때문에 추론의 방법이 '이것이다' 라고 하나의 방법을 제시할 수는 없다. 하지만 다음 지침을 참고한다면 좀더 쉽게 추론할 수 있을 것이다.

첫째, 읽은 내용을 확실히 이해하라. 훑어보라는 것이 결코 읽고 지나쳐버리란 말은 아니다. 훑어본 내용은 정확히 이해하고 있어야 한다. 교재에서 읽은 주제, 주요 아이디어 등을 정확히 파악해야 추론이나 고차원적 사고가 가능하기 때문이다.

둘째, 스스로에게 질문하라. '저자가 말하려고 하는 것이 무엇이지? 읽고 파악한 내용들이 궁극적으로 무엇을 이야기하는 것이지?' 등 끊임없이 스스로 질문을 제기하고 그 답을 생각해야 한다. 이런 과정을 거치면서 각각의 정보들이 어떤 그림을 구성하는지 추론할 수 있다.

셋째, 책에 제공된 단서를 활용하라. 책에 표현된 단어들이나 주제를 다루는 저자의 태도 등도 추론을 하는 데 도움이 된다. 저자의 태도나 표현법 등을 눈여겨보자. 저자가 열정적이거나 감정이입 표현, 단언하는 말을 많이 사용한다면 책의 내용에 대해 확신을 가지고 강하게 주장하고 있는 것이다. 반면, 형용사나 부사의 사용을 자제하고 있다면 중립적 태도를 가지고 판단한 것이다.

넷째, 저자의 집필 목적을 고려하라. 저자의 목적과 의도가 무엇인지 곰곰이 생각하는 것은 추론하는 데 큰 도움이 된다. 독자가 내용에 대하여 동의해주기를 바라는지, 객관적 사실 전달을 목적으로 하는지 등을 파악해보는 것이다.

다섯째, 추론을 확인하라. 일단 추론을 한 후에는 그것이 정확한지 확인해야 한다. 추론의 근거로 생각한 내용이나 부분을 다시 확인하고 간과한 것은 없는지, 다른 추론이 가능한지 한 번 더 생각해본다.

SQ3R 독서법을 이용해보자

교재를 읽는 방법에는 읽기 단계를 어떻게 세분하는가에 따라
SQ3R(Survey-Question-Read-Recite-Review), OK4R(Overview-
Key Ideas-Read-Recall-Reflect-Review), PQRST(Previews-
Question-Read-Summarize-Test), SOAR(Survey-Organize-
Anticipate-Recite/Review) 등 여러 가지가 있다. 공통적 요소는
'훑어보기-추론 및 사고-읽기-확인' 의 과정인데, 그리 복잡
하지도 어려워 보이지도 않지만 실제로 이 단계를 모두 거치는
학생들은 많지 않다. 일부 학생들은 훑어보기와 읽기 활동만 하
며, 또 다른 학생들은 읽기와 확인 활동만 하기도 한다. 또는 읽
기 활동만 하는 경우도 있다. 그러나 교재를 제대로, 효과적으
로 읽기 위해서는 앞서 제시한 네 가지 활동이 모두 필요하다.

현재 가장 널리 사용되고 있는 방법인 로빈슨^{Robinson}의 SQ3R
독서법으로 교재 읽기에 활용할 수 있다. SQ3R은 Survey-
Question-Read-Recite-Review로, 읽기를 5단계로 나눈 것이다.
각 단계마다 어떤 활동을 하는 것이 좋은지 한번 알아보자.

1. Survey(개관 단계)

개관 단계는 책을 읽기 전에 이루어지며, 앞서 살펴본 훑어보
기와 같다. 이 단계를 거쳐야 하는 이유는 무엇에 초점을 맞춰
읽을지 그 정보를 찾기 위해서이다. 다음과 같은 활동을 해보자.

- 제목, 부제목 등을 살펴본다.
- 도입이나 요약 부분을 읽는다.
- 굵은 글씨체의 표제를 읽는다.
- 그림이나 차트, 그래프 등의 시각자료를 살펴본다.
- 요약이나 마지막에 제시된 질문을 읽는다.

2. Question(질문 단계)

개관 단계를 거치면서 여러 가지 질문을 떠올려보자. 질문 단계에서는 보다 활발한 인지 활동이 이루어지기 때문에 읽기 활동에 집중력도 높아진다. 다음과 같은 방법으로 질문을 만들어보면 더욱 효과적이다.

- 교재에 나오는 각 장 또는 각 절의 제목과 소제목을 육하원칙에 따라 의문문으로 바꾸어본다.
- 단원의 끝부분에 질문이 제시되어 있다면, 그 중 흥미로운 것을 선택하여 답을 생각해본다.
- 저자가 단원에 대하여 무엇을 이야기하였는지 스스로에게 질문해본다.
- 단원과 관련하여 자신이 이미 알고 있는 것이 무엇인지 질문해본다.

예를 들어 제목이나 소제목이 다음과 같다면, 이런 질문들을 해볼 수 있다.

제목 : 교수-학습 이론

질문 : 교수-학습 이론은 무엇이지?

교수-학습 이론에는 어떤 종류가 있지?

교수-학습 이론이 여러 종류가 있다면, 각각은 무엇
이 다르지?

교수-학습 이론은 어떻게 사용 또는 적용하지?

3. Read(읽기 단계)

앞의 단계에서 제기한 질문에 답할 수 있도록 읽는 과정이
다. 즉 이해한 것을 자신의 말로 책의 여백에 요약하면서 읽는
다. 이 과정에서는 수동적 읽기가 아닌 능동적 탐색 활동이 이
루어질 수 있다. 이때 다음과 같은 활동을 해보자.

• 앞에서 자신이 제기했던 질문에 답해본다.
• 제시된 내용들의 특징과 윤곽을 그려본다.
• 책 읽는 속도를 조절하여 어려운 부분은 더 천천히 읽거나 다
 시 읽는다.

4. Recite(암송 단계)

교재를 읽고 난 후 앞에서 제기했던 질문들과 그 답을 암송
해보는 단계이다. 교재를 보지 않고 주요 내용들을 자신의 말
로 표현해보는 것이 좋다. 친구들에게 가르치듯이 설명해보는

것도 도움이 된다. 이 과정을 통해 읽은 내용에 계속 집중할 수 있으며 내용을 정리하는 기회도 갖게 된다. 교재를 보지 않고 자신의 말로 정리하는 데 실패한다면, 해당 부분을 찾아 다시 읽는다.

5. Review(복습 단계)

요점과 주요 내용들 간의 관계를 정리하기 위하여 자신의 노트를 훑어보고 세부 내용을 기억하고 있는지 확인하는 단계이다. 이를 위하여 다음과 같은 활동을 해보자.

- 머릿속으로 전체 내용을 그려본다.
- 주제들을 조합하여 깊이 생각해본다.
- 비교, 대조, 재조직, 범주화해본다.
- 이미 알고 있는 것들이나 다른 주제들과 연결시켜본다.
- 스터디 노트를 만들어본다.

어려운 전공서적일수록 SQ3R 독서법을 사용하면 효과적이다. 과정이 복잡하고 귀찮다며 무작정 읽지 말고 단 한 권이라도 위와 같은 과정으로 읽어보자. 이 방법이 익숙해지면 자연스럽게 주요 내용 확인하기, 요약하기, 추론하기, 질문하기, 이해 수준 점검하기 등도 쉽게 이루어질 것이다.

읽기에도 전략이 필요하다

　어떠한 문제든지 무작정 덤비는 것은 무모하다. 이는 전쟁터에 무기 없이 나서는 것과 다르지 않다. 책을 읽는 것도 마찬가지이다. 특히 대학에서의 전공서적은 재미삼아 읽을 수 있는 책이 아니기 때문에 전략을 가지고 읽어야 그 안에 담긴 정보를 내 것으로 만들 수 있다. 그럼 지금부터 효과적인 읽기 전략을 살펴보자.

　첫째, 읽기 속도의 조절이다. 우선 전공서적이나 교재들을 처음 읽고 단번에 다 이해할 수 있다는 생각을 버려야 한다. 전체 또는 일부 내용을 반복하여 읽는 것은 필수이며, 따라서 읽기 속도도 달라져야 한다. 일반적으로 전문서적을 읽을 때는 일반 책보다 약 2배 정도의 시간을 할애하는 것이 좋다. 또한 일률적인 속도로 교재를 읽어가려고 하지 말고, 어렵고 이해가 잘 되지 않는 부분은 조급한 마음을 버리고 좀더 속도를 늦춰 내용을 되새기며 읽도록 한다.

　둘째, 읽기 활동을 하면서 이해 정도를 확인한다. 교재를 읽는 모습은 크게 두 가지로 나누어볼 수 있다. 정좌하고 한 페이지씩 차례로 넘겨가며 읽는 사람이 있는가 하면, 책장을 뒤로 넘겼다 앞으로 넘겼다 하며 읽는 사람도 있다. 어떤 모습이 바람직할까? 여러 연구들에서 후자의 학생들이 교재에 대한 이해도가 높고 적극적 사고활동을 하고 있는 것으로 나타났다.

후자의 학생들은 교재를 읽으면서 자신이 제대로 이해하고 있는지, 지금 읽고 있는 부분이 교재의 다른 부분과 어떤 관련을 갖는지 끊임없이 자신에게 질문하고 확인하기 위하여 책의 여러 부분을 넘나들며 읽는다. 자신의 이해 정도를 확인하기 위해 개요를 작성해보거나 시각화할 수도 있으며 노트필기를 할 수도 있다. 어떤 방법을 사용하든지 자신의 이해 수준을 확인하는 과정은 반드시 필요하다.

셋째, 책 읽는 속도를 증진시킨다. 교재를 잘 읽기 위해서는 교재뿐 아니라 다양한 교양서적들도 꾸준히 읽어 독서를 습관으로 만드는 것이 좋다. 매일 꾸준히 책을 읽다 보면 어휘력이 발달하여 읽는 속도도 빨라질 것이다. 책을 읽으면서 자연스럽게 책 읽는 속도를 증진시키는 방법을 한 가지 소개하자면 다음과 같다.

처음에는 소설이나 가볍게 읽을 수 있는 책을 선택한다. 그리고 알람시계를 15분에 맞춰놓고, 알람이 울릴 때까지 가능한 빨리 책을 읽는다. 알람이 울리면 읽은 페이지 수를 적은 후에 읽은 내용을 말해본다. 잘 기억나지 않는다면 15분 동안 제대로 읽은 것이 아니다. 읽은 내용을 요약하거나 기억할 수 없다면, 빨리 읽는 것은 의미가 없다. 이러한 과정을 반복하다 보면 책을 읽는 속도와 집중력, 주요 내용을 정리하는 능력이 함께 발전할 수 있다.

넷째, 이야기하듯 읽는다. 읽은 교재의 내용을 우리가 스펀

지처럼 무조건 받아들이고 동의할 필요는 없다. 질문을 제기할 수도 있고 저자의 견해나 이론에 반대할 수도 있다. 책을 보다 깊이 이해하거나 비판적 사고력을 기르기 위해서는 마치 저자와 대화하듯 읽는 것이 도움이 된다. 저자가 무엇을 주장하는지, 그 근거는 타당한지 등을 생각하며, 자기의 질문이나 의견도 덧붙인다면 적극적이고 능동적인 읽기가 가능하다.

또는 남에게 설명해주듯 읽는 것도 유용한 방법이다. 다른 사람에게 가르칠 것을 염두에 두고 설명하듯 읽다 보면 자신의 생각을 정리할 수 있고 사고력과 기억력도 높일 수 있다.

다섯째, 어려운 부분은 소리 내서 읽는다. 대부분 교재를 읽을 때 소리를 내거나 입술을 움직이지 않는다. 이러한 방법은 읽기 속도를 지연시키기 때문이다. 그러나 집중이 잘 안 되거나 내용이 이해하기 어려운 경우, 소리 내어 읽는 것이 이해하는 데 도움이 된다.

내 머릿속 지우개 없애기

지금까지 효과적인 읽기 전략에 대해 살펴보았다. 한 가지 명심할 것은 잘 읽는 데만 그쳐서는 안 된다는 사실이다. 그 내용을 기억하는 것 또한 중요하기 때문이다. 열심히 읽었지만 그 구체적 내용은 아무리 떠올려도 기억이 나지 않아 '난 까마귀

고기를 먹었나봐', '내 머릿속엔 지우개가 있어' 라며 괴로워했던 경험이 있는가? 읽은 내용을 기억해야 보다 깊이 있는 사고활동이 가능하고, 이후 관련 공부를 계속해나가는 데에도 도움이 된다. 교재를 읽으며 동시에 기억력을 높이기 위해 다음과 같은 방법을 이용해보자.

먼저 교재를 읽으면서 내용을 시각화해보는 것이 필요하다. 그 구체적 방안으로 컨셉맵을 그리거나, 도표 등의 형태로 자신이 이해한 바를 구조화해볼 수 있다. 예를 들어 이 책의 '다섯 번째 시간' 을 컨셉맵으로 그린다면 다음과 같이 구조화해볼 수 있다.

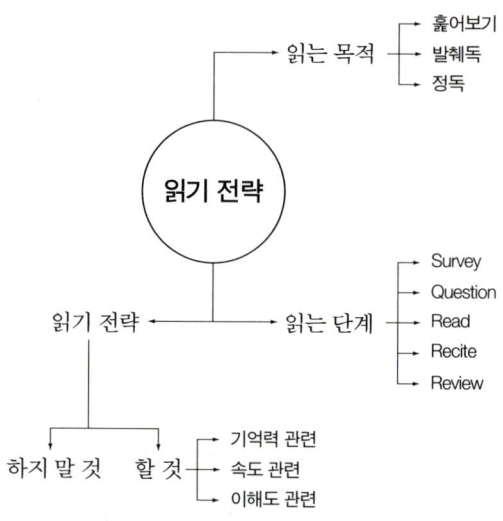

이와 같은 시각화 활동을 하기 위해서는 적극적 사고가 필수적이다. 이 과정에서 내용을 더 많이 접하기 때문에 기억하는 데 도움이 된다.

　다음은 한 학생이 전공서적을 읽고 이해한 바를 바탕으로 컨셉맵을 작성한 것이다. 읽은 내용을 시각화한 후에는 하나만 기억해내도 연상에 의해 전체를 기억할 수 있어 단서로도 유용하다.

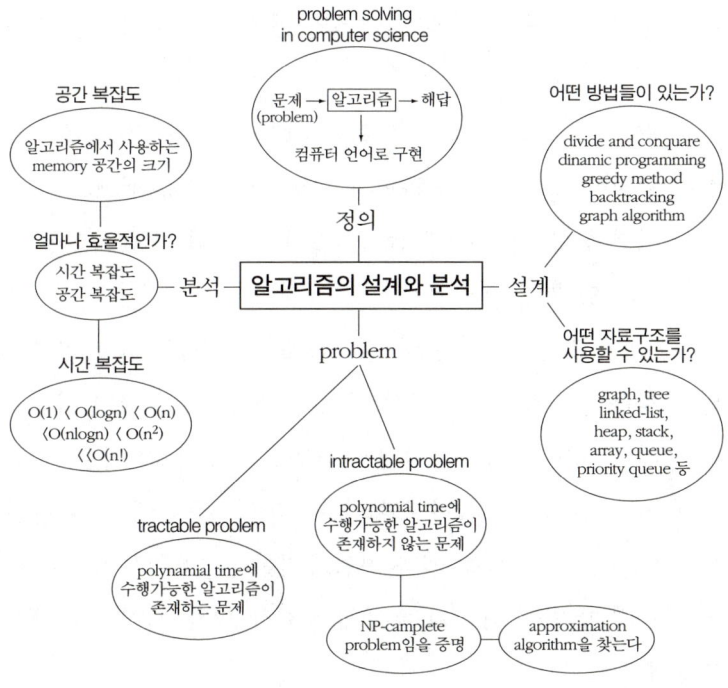

내용이나 흐름을 재분류해보는 것도 하나의 방법이다. 교재의 내용을 시간 순서 혹은 사건별로 원인과 결과를 나누고, 주제나 요소별 등의 기준을 가지고 재분류하는 과정을 거치면 교재의 내용을 더욱 의미 있게 기억할 수 있다.

또한 신체 활동을 함께 하는 것도 기억력을 높이는 좋은 방법이다. 경제나 이공계 등의 교재에는 계산이나 수식 등이 많이 제시된다. 이때에는 풀이 과정을 눈으로만 따라가지 말고 반드시 손으로 직접 풀어보아야 한다. 귀찮다거나 눈으로만 보아도 알 수 있다는 핑계로 넘어가면 분명 나중에 막히는 부분이 생기게 된다.

교재를 읽고 스스로 묻고 답하는 시간을 갖는 것도 좋다. 자신이 제시한 질문에 답을 하면서 '이것이 시험 문제' 또는 '지금이 시험 상황'이라고 생각하는 것이다. 그럼 집중도 훨씬 잘 되며, 기억도 촉진된다.

마지막으로 상황과 맥락을 활용해보자. 교재를 읽고 공부했던 상황과 동일하거나 유사한 상황에 놓이면 공부했던 내용을 더 쉽게 기억할 수 있다. 시험을 앞두고 공부할 때 시험 볼 장소에서 공부하거나, 시험지와 같은 크기의 종이에 미리 한번 써보는 게 도움이 되는 것과 마찬가지이다. 그러나 이것은 항상 가능한 방법이 아니기 때문에 상황에 맞게 적절한 판단이 필요하다.

읽기, 이런 방법은 피하자

많은 학생들이 교재를 읽으며 사용하는 전략이나 습관 중에는 비효율적인 것들이 있다. 자신은 어떤 방법으로 교재를 읽는지 생각해보자. 다음은 피해야 할 비효율적인 읽기 방법들이다.

첫째, 단어 하나하나씩 읽는다. 특히 원서가 교재일 경우, 좀 더 잘 이해하겠다는 생각으로 단어 하나도 빼지 않고 읽으려는 학생들이 있다. 문장이 긴 경우에는 주어와 동사를 찾아 밑줄을 그어가며 읽기도 한다. 단어를 하나씩 읽어간다면 읽는 데 너무 많은 시간이 소요된다. 또한 지엽적인 부분에 신경을 쓰다 보면 전체를 보는 데 소홀할 수 있다.

둘째, 모르는 단어나 용어가 나오면 읽기를 멈춘다. 낯선 용어나 단어가 나올 때, 사전을 찾거나 인덱스 등을 이용하여 일일이 확인하고 다음 읽기를 계속하는 학생들도 있다. 이 또한 시간이 많이 소요되고 읽는 활동의 흐름이 끊기기 때문에 되도록 멈추지 않는 게 좋다. 물론 단어나 용어 때문에 내용을 이해하기 어렵다고 생각할 수도 있다. 하지만 문맥을 생각해서 흐름 전체를 이해하려고 노력한다면 그 의미를 쉽게 추론하게 될 것이다.

셋째, 무조건 읽는다. 둘째에서 잘 모르는 부분이 있어도 읽기를 멈추지 말라고 해놓고 여기서는 '무조건 읽지 말라'고 하는 것이 잘 이해되지 않는 학생들도 있을 수 있다. 이것은 자신이 내용을 알고 읽는지, 아직 이해되지 못한 채 읽는지에 대해 아무 생각 없이 읽어나가지 말아야 한다는 것을 의미한다. 핵심 내용이 무엇인지 찾고, 자신이 이해한 바가 맞는지 확인하며 읽어야 한다. 또는 지금 읽고 있는 부분에서 이해가 안 되는 점이 무엇인지 생각하면서 읽어야 한다. 페이지를 넘기는 데 급급한 읽기는 절대 하지 않도록 한다.

CHAPTER_ 06

여섯 번째 시간

수업을 잘 듣기 위해서는

> 수업을 열심히 듣는 것은 공부의 기본이라고 생각한다. 그러나 수업 시간 내내 집중하여 수업을 듣는 것이 생각처럼 되지 않을 때가 많다. 우선 수업 시간이 너무 길다. 75분, 90분 수업도 있고, 2시간 또는 3시간씩 하는 연강도 있다. 게다가 대부분의 교수님들은 우리가 수업을 따라오고 있는지 확인도 하지 않고, 그날의 진도에 따라 나아가기만 하신다. 중간 중간 재미있는 이야기도 없고, 진지한 내용으로만 꽉 차 있다.
>
> 수업을 잘 듣기 위해 늘 '오늘은 정말 열심히 들어야지' 결심도 하고, 졸지 않기 위해 커피도 준비한다. 그런데 수업을 듣다 보면 어느새 정신이 몽롱해지며 졸음이 오기도 하고, 자꾸 딴 생각이 들기도 한다. 어떻게 해야 수업에만 집중하며 들을 수 있는 걸까?

수업을 듣는 마음가짐

일반적으로 성인의 경우 깨어 있는 하루 동안, 쓰는 데 7%, 읽는 데 11%, 말하는 데 21%, 그리고 듣는 데 31%의 시간을 사용한다. 우리는 세상에 태어난 후 계속해서 목소리나 음악 등을 들어왔다. 대부분의 사람들은 모국어로 이야기를 나누는 데 어려움이 없기 때문에 말하고 듣는 활동을 쉽게 생각하는 경향이 있다. 즉 읽기는 집중하고 주의를 기울이는 등 노력해야 한다고 생각하면서도, 듣기는 노력 없이 자동으로 된다고 생각하는 것이다. 물론 텔레비전이나 라디오는 그럴 수 있다. 그러나 대학에서의 강의는 정신을 집중해야 하는 활동이다.

듣는 활동은 두 가지로 나누어볼 수 있다. 하나는 생물학적으로 저절로 들리는 것^{hear}이고, 또 하나는 노력과 집중력이 필요한 듣기^{listen}이다. 전자가 수동적 듣기라면, 후자는 능동적 듣기라 할 수 있다. 수업을 듣는 것은 이 중 어떤 활동일까? 바로 의도적이고 계획적인 노력이 필요한 능동적 듣기이다.

수업을 잘 듣기 위한 접근법은 읽기와 유사하다. 수업을 들으며 딴 생각을 하게 된다면 책을 무작정 읽는 것처럼 무작정 수업을 듣고 있을 가능성이 높다.

말을 통해 1분에 대략 125단어 정도가 전달된다. 하지만 우리의 두뇌는 1분에 500단어 정도를 생각하고 처리할 수 있다. 산술적으로 계산하자면 1분에 125단어를 들을 때, 우리 뇌는 375개 정도의 단어를 더 처리할 수 있는 용량이 남는 것이다. 수업 듣기를 수동적으로 한다면, 자연스럽게 375개의 단어를 처리할 수 있는 여유가 남기 때문에 다른 생각이 들기 마련이다. 수업 중 딴생각을 하지 않고 수업에 더 집중하기 위해서는 이 375개의 단어를 처리할 수 있는 에너지를, 지금 듣고 있는 125개의 단어를 더 잘 처리할 수 있는 에너지로 전환해야 한다. 즉, 125개의 단어를 들으며 자신이 알고 있는 정보 중 무엇과 관련되는지 생각하거나 이후 어떤 내용이 전개될 것인지 등을 예측하며 듣는 게 좋다.

따라서 수업을 들을 때 '편안하게 듣겠다'라고 생각하지 말고 집중력과 계획, 노력이 필요하다는 마음가짐을 가져야 한다. 이것이 능동적 수업 듣기의 핵심이다. 다음에서는 어떠한 노력이 필요한지 구체적으로 살펴보도록 하자.

능동적으로 듣기 위해서는

다시 한 번 강조하자면 대학의 강의는 고등학교의 수업과는 다르다. 교수가 친절하게 주요 내용을 칠판에 쓰지도 않고, 몇 페이지 몇 째 줄을 설명하고 있는지 말해주지도 않는다. 따라서 웬만큼 집중하지 않고서는 멍~ 하니 시간을 흘려버릴 수 있다. 그렇다면 수업을 잘 듣기 위해서는 어떻게 해야 할까?

우선 교수의 말에 집중해야 한다. 특히 대부분의 교수는 수업을 시작할 때 이전 수업과의 관련성이나 이번 시간에 다룰 주요 내용, 수업 내용의 구성, 그리고 자신의 의도나 목적 등을 설명한다. 따라서 수업이 시작될 때 좀더 집중해서 듣는 게 좋다. 듣는 데 그치는 게 아니라 이번 시간에 다루어질 내용에 대해 생각의 개요$^{mental\ outline}$를 그리는 것이 중요하다. 그러나 일부 교수는 의도나 목적을 명확하게 말하지 않고 수업을 시작하는 경우도 있다. 이럴 때는 수업을 들으면서 주요 내용이나 주제를 찾아야 한다. 또한 수업의 마지막 부분에 요점을 말하거나 핵심 정리를 할 수 있으므로 수업이 끝날 때까지 긴장을 늦추지 말아야 한다. 대학에서의 공부방법에 대해 오랫동안 연구해 온 퍼크^{Pauk}는 능동적 수업 듣기의 세 가지 요소로 태도^{attitude}, 주의집중^{attention}, 조정^{adjustment}을 꼽았다.

'태도'는 수업을 들을 때 열린 마음을 가져야 한다는 것을 의미한다. 즉 수업을 대하는 긍정적 태도가 필요하다. 수업을 들으러 갈 때 '오늘도 무언가 유용한 내용을 배우게 될 것이다'라는 확신을 가져야 한다. 이러한 확신이 없이 '휴강이면 좋겠다', '사회에 나가서도 도움이 되는 내용일까?'라고 생각한다면 능동적 듣기는 매우 어려운 일이 된다. 또한 수업을 듣다 보면 교수의 말에 동의할 수 없을 때도 있을 것이다. 이럴 때도 긍정적 태도를 유지하고 그 부분에 대해서 메모한 뒤에 수업이 끝나면 교수와 질의응답을 통해 해결하는 것이 좋다.

'주의집중'은 능동적 듣기 활동에 필수불가결한 요소이다.

집중하지 않으면, 어디에 초점을 맞추어야 할지 알기 어렵다. 주의집중이란 한 가지에 대해서만 생각하는 것이 아니다. 중요 사안$^{central\ issue}$을 중심으로 관련된 내용들을 어떻게 받아들일 것인지를 계속 사고하는 일이다. 예를 들면, 미시경제의 개념에 대해 수업을 들을 때 이전 학기에 들었던 거시경제의 개념을 기억하며 무엇이 다른지에 대하여 생각하는 것이다.

마지막으로 '조정'은 교수가 분명한 방향을 제시했지만 강의를 들으면서 융통성을 발휘해야 한다는 것을 의미한다. 예를 들어 교수가 '이러한 사건이 일어나게 된 원인은 세 가지로 볼 수 있다'고 말하였으나 계속 설명을 듣다 보니 원인이 네 가지 또는 다섯 가지가 제시될 수 있다. 이때는 앞서 교수가 제시한 방향이 조정되어야 하는지, 자신의 생각과 중복적이거나 유사 맥락의 이야기인지 조정해야 한다. 혹은 수업을 듣기 전 교재를 훑어보며 생각했던 내용이 수업을 들어보니 다르다면 자신의 생각을 바꾸어야 한다.

듣기에 앞서 수업의 흥미 찾기

스트레칭 없이 운동을 시작하면 다리에 쥐가 난다. 모든 활동에는 그에 따른 준비가 필요하다. 능동적 듣기도 수업이 시작되면서부터 바로 할 수 있는 것이 아니다. 잘 듣기 위해서는 다음과 같은 준비가 필요하다.

강의를 듣기 전에 새로운 학습 내용을 받아들일 상태가 돼야 한다. 수업 시작 전에 수업 내용과 관련하여 많이 알수록 더 열심히 듣게 된다. 또한 열심히 들을수록 활발한 인지 활동이 일어나고 능동적 듣기가 이루어진다. 잘 모르는 내용들이 계속되면 수업에 흥미를 잃게 될 뿐 아니라 이해나 사고 활동도 이루어지지 않는다. 그렇다면 구체적으로 어떻게 하면 되는지 살펴보자. 우선 지난 시간에 배웠던 내용을 파악해본다. 굳이 많은 시간을 투자하지 않더라도 수업 전 몇 분만이라도 시간을 내서 이전 시간의 노트필기를 살펴본다면 큰 도움이 될 것이다. 즉 전체 내용을 암기하지 못하더라도 이전 시간에 배운 주요 내용과 흐름을 확인하면 인지 활동이 활성화되어 수업 시간에 능동적 듣기가 가능하다.

다음으로는 이번 시간에 다루어질 내용을 예측해보는 것이다. 강의계획서를 보고 미리 주제를 살펴본 후, 교재를 읽어보자. 그러나 '다섯 째 시간'에서 살펴본 바와 같이 배우지 않은 내용의 교재를 읽는 것은 결코 쉬운 일이 아니므로 상당한 시간이 걸린다. 따라서 능동적 수업 듣기를 위해 교재를 읽을 때는 훑어보기 수준이면 적당하다. 훑어보기를 할 때 중요한 것은 강의 내용의 구조를 예측해보는 일이다. 예를 들어 하나의 장을 훑어보면서 주요 아이디어가 무엇인지 또한 주요 아이디어들 간에 어떤 관계가 있는지 파악하는 것이 중요하다. 원인과 결과를 설명하는지, 시간 순서별로 제시하는지, 대조하고 있는지 등 각각의 주요 아이디어를 설명하는 세부 아이디어는 어떤 내용이 있는지 찾아보면 수업에서 다루어질 내용의 구조 예측이 좀더 수월해진다.

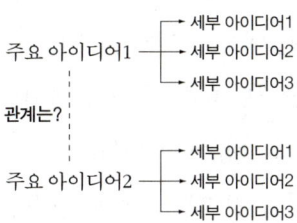

예를 들어 '프랑스 혁명'에 관한 수업을 듣기 전 교재를 미리 보았다면 다음과 같이 내용 구조를 예측해볼 수 있다.

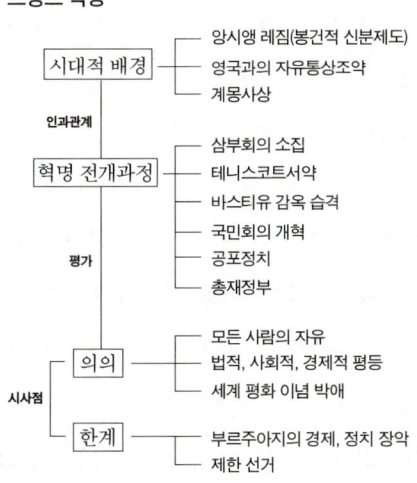

수업에서 다루어질 내용의 구조를 예측하고 수업을 들을 때 적극적 인지 활동이 일어난다. 인지란 외부의 정보와 자극을 받아들이고, 기억하며, 인출하는 일련의 정신 과정을 의미한다. 또한 인지는 지각, 기억, 상상, 개념, 판단, 추리 등을 포함하여 무엇을 안다는 것을 나타내는 포괄적인 용어로 사용된다. 즉 수업을 듣기 전에 어떤 내용이 전개될지 미리 예측한 후, 현재 듣고 있는 내용이 예상했던 바와 같이 전개되는지 생각하면 더 깊이 있는 듣기와 사고 작용이 이루어진다. 혹 예상했던 바와 다르게 내용이 전개되어 인지부조화가 일어나더라도 '왜' 또는 '무엇이' 다른지를 적극적으로 찾으며 이를 해결하려는 노력이 계속되기 때문에 능동적 듣기 활동이 가능하다.

또한 수업에 늦지 않게 도착하는 것도 중요하다. 출석체크를 할 때 아슬아슬하게 들어오는 학생들이 많다. 야구 선수들이 "세이프" 사인을 받듯 지각이 아니라는 사실에 기뻐하지만, 중요한 것은 이런 행동이 수업 시간 전반에 영향을 끼친다는 사실이다. 허겁지겁 강의실에 도착하면 몸은 강의실에 앉아 있지만 마음과 두뇌는 수업을 들을 준비가 되어 있지 않다. 그러므로 수업의 중요한 부분을 놓칠 수 있다. 이따금 교재나 자료, 노트필기 등을 가져오지 않는 학생들도 마찬가지다. 제 시간에 여유 있게 강의실에 도착하는 것만큼 교재나 노트 등을 챙기는 것도 능동적 수업 참여의 기본자세이다.

초등학교부터 고등학교까지 지정석이라는 게 있었을 것이다.

키 순서대로 앉든지, 번호 순서대로 앉든지…. 하지만 대학에서는 특별한 경우를 제외하고 자유롭게 원하는 자리에 앉아서 수업을 들을 수 있다. 그럼에도 대부분의 학생들은 각자 선호하는 자리가 있어서 주로 창가에만 앉거나, 뒤쪽에만 앉거나 한다. 수업을 잘 들으려면 어떤 자리가 좋을까?

우리는 좋아하는 가수의 공연이나 운동경기를 관람할 때 맨 앞자리에 앉고 싶어 한다. 가능한 한 생생하게 보고 듣고 느끼고 싶기 때문일 것이다. 수업도 마찬가지이다. 가능하면 맨 앞에, 또는 맨 앞이 아니더라도 앞쪽에 앉는 것이 더욱 집중할 수 있는 방법이다. 강의실에는 골든 트라이앵글^{golden triangle}이 있는데, 맨 앞줄을 기준으로 다음과 같이 빗금친 자리를 의미한다. 연구에 의하면, 골든 트라이앵글 내에 앉는 학생들이 A학점을 받을 가능성이 높다고 한다. 그 이유는 이 자리에 앉은 학생들은 교수와 상호작용을 활발히 할 수 있기 때문이다.

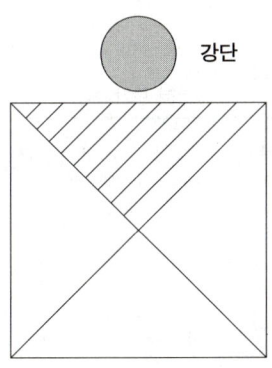

강단

실제로 앞에서 수업을 들을 때와 뒤에서 수업을 들을 때 마음 가짐뿐만 아니라 수업 이해 정도도 달라진다는 학생들이 많다. 앞자리는 교수와 더 많은 교감을 나눌 수 있다는 장점이 있다. 가깝기 때문에 이해가 안 되는 부분도 바로 질문할 수도 있다. 평소 선호하는 자리는 어디인가? 수업을 열심히 듣기로 결심했다면 자리를 몇 칸만이라도 앞으로 옮겨보자.

능동적인 듣기에도 단계가 있다

능동적으로 수업을 들을 때, 실제로 우리의 머릿속에서는 여러 가지 활동이 일어난다. 그러므로 능동적 듣기를 좀더 잘하기 위해서는 각 단계에서 일어나는 일을 세밀하게 관찰해보는 게 좋다. 대학에서의 공부 기술을 개발해온 롱맨Longman과 애킨슨Atkinson은 능동적 듣기의 단계를 다음과 같이 설명하고 있다.

낮음			능동적 듣기 수준				높음
수용	주의	정의	통합	해석	적용	응용	평가
reception	attention	definition	integration	interpretation	impliction	application	evaluation

• 수용 : 생각하지 않고 단지 듣는 것이다.

- 주의 : 듣는 내용에 대해 이해하거나 다른 내용과 연관 짓고 자 하는 노력을 하지 않고, 수동적으로 듣는 것이다.
- 정의 : 개별적 사실이나 내용의 의미는 파악하고 있지만 전체 내용에 대한 이해는 없는 상태이다.
- 통합 : 새로운 정보와 이전의 학습 내용을 연결 짓는다.
- 해석 : 수업에서 다룬 내용들을 종합해보거나 자신의 말로 바 꾸어본다.
- 적용 : 결론을 이끌어낸다.
- 응용 : 수업에서 다룬 내용들을 개인적 경험과 연결시키고, 새로운 상황에서의 활용에 대해 생각한다.
- 평가 : 수업에서 다룬 내용들의 정확성과 관련성을 판단한다.

예를 들어 '온라인 마케팅의 이해' 라는 주제에 대한 수업을 들을 때 별다른 생각 없이 그저 듣기만(수용) 할 수 있고, 듣고 있는 내용에 주의를 기울이기는 하지만 이해하고자 하는 노력 없이 들을 수도 있다(주의). 더 나아가 듣고 있는 내용을 이해하고자 노력하며 듣거나(정의), 이전 시간에 다루었던 일반적 마케팅과의 차이는 무엇인지 생각하며(통합) 들을 수도 있다. 또는 온라인 마케팅을 성공적으로 하기 위한 중요 요인들을 도출해보거나(응용), 자주 이용하는 포털 사이트의 배너 광고들이 온라인 마케팅의 예라는 것을 생각하며 듣는다면(응용) 더 높은 수준의 능동적 듣기를 하고 있는 것이다. 마지막으로,

수업 내용에 대하여 'CTA^{Clickthrough To Advertiser}는 결국 광고 트랜스퍼^{ad transfer}와 같은 것이구나' 라고 관련성을 판단하는 것(평가)은 가장 높은 수준의 능동적 듣기 활동이다.

능동적 듣기의 여러 단계들은 연속선상에 놓여 있으며, 수업 중 어느 한두 가지 활동들만 일어난다고 볼 수 없다. 수업에서 새로운 내용이 제시될 때에는 정의 단계의 듣기가 가능하고, 수업 내용에 대한 이해가 깊어지면 통합이나 해석 단계의 듣기가 이루어진다.

수업 중 적용, 응용, 평가 단계의 듣기까지 가능하기 위해서는 고학년들이 전공 수업을 들을 때처럼 관련 내용에 대해 상당한 지식과 이해가 뒷받침되어야 한다. 즉 '나는 오늘 평가 단계의 가장 높은 능동적 듣기를 해보겠어' 라고 결심하더라도 수업 내용에 대하여 깊이 있는 이해가 뒷받침되지 않는다면 할수가 없다. 그러므로 높은 수준의 능동적 듣기를 하기 위해서는 앞서 살펴본 바와 같은 사전 활동이 필요하다.

능동적 듣기는 깊이 있는 이해, 조직 및 구조화, 그리고 판단과 평가 활동을 수반한다. 그저 열심히 듣는 활동은 낮은 수준의 수업 듣기이다. 능동적 듣기를 위해서는 인지 활동이 활발해져야 하며, 인지 활성화를 위해서는 앞서 제시한 바와 같이 수업을 듣기 전 준비 활동이 필수적이다. 수업을 들으면서 자꾸 딴 생각이 든다면, 자신이 현재 어떤 수준의 듣기 활동을 하는지 성찰해보자.

잘 듣기 어려울 때

　수업을 시작하면서 오늘 배울 내용은 무엇인지, 지난 시간에 다룬 내용과 어떻게 연결되는지 등에 대해 친절하고 자세하게 설명해주는 교수도 있다. 물론 이런 경우에는 다소 준비가 안 된 상태로 수업을 듣더라도 별 어려움이 없을 것이다. 하지만 대부분의 대학 수업에서 교수가 학생의 수준에 맞는 눈높이 강의를 해주기를 기대할 수 없다. 일부 수업에서는 내용의 흐름조차 파악하기 어려울 정도로 여러 주제를 넘나들며 다루기도 한다. 그렇다고 교수의 강의 스타일을 탓할 수는 없다. 대학공부는 스스로 하는 게 당연하다. 교수의 강의 스타일이 자신과 맞지 않더라도 스스로 자신만의 방법을 찾아서 노력을 기울여야 한다. 혹 수업을 '아무리 들어도 잘 모르겠다'고 생각하는 학생들이 있다면 다음과 같은 문제를 겪고 있는 건 아닌지 돌이켜보자. 또한 그에 따른 해결책도 알아보자.

　첫째, 수업의 목표를 파악하기 어렵다. '첫 번째 시간'에서 목적과 목표가 없는 배는 표류하게 된다는 글을 기억하는가? 수업을 들을 때도 마찬가지다. 수업의 목표를 확실히 파악하지 못한다면 수업을 듣는 내내 헤매게 될 것이다. 그렇다면 수업의 목표는 어떻게 찾으면 될까?

　대학에서 이루어지는 모든 수업은 학교 홈페이지를 통해 쉽게 강의계획서를 열람할 수 있으며, 대부분의 수업에서는 첫 시간에 강의계획서를 배포한다. 따라서 각각의 시간에 다루어질 내용을 미리 알아볼 수 있다. 즉 강의계획서에 제시된 강좌의 목표와 이번 주 주제를 연결해보는 것이다. 읽기 전략에서 알아본 내용이지만 교재에서 해당 부분의 제목 및 소제목을 확인하는 것도 좋은 방법이다.

둘째, 수업의 흐름을 파악하기 어렵다. 수업의 목표는 찾았지만 도통 전체적인 흐름을 잡기 어려운 경우도 흔히 생긴다. 읽기 전략에서 살펴본 것처럼 수업의 흐름을 잡기 위해서는 예습이 중요하다. 예습을 통해 내용의 구조를 미리 정리해보거나 '컨셉맵'을 그려보는 것도 흐름을 예측하는 데 도움이 된다.

셋째, 핵심 내용을 찾기 어렵다. 수업을 듣는 동안 핵심 내용을 찾지 못했다면 수업 후 꼭 되새겨보는 시간을 가져야 한다. 내용을 5~9문장 정도로 요약하는 습관을 들이면 핵심 내용을 찾는 것이 훨씬 쉬워질 것이다.

넷째, 주요 개념이나 용어의 뜻을 파악하기 어렵다. 수업 중에 들었던 개념이나 용어들 가운데 잘 모르는 것은 잠시 메모해둔다. 그 후에 용어사전glossary을 찾아서 확인하자. 그 용어의 뜻을 바로 찾으려 하다 보면 다른 주요 내용을 놓칠 수 있기 때문이다.

다섯째, 지난 시간의 수업 내용과 연결되지 않는다. 이전 시간의 수업 내용이 잘 기억나지 않거나 매 시간 수업 내용들이 어떤 관련성을 갖는지 잘 모르는 경우에는 노트필기 해둔 것을 복습한다. 또는 교재의 제목과 소제목 등을 살펴보면서 흐름을 연결해보자.

여섯째, 설명 속도가 빨라 이해하기 어렵다. 교수의 설명 속도가 빨라서 제대로 못 듣는 경우도 있다. 이때는 자신뿐만 아니라 다른 수강생들도 마찬가지일 것이다. 이해하지 못한 내용을 말한 뒤 정중하게 다시 설명해줄 것을 요청해보자.

훌륭한 청취자의 모습

대부분의 대학 수업이 강의로 이루어진다. 언뜻 생각하기에 교수는 열심히 말하고 학생들은 수동적으로 듣고 있는 것처럼 보인다. 그러나 학생들이 수업을 들으며 머릿속으로는 활발한 사고활동을 하고 있어, 인지적 참여 수준을 보면 결코 수동적이지 않은 경우가 많다.

능동적으로 수업을 듣는 학생들은 그 모습만 보아도 알 수 있다. 누군가에게 이야기할 때 상대가 내 이야기를 얼마나 집중해서 듣고 있는지 짐작할 수 있는 것처럼, 수업을 진행하는 교수의 입장도 그러하다. 훌륭한 청취자로서 학생들의 모습은 어떠할까?

초등학생 때는 선생님의 질문에 답하기 위해 "저요! 저요!" 하며 손을 높이 들곤 했을 것이다. 그런데 중·고등학생이 되면서 많은 학생들이 선생님의 질문을 되도록 피하기 위해 눈 마주치는 일을 두려워한다. 열심히 수업을 듣고 적극적으로 교수와 교감하고자 하는 학생들은 대부분 교수의 얼굴을 바라보고 지속적으로 눈을 맞춘다. 또한 자신의 얼굴 표정이나 몸짓 등으로 자연스럽게 자신의 이해정도를 표현하기도 한다. 수업내용이나 흐름을 모두 이해하고 있다면 고개를 끄덕이기도 하고, 만약 의문이 생기거나 이해가 부족할 때는 고개를 갸우뚱거리는 등의 표현을 하는 것이다. 이를 통해 학생들이 질문이나 의견을 말로 표현하지 않더라도 교수는 학생들의 이해 수준을 파악하게 된다.

또한 훌륭한 청취자라면 수업의 흐름을 잘 좇을 뿐 아니라 중요한 것을 찾으려는 노력을 해야 한다. 수업에서 일부분을 놓친 것은 쉽게 보완할 수 있지만 흐름 자체를 놓치면 몇 배의 시간과 노력을 해야만 보완할 수 있다. 따라서 맥을 놓치지 않으면서 중요한 것을 찾는 구체적 방법으로 '지금 다루고 있는 내용에서 시험문제가 나온다면 어떤 것이 나올까?'를 생각해 보는 것도 좋다.

수업 내용뿐만 아니라 수업 중 제기되는 질문이나 문제 등에 주의를 기울이는 것도 훌륭한 청취자의 모습이다. 교수가 던진 질문은 수업에서 다루는 중요한 내용과 관련되거나 내용을 더 깊이 있게 성찰하는 데 도움이 된다. 또한 시험 문제로 출제될 가능성도 높으므로 되도록 교수의 질문은 간단히 메모해두는 게 좋다.

　마지막으로 훌륭한 청취자는 수업에서 제시되는 내용을 스펀지처럼 흡수만 하는 것이 아니라 자신의 생각을 요약하고 확장시킨 뒤 비판적으로 사고한다. 교수가 제시한 내용이 무조건 옳다고 생각하지 말고, 자신의 경험에 비추어 어떻게 적용가능한지 또는 다른 해석의 여지는 없는지 등에 대하여 열린 생각을 가져야 한다.

CHAPTER_ 07

일곱 번째 시간
무엇을 어떻게 적을 것인가

수업을 들으면서 필기하는 것은 정말 어렵다. 아무리 열심히 받아 적어도 늘 놓치는 부분이 더 많다. 일단 한 부분을 놓치고 나면 '뭐였지?' 생각하다가 다음 내용도 놓치기 일쑤다. 그러면 필기하고 싶은 마음이 싹 사라지기도 한다.

그래서 나는 모든 수업을 녹음한다. 그리고 집에 오면 그날 들은 수업들을 다시 들으면서 교수님의 말을 완벽하게 받아 적으며 노트필기를 한다.

한 시간 수업을 들었다면, 다시 듣고 필기하는 데 적어도 두 시간은 든다. 매일 이렇게 녹음내용을 다시 들으며 노트필기하는 것이 힘들기는 하지만, 아무도 나와 같은 노트필기를 가지고 있지 않을 것이라고 생각하면 마음이 든든하다. 그러나 나는 필기만 공부하면 된다는 생각에 정작 공부는 자꾸 미루게 된다. 시험에 임박하여 막상 노트를 펴보면 무슨 말인지 모르겠고 공부할 것도 너무 많아 좌절하게 된다.

진정한 노트필기란 무엇인가?

시험을 앞두고 가장 인기 있는 학생은 노트필기를 잘하는 학생이다. 필기를 잘하기로 소문 난 학생들의 노트를 보면, 같은 수업을 들었음에도 불구하고 필기한 내용이나 수준이 어쩌면 이렇게 다를까라는 생각이 들기도 한다.

그렇다면 잘된 노트필기는 어떤 것일까? 수업에서 다룬 내용을 빠짐없이 기록한다면 그것은 훌륭한 노트필기일까? 결론부터 이야기하자면, 아니다. 쓰는 속도가 말의 속도를 따라갈 수 없기 때문에 수업을 들으면서 교수가 하는 이야기를 모두 받아적는 것은 불가능하다. 그뿐 아니라 노트필기를 하는 목적도 수업 내용을 모두 기록하기 위한 것이 결코 아니다. 일부 학생들은 교수의 이야기를 빠짐없이 적지 않으면 불안감을 느끼기도 한다. 효율적인 노트필기에 대해 알아보기 전에 왜 노트필기를 해야 하는지 그 이유를 명확히 알아보자.

노트필기는 수업을 능동적으로 듣기 위한 방법의 하나이다. 또 들은 것을 모두 기억할 수 없으므로 보조 기억 장치의 역할을 한다. 수업에서 강조된 내용을 표시하고, 강의 내용 중 교재나 유인물에 없는 것을 적기도 한다. 수업을 들으면서 노트필기를 할 때, 단지 듣기만 하는 것보다 더 많은 주의와 노력이 요구된다. 이러한 노력은 학습을 촉진하는 역할을 한다.

다시 말해 노트필기는 수업을 보다 집중하여 들음으로써 내용을 이해하는 데 도움을 주기 위한 활동이다. 또 중요한 내용이 무엇인지 분별하고 복습 및 시험에 대비하여 기록하는 활동이다. 따라서 잘된 노트필기는 교수가 말한 모든 내용이 자세히 적혀 있는 것이 아니라 수업의 맥과 중요 요점이 정리된 것을 의미한다.

노트필기를 위해 필요한 것들

'여섯 번째 시간'에서 수업을 잘 듣기 위해서는 교재를 읽고 수업에서 다루어질 내용에 대한 예측을 할 수 있어야 한다고 했다. 노트필기를 잘하기 위해서는 수업에서 다루어지는 내용의 흐름을 찾고 관련 내용과 연관지을 수 있는 능동적 듣기 기술을 갖추어야 한다. 결국 노트필기를 잘하기 위해서는 수업을 듣는 전략 그리고 교재를 읽는 전략이 갖추어져야 한다는 의미이다. 따라서 교재를 읽고, 수업을 듣고, 노트필기를 하는 전략은 각각 별개가 아니라 근본 원리가 같다.

노트필기를 잘하기 위해서는 우선 강의계획서나 교재를 읽고 이번 시간에 다룰 내용이 무엇인지 위계와 구조를 생각해야 한다. 또한 필요한 자료를 잊지 않는 습관도 중요하다. 이러한 준비사항은 수업을 능동적으로 듣기 위한 전략과 동일하다. 다음에서 좀더 구체적인 방안을 살펴보도록 하자.

노트를 선택하는 것과 사용하는 방법도 필기하는 내용만큼 이나 중요하다. 대부분의 학생들이 학기 초에 새로운 마음가짐 으로 제각기 마음에 드는 노트를 준비한다. 대부분의 대학 노 트는 비슷한 형태를 띠고 있으나, 활용방법이나 수준은 참으로 다양하다. 코넬^{Cornell} 대학은 약 50여 년 전 노트필기를 위한 코 넬 시스템$^{Cornell\ system}$을 개발하였다. 이 시스템에 의하면 노트는 세 부분으로 나뉘며, 각 부분에는 단서를 쓰는 칸과 수업 내용 의 상세 노트필기, 또 이를 요약하는 칸이 있다. 그리고 각 부분 의 바람직한 넓이도 제시하고 있다. 코넬 시스템이 제안하는 노트 양식과 그에 따른 작성 예시는 다음과 같다.

단서란 2 1/2"	노트필기란 6"
	2" 요약란

노트 필기 목적	교재나 유인물에 없는 내용 기록, 중요내용, 강조점 기록 보조 기억 도구 *수업의 맥과 흐름 정리가 중요
코넬 시스템	코넬 대학에서 개발 단서, 주요내용 기록, 요약으로 구성
노트필기 단계	1. 수업 내용 기록 2. 요점 축약 3. 암송 4. 성찰 5. 복습
	노트필기는 능동적 듣기의 한 방법으로, 수업 내용의 흐름을 정리하는 데 의의가 있다. 요점을 찾으면서 적고 반드시 복습과 요약하는 습관을 들여야 한다.

▶ 코넬 시스템

코넬 시스템이 제안하는 노트 양식은 수업 내용을 상세히 필기하면서 주요 내용을 뽑아내고 또 요약할 수 있도록 고안

되었다. 수업을 들으며 주요 내용들만을 필기해왔다면 코넬시스템에서 제안하는 단서란과 요약란을 작성하는 노력을 기울여보자. 수업의 흐름을 찾는 데 유용할 뿐 아니라 복습의 기회도 될 것이다. 이미 코넬 시스템에 익숙하다면, 다음과 같이 좀더 세분화된 노트필기 양식을 활용할 수 있다.

날짜	수업 목표
단서	노트필기
요약란	
심화활동	

▶ 노트필기 양식의 예

수업 시작 전에 이번 수업의 목표를 적어보는 것은 능동적 수업 듣기와 노트필기에 큰 도움이 된다. 강의 시작 전에 수업 목표를 필기한다는 것은 수업을 들을 준비가 되어 있다는 의미이다. 수업 목표는 가능한 한 자세히 적는 것이 좋다. 단순히 이번 주 수업 주제, 예를 들어 '노트필기 전략'이라고만 적는 것이 아니라 세부 목차를 보고 내용을 예측하여 다음과 같이 목표를 서술할 수 있다.

- 노트필기를 하는 이유와 목적을 파악한다.
- 수업 전 / 중 / 후의 노트필기 방법을 익힌다.
- 하지 말아야 할 노트필기 습관을 파악한다.

　이와 같이 목표를 서술하고 수업을 들으면, 내용의 흐름이나 위계를 파악하기 쉽다. 또한 수업내용을 요약하는 것에서 끝내지 말고, 수업 내용을 더 깊이 있게 이해하기 위해 해야 할 일이 무엇인지 관련 심화활동을 정리해보는 것도 좋다.

　강의를 끝내며 교수가 'OO 자료를 더 찾아보면 도움이 됩니다' 혹은 '△△ 문제와 연결지어 생각해보세요' 와 같은 설명이나 지시를 하곤 한다. 강제성이 있는 과제가 아니더라도, 교수가 흘려서 이야기하는 부분 중에 시험문제로 출제되거나 과제를 하는 데 도움이 되는 정보들이 많다. 그밖에도 수업 중 가지게 된 질문이나 생각을 확인 또는 확장하기 위해서는 무엇을 해야 할지 기록하는 것도 좋다.

　어떠한 노트의 형식을 선택하든지 필기를 하는 단계는 유사하다. 대학공부 전략 전문가인 퍼크^{Pauk}는 노트필기의 단계를 기록^{record}, 축약^{reduce}, 암송^{recite}, 성찰^{reflect}, 그리고 복습^{review}의 다섯 단계로 소개하고 있다. 각 단계에서는 다음과 같은 활동을 한다.

- 기록 : 노트필기 칸에 수업 내용을 간단히 그리고 신속하게 필기한다.

- 축약 : 노트필기 칸에 쓴 내용의 요점이 무엇인지 단서 칸에 요약한다. 질문이 있다면 질문도 기록한다.
- 암송 : 노트필기 칸을 가리고, 단서 칸을 보면서 요약된 단어나 구가 의미하는 내용이 무엇인지 생각해본다.
- 성찰 : 암송 후, 필기한 내용을 다시 보면서 생각을 정리한다. 이때 보충할 내용이 있는지, 관련 개념이나 내용은 무엇인지 등에 대해 깊이 이해하도록 한다. 또한 필기 내용 중 잘못된 부분이 있는지 확인하고 수정한다.
- 복습 : 필기한 내용을 틈틈이 복습한다. 복습할 때에는 많은 시간을 들이지 않아도 기억을 유지하는 데 도움이 된다.

이와 같은 다섯 단계의 활동은 수업을 들으며 모두 할 수 있는 것이 아니다. 실제 수업을 들으면서는 첫 번째 또는 두 번째 단계 정도만 할 수 있다. 실제로 수업을 듣고 주요 내용을 필기하면서 축약하는 것은 쉬운 일이 아니기 때문이다. 요점을 찾기 위해 생각하다 보면 다음 내용을 놓칠 수 있으므로 무리한 욕심을 부릴 필요는 없다. 노트필기를 한 번에 끝내겠다는 생각은 접고, 우선 수업을 들으며 주요 내용을 필기한 후, 수업 후에 여유를 가지고 두 번째 단계부터 다섯 번째 단계까지 차근차근 하는 것이 좋다.

예를 들어 노트필기는 다음과 같이 여러 차례에 걸쳐 보충하면서 복습의 기회로 활용할 수도 있다. 우선 수업을 들으면서

는 주요 내용을 기록하고, 질문이 있다면 함께 기록한다. 그 다
음 쓴 내용의 요점을 축약한다.

	앙시앵 레짐 : 낡은 제도를 의미. 즉, 봉건적 신분제도 당시 3개 신분제도 : 성직자, 귀족, 나머지 국민 재정 위기 : 영국과의 자유통상조약으로 값싼 상품 유입 사회 전반의 경제 위기 · 왕실 재정 위기 계몽사상의 보급　　　　　　　**Q1 : 계몽주의의 구체적 내용은?** 사건 1: 삼부회의 소집 칼론느개혁 실패, 고등법원의 정치권력 회복 강화하여 귀족정치 실시 의도 사건 2 : 테니스코트 서약 사건 3 : 바스티유 감옥 습격

시대적 배경	앙시앵 레짐 : 낡은 제도를 의미. 즉, 봉건적 신분제도 당시 3개 신분제도 : 성직자, 귀족, 나머지 국민 재정 위기 : 영국과의 자유 통상조약으로 값싼 상품 유입 사회 전반의 경제 위기 · 왕실 재정 위기 계몽사상의 보급　　　　　　　**Q1 : 계몽주의의 구체적 내용은?**
사건 진행	사건 1: 삼부회의 소집 칼론느개혁 실패, 고등법원의 정치권력 회복 강화하여 귀족정치 실시 의도 사건 2 : 테니스코트 서약 사건 3 : 바스티유 감옥 습격

프랑스 혁명은 봉건적 신분제도의 폐지와 당시 재정 위기 타파, 계몽사상의 확산 등을 원인으로 일어나게 되었으며, 삼부회의 소집에서 시작된 일련의 사건들을 거쳐 총재정부가 수립되었다. 프랑스 혁명을 통해 자유, 평등, 박애의 정신이 파급되었으나, 결국 부르주아지가 경제와 정치를 장악하고 농민과 대다수의 국민은 여전히 선거권을 갖지 못하는 한계를 드러냈다.

그리고 수업이 끝난 후에는 필기 칸을 가리고 단서 칸에 기록된 주요 단어들을 보면서 무엇을 의미하는지 생각해본다.

시대적 배경	
사건 진행	

프랑스 혁명은 봉건적 신분제도의 폐지와 당시 재정 위기 타파, 계몽사상의 확산 등을 원인으로 일어나게 되었으며, 삼부회의 소집에서 시작된 일련의 사건들을 거쳐 총재정부가 수립되었다. 프랑스 혁명을 통해 자유, 평등, 박애의 정신이 파급되었으나, 결국 부르주아지가 경제와 정치를 장악하고 농민과 대다수의 국민은 여전히 선거권을 갖지 못하는 한계를 드러냈다.

이 과정까지 마쳤다면, 노트필기한 내용을 다시 보면서 보충할 내용이 있는지, 필기가 잘못된 부분이 있는지 확인 및 보완한다.

시대적 배경	앙시앵 레짐 : 낡은 제도를 의미. 즉, 봉건적 신분제도 당시 3개 신분제도 : 성직자, 귀족, 나머지 국민 재정 위기 : 영국과의 자유 통상조약으로 값싼 상품 유입 사회 전반의 경제 위기 + 왕실 재정 위기 **계몽사상 : 인간 이성의 힘과 그것에 의한 인류 진보를 믿음**
사건 진행	사건 1: 삼부회의 소집 　　칼론느개혁 실패, 고등법원의 정치권력 회복 강화하여 귀족정치 실시 　　의도

사건 2 : 테니스코트 서약

사건 3 : 바스티유 감옥 습격(무력탄압으로부터 국민의회를 지키고자 함, 민중과 폭력의 개입)

프랑스 혁명은 봉건적 신분제도의 폐지와 당시 재정 위기 타파, 계몽사상의 확산 등을 원인으로 일어나게 되었으며, 삼부회의 소집에서 시작된 일련의 사건들을 거쳐 총재정부가 수립되었다. 프랑스 혁명을 통해 자유, 평등, 박애의 정신이 파급되었으나, 결국 부르주아지가 경제와 정치를 장악하고 농민과 대다수의 국민은 여전히 선거권을 갖지 못하는 한계를 드러냈다.

이후에는 필기한 내용을 주기적으로 복습하도록 한다.

효과적인 노트필기를 위해 노트를 선택하고 필기 방법도 익혔다면, 이제 수업을 들으며 노트필기를 잘 할 수 있는 방법을 살펴보자.

강의 중 노트필기

강의 중 노트필기의 시작은 날짜, 수업 주제, 교재 제목 및 단원명 등을 적으며 시작한다. 그리고 능동적으로 수업을 들으며 핵심 개념과 세부 내용을 구분하면서 완전한 문장보다는 중요한 내용을 중심으로 구나 절의 형태로 기록한다. 이때 교수가 말하는 문장을 그대로 적을 필요는 없다. 즉 자신의 말로 바꿔서 기록하는 기술이 필요하다. 교수의 말을 그대로 받아 적을 경우, 수업이 끝난 다음 복습을 하려고 보면 어떤 의미인지 잘 생각나지 않는다. 따라서 수업을 들으면서 자신이 이해한 바를 적는 것이 사고 작용도 활발히 할 뿐 아니라 내용을 기억하는 데에도 도움이 된다.

되도록 빠뜨리지 말고 정확히 필기해야 하는 것은 용어 정의와 교수가 칠판에 적는 내용이다. 용어 정의는 무엇을 공부하든 기본이 되는 내용이므로 가능한 정확히 기록해야 한다. 그리고 교수가 강의를 하면서 그린 표나 그림 등은 중요한 내용일 가능성이 높으므로 상세히 필기하는 것이 좋다.

손을 최대한 열심히 움직여도 필기를 하다 보면 늘 시간이 부족하다. 이를 위해 압축, 요약, 암호화하여 기록하는 습관을 들이는 것이 좋다. 수업에서 자주 표현되는 용어나 관계, 전공 용어 등을 간단히 표기하는 방법을 개발하면 효율적으로 필기할 수 있다. 다음은 필기할 때 사용할 수 있는 축약 방법들이니 참고하길 바란다.

- 더하기, 긍정적인 : +
- 빼기, 부정적인 : −
- 결론 : ∴
- 그리고, 계속하여 : &
- 정보 : info
- ~을 가지고 : w/
- ~없이 : w/o
- 예제 : ex.
- 진행되다 : →
- 질문, 생각해보기 : ?

분명 적을 때는 이해하고 나만의 언어로 적었음에도 불구하고 다시 펼쳐본 노트에는 온통 외계어가 난무한다는 느낌, 받은 적 있는가? 내용을 축약하다 보면 조직이나 위계 관계를 파악하기 어려울 수도 있다. 이를 막기 위해 단순 나열 형식보다는 조직화된 형태로 기록하는 것이 좋다. 즉 번호를 매기거나 도형과 선 등을 활용하는 방법이다.

주제가 바뀔 때, 2~3줄 또는 그 이상 충분한 여백을 두고 기록하는 것도 매우 중요하다. 앞서 설명하였듯이 노트필기는 수업 중 한 번에 이루어지는 것이 아니라 복습을 통해 자료나 예시, 설명 등을 추가하게 된다. 이때 충분한 공간을 확보해두지 않으면 수정하거나 보완하기 어려우므로 반드시 여백을 남기며 필기하도록 한다.

열심히 수업을 들으며 필기를 해도 미처 받아 적지 못하고 놓치는 부분이나 완전히 이해되지 못한 부분도 있다. 하지만 이런 부분을 수업 시간에 해결하려고 집착하다 보면 이후의 수업을 따라갈 수 없다. 이런 경우에는 이해하지 못한 부분과 필기를 놓친 부분이 무엇인지를 표시해두고 수업 후 보충하도록 하자.

강의 후 노트필기

수업이 끝나면 노트필기도 끝나는 것이 아니다. 미처 적지 못한 부분이나 이해하지 못한 부분을 채우는 노력이 뒤따라야 한다. 함께 수업을 들은 친구에게 확인할 수도 있고, 경우에 따라 조교나 교수에게 직접 질문하여 보충할 수도 있다. 또한 가끔씩 친구의 노트와 비교해보거나 놓쳤던 정보를 찾아보는 것도 노트필기를 개선하는 방법이 된다.

또한 수업을 들으며 필기할 때 놓쳤던 내용이 있는지, 불필요한 부분이 있는지, 또는 수정할 내용이 있는지 확인하고 여백에 보충해야 한다. 어떤 식으로 검토하고 재구성하는 것이 좋은지 한번 살펴보자.

수업이 끝난 후 해야 하는 가장 중요한 노트필기는 요약이다. 수업에서 다룬 내용을 요약하는 활동을 통해 중요한 수업 내용을 짚어볼 수 있다. 이는 즉각적 복습의 기회가 되기도 한다. 수업이 끝난 후 2~3시간 이내가 수업 내용이 가장 잘 떠오르는 시간이다. 그러므로 요약은 가능한 한 수업이 끝난 후 바로 하는 것이 좋다. 요약을 할 때에는 수업 시작 전 교재를 읽으면서 예측했던 내용과 그 구조를 되새기며 중요하게 생각한 내용이 일치하는지 비교해보자.

수업 중 노트에 필기한 것 이외에 교재에도 필기한 것이 있다면, 교재와 수업 노트를 합하는 것도 중요한 작업이다. 수업을 들을 당시에는 교재의 내용도 이해되고, 어느 부분을 노트필기하면서 교재를 살펴보았는지 기억이 난다. 하지만 시간이 지나면 교재와 노트필기 내용을 연결하는 것이 쉽지 않다. 노트필기 끝 부분에 수업 시간 중 교재의 어느 부분을 살펴보았는지 또는 교재의 어느 부분을 함께 공부해야 하는지 메모를 남기는 것만으로도 시험공부할 때 상당한 도움이 된다.

수업 후 노트필기를 살펴볼 때는 필기한 내용만 확인하거나 암기하려고 하지 말고, 깊이 있는 이해와 성찰을 함께 하는 것이 좋다. 다음과 같은 질문을 제기하면서 노트필기를 검토하면 사고 활동을 촉진할 수 있다.

- 수업에서 다룬 내용을 어떻게 활용할 수 있을까?
- 오늘 수업에서 다룬 내용은 이전 시간에 배운 내용과 어떤 연관을 가질까?
- 수업에서 다룬 내용은 이 교과목을 이해하는 데 얼마나 중요한 내용일까? 추가적으로 자료를 찾거나 보충할 부분은 없을까?
- 완전히 이해하지 못한 부분은 무엇일까?
- 수업에서 다룬 내용이 과제나 시험과는 어떤 관련이 있을까?
- 오늘 수업에서 다룬 내용 중 가장 중요한 것은 무엇일까?

다양한 수업에서의 노트필기

지금까지 살펴본 노트필기 방법은 주 교재가 없거나 수업 중 교재의 활용도가 낮은 경우에 유용한 방법이다. 그러나 수업에 따라 노트필기 방법은 달라져야 한다. 다음에서는 교재 중심 수업, 실습 수업, 그리고 토론 수업을 중심으로 필기 방법에 대해 살펴보자.

교재 중심의 수업일 경우, 수업 중에 교수가 강조하거나 중요하다고 언급한 내용은 노트에 따로 기록하는 것보다 책에 바로 기록하는 것이 좋다. 밑줄도 긋고 책의 여백을 이용하여 필기하자. 일부 학생들은 책을 깨끗하게 유지하는 데 더 관심을 기울이기도 하고, 값비싼 교재에 필기하고 줄을 긋는 것이 아깝다고 말하기도 한다. 물론 전공서적이나 원서의 경우 비싼 것이 사실이다. 그러나 책은 공부하기 위한 도구일 뿐이다. 학기 초에는 누구나 똑같은 새 책을 가진다. 하지만 우리에게 필요한 것은 '나만의 책'이다. 특히 교재 중심으로 수업이 이루어진다면 세상에 단 하나밖에 없는 나만의 책을 만들 수 있는 절호의 기회이다.

교재에 줄을 칠 때에는 반드시 먼저 읽어보아야 한다. 읽으면서 줄을 치게 되면 모두 중요한 것처럼 보여 너무 많은 내용에 줄을 긋게 된다. 또한 줄을 그을 때는 자를 이용하지 않는 것이 좋다. 자를 이용하여 밑줄을 그으면 대부분의 학생들은 줄을 치는 내용에 집중하기보다 반듯하게 긋는 데 더 신경을 쓰게 된다. 중요한 것은 형식이 아니라 내용이다.

여백에 기록할 때에는 일반적 노트필기와 마찬가지로 중요한 내용이나 관련 내용을 자신의 말로 필기하고 이해가 되지 않거나 궁금한 점도 적어두는 것이 좋다.

실습 수업의 경우, 실습 자체에만 집중하다 보면 열심히 하였음에도 끝나고 나면 무엇을 어떻게 하였는지 세세한 내용이 기억나지 않는다. 이때는 시간 순서에 따라 필기하는 것이 필요하다. 우선 실습 전에 날짜와 장소, 실습 목표 또는 가설을 적어둔다. 그리고 실습 중에는 사건이 일어나는 순서에 따라 기록하고, 실습 후에는 내용 요약과 느낀 점을 필기하는 것이 좋다.

토론 수업도 노트필기가 쉽지 않다. 유사한 논의가 반복되기도 하고, 주제에서 빗나간 이야기가 논의되기도 해서 필기를 하다가 포기하는 경우가 많다. 토론 수업을 들을 때는 먼저 주제를 적고, 주제에 대한 자신의 생각과 궁금한 점들을 기록한다. 토론이 진행될 때는 논의된 이슈나 질문, 다양한 답변과 의견들을 필기한다. 그리고 토론이 끝난 후 핵심 내용을 요약 및 정리하는 방식으로 기록해보자.

노트필기를 위해 하지 말아야 할 일

첫 번째는 결석이나 지각을 하지 말아야 한다. 노트필기를 잘한 친구의 노트를 복사하더라도 본인이 수업을 듣지 않았다면 이해하기 어렵다. 그리고 가능한 모든 수업은 자신이 직접 필기하는 것이 좋다.

두 번째는 녹음하지 말아야 한다. 녹음을 시작할 때 '난 언제든지 이 수업을 다시 들을 수 있다' 는 생각을 하게 되어 수업에 임하는 집중력과 마음가짐이 느슨해지기 마련이다. 또한 수업을 녹음하였더라도 다시 들을 시간을 마련하기 쉽지 않고, 녹음 내용을 듣더라도 수업 시간만큼 집중하기 어렵다. 항상 수업 시간에 최선을 다하겠다는 생각을 갖고, 절대 녹음하지 않도록 한다.

세 번째는 강의 동영상에 의존하지 말아야 한다. 외국어로 진행되는 수업이나 일부 심화 교과목의 경우, 학생들이 내용을 이해하는 데 어려움이 크다고 판단되면, 교수가 강의를 녹화하여 학생들이 다시 볼 수 있게 하는 경우도 있다. 이때에도 강의를 녹음하는 경우와 마찬가지의 문제가 발생할 수 있다. 우선 수업 시간에 열심히 듣고 필기하고, 강의 동영상은 일부 놓친 부분이나 어려운 내용만 확인하는 정도로 이용하는 것이 좋다. 지나치게 의존할 경우, 시간과 노력을 모두 낭비하게 된다.

마지막으로, 한 번 필기한 내용을 다시 정리하지 말아야 한다. 일부 학생들은 수업 시간에 필기한 내용을 워드프로세서 등의 프로그램을 이용하여 타이핑하고 컴퓨터 파일로 만들기도 한다. 또는 손으로 모든 내용을 깨끗이 다시 쓰기도 한다. 재정리하는 대부분 경우, 그 내용의 의미나 위계를 생각하며 기록하기보다 예쁘고, 깨끗하게 쓰는 데 더 많은 노력을 기울이게 되어 시간만 낭비하는 결과를 초래하게 된다. 그러나 원칙은 가능한 한 노트필기한 내용을 다시 정리하지 않는 것이지만, 혹 필기한 내용이 적고 복습 활동으로 활용한다면 재정리도 가능하다.

CHAPTER 08

여덟 번째 시간
공부하고 싶은 마음 만들기

중학교에 입학해서 첫 수학 시간에 선생님께서 "앞으로 시험에서 70점 이하는 운동장을 다섯 바퀴씩 돌리겠다"고 엄포를 놓으시며 무척 엄하게 수업을 진행하셨다. 첫 시간부터 나는 왠지 수학선생님이 싫었고, 선생님이 싫어지자 자연스럽게 수학도 싫어졌다. 그때부터 수학은 포기하는 과목이 되었다. 대학에서는 이런 일이 없을 줄 알았는데, OO과목을 가르치시는 교수님이 나와는 잘 맞지 않는 것 같아 싫다. 교수님이 싫다 보니 과목도 싫고 공부하기도 정말 싫다. 이대로 가다가는 학점도 불보듯 뻔하다. OO과목은 전공필수이어서 졸업하려면 피해갈 수 없는 과목인데다, 재수강을 해도 같은 교수님의 수업을 들어야 한다. 어떻게 해야 공부하고 싶은 마음이 생길까?

목표를 향해 나아가도록 만드는 원동력

동기는 목표를 향해 나아가도록 만드는 원동력이다. 과제 또는 목표 달성을 위해 상당한 노력을 기울이는 것, 어려운 여건에서도 포기하지 않고 노력을 지속하는 것, '해낼 수 있다'는 긍정적 믿음을 유지하는 것 등이 동기와 밀접한 관련이 있다. 그렇다면 공부하는 데 있어서 '학습 동기'는 어떤 역할을 할까? 학습동기는 학습에 대한 분명한 목표 의식을 가지고 끊임없이 노력할 수 있도록 돕는다. 이러한 동기는 세 가지 형태로 나눠볼 수 있다.

그 첫째가 내재적 동기이다. 이는 내적 동기라고도 불리며 학습자의 내적 요인에 의해 유발되는 동기를 의미한다. 즉 내재적 동기는 본질적으로 가지고 있는 것으로, 어떤 활동에 참여하는 일 자체에서 즐거움을 느끼고 계속하고 싶은 마음을 갖게 되는 것이다.

둘째, 외재적 동기가 있다. 이는 외적 동기로 불리기도 하는데, 외부로부터 자극을 받음으로써 갖게 되거나 유지되는 동기를 의미한다. 외부 자극은 강화라고 이야기하는데, 상 또는 벌이 될 수 있다. 보상을 받기 위해 열심히 공부하거나 처벌을 피하기 위해 공부하는 경우가 여기에 속한다. 예를 들어 평소 피아노를 갖는 것이 꿈인 아이에게 부모가 "1등 하면 피아노를 선물로 사주겠다"라는 약속을 한다면? 아마 피아노를 받기 위해 열심히 공부하게 될 것이다. 이때 갖게 되는 동기가 외재적 동기이다. 또는 '60점 이하는 운동장 10바퀴'라는 벌을 피하기 위해 열심히 공부하는 마음 역시 외재적 동기에 의한 것이다.

마지막으로 무(無)동기는 무력감에 빠져 학습에 대한 지적 호기심, 의욕, 또는 기대가 없는 상태를 의미한다. 무동기 상태에서는 학습하려는 의지나 목표를 유발하기 어렵다. 학습에 대한 동기가 없다면 1부에서 이야기한 것처럼 '왜 대학공부를 해야 하는지', '인생의 목표는 무엇인지'를 생각해보아야 한다. 공부의 필요성과 가치를 느끼는 것이 공부에 대한 의욕을 갖는 출발점이 된다.

다음은 학습 동기를 측정하는 MSLQ^{Motivated Strategies for Learning} Questionnaire 문항 중 일부이다. 질문에 답하면서 자신의 내재적 동기와 외재적 동기 수준을 확인해보자.

번호	문항	전혀 그렇지 않다 매우 그렇다
1	나는 새로운 것을 배울 수 있기 때문에 도전적인 과목을 더 좋아한다.	1-2-3-4-5-6-7
2	나는 어렵더라도 지적 호기심을 자극할 수 있는 과목을 더 좋아한다.	1-2-3-4-5-6-7
3	수업을 듣는 가장 중요한 목적은 내용을 가능한 많이 배우는 것이다.	1-2-3-4-5-6-7
4	나는 비록 좋은 성적이 보장되지 않더라도 도전적인 수업 과제를 더 좋아한다.	1-2-3-4-5-6-7
5	지금 나에게는 이번 학기에 좋은 성적을 받는 것이 가장 중요하다.	1-2-3-4-5-6-7

6	현재 나에게 가장 중요한 것은 평점을 올리는 것이므로, 이번 학기 주 목표는 좋은 학점을 받는 것이다.	1—2—3—4—5—6—7
7	나는 가능하다면 다른 학생들보다 더 좋은 점수를 받고 싶다.	1—2—3—4—5—6—7
8	가족이나 친구 혹은 다른 사람들에게 내 능력을 보여주는 것이 중요하기 때문에 이번 학기 수업에서 잘하고 싶다.	1—2—3—4—5—6—7

▶ 학습 동기 측정

위의 8개 문장 중 1~4번 문항은 내재적 동기 수준을 측정하는 것이고, 5~8번 문항은 외재적 동기 수준을 측정하는 것이다. 각 문항에 답하였다면, 1~4번 문항들과 5~8번 문항들에 응답한 값의 평균을 구한다. 두 값 중 더 높은 값을 보이는 쪽의 동기가 강한 것이다. 두 개의 값이 비슷하게 나온 경우는 내재적 동기와 외재적 동기 수준이 비슷하게 혼재된 것을 의미한다.

● 나는 _____적 동기가 더 강하다.

학습 동기의 빨간 신호!

동기에 문제가 생기는 경우 다양한 양상으로 나타난다. 학습 동기 전문가인 스티펙[Stipek]은 학습 동기에 문제가 있는 다섯 가지

전형적 유형을 제시하였다.

가끔 수업 시간에 현재 자신이 배우는 내용에 관심을 가지고 있다는 것을 애써 드러내려고 교수에게 질문하는 학생을 볼 수 있다. 또는 친구들에게 시험공부나 과제 준비를 하지 못했다는 이야기를 크게 떠드는 학생도 있다. 이러한 학생들이 사용하는 것은 '실패 회피 전략'이다. 이들은 실제로 학업을 수행하는 데 어려움을 겪고 있으나, 다른 사람들이 눈치 채지 못하도록 굉장한 노력을 한다. 즉 자신의 능력이 부족해서 과제나 학업 수행이 미숙하다고 생각하지 못하도록 만들고자 전전긍긍하는 것이다. 하지만 불행히도 무능한 학생으로 보이지 않기 위해 사용한 전략들은 학업 능력을 개발하는 데에는 커다란 저해요인이 된다. 이와 같은 학습 동기 문제를 가진 학생들을 방어적 defensive 유형이라 한다.

가끔 주위에 성적이 잘 나오는 과목만 골라서 수강하는 친구가 있는가? 이런 사람은 안전 지향적safe 유형이다. 다시 말해 자신이 잘할 수 있는 과제나 과목만을 선택하는 학생들이 여기에 속한다. 이들은 우수한 성적이나 성취를 보이고 있으나, 실제 자신이 도달할 수 있는 것보다 낮은 점수인 경우가 많다. 즉, 자신의 한계를 스스로 설정하고 뛰어넘을 시도조차 하지 않으려는 유형이다. 따라서 공부할 때 가장 안전한 방법을 선택하며 자신에게 주어진 과제의 범위 내에서만 체계적으로 공부하기 때문에 창의적 노력이나 도전 의식이 부족하다.

세 번째는 무기력한^{hopeless} 유형이다. 여기에 속한 학생들은 자신이 무능력하기 때문에 어떤 과제도 성공적으로 수행할 수 없다고 생각한다. 또한 어떤 것도 자신에게 도움을 줄 수 없기 때문에 무언가를 시도해보거나 도움을 구하려는 노력은 불필요하다고 여긴다. "교실 앞에 도착하니 이미 지각이라서 그냥 수업에 들어가지 않았어", "난 수업을 들어도 이해할 수 없으니 그냥 안 듣는 게 낫겠어"라는 말을 하기도 한다. 무기력한 학생들은 자신이 무능하다는 신념이 확고하기 때문에 어떤 과제를 성공적으로 수행했을 때조차도 "A학점을 받은 것은 뛰어난 친구들과 같은 조가 된 덕분이야"라고 말하며 성공의 원인을 과제의 용이성, 외부의 도움, 행운 등과 같은 자신이 통제할 수 없는 요인으로 돌린다.

그런가 하면 학교생활을 즐기지만 학교 공부에는 큰 관심이 없는 학생들도 있다. 낙제점을 받지 않을 정도로만 공부하고 그 결과에 만족해하는^{satisfied} 유형이다. 이 유형에 속한 학생들은 자신이 공부를 열심히 해야 할 이유나 목표가 없다고 생각한다. 하지만 자신이 선택한 과제에는 도전하면서 재미를 느끼며 열심히 임하기도 한다. 그러므로 비교적 잠재력이 큰 학생들이다.

마지막으로 불안해하는^{anxious} 유형이 있다. 여기에 속한 학생들은 공부나 과제에 실패하면 어쩌지 하는 두려움이 크고 자신감이 부족하다. 시험 준비를 철저히 했더라도 시험지만 받으면 두려움이 더 커져서 준비한 만큼 실력을 발휘하지 못하기도 한다. 공부에 대한 두려움 때문에 시험 시간이 다가오면 갑자기 배나 머리가 아프기도 한다.

이러한 다섯 가지 유형은 모두 동기 문제를 가지고 있다. 혹시 한 가지라도 위 유형에 속한다면 그 태도를 바꾸는 것이 우선시돼야 한다. 그렇지 않으면 이런 문제들은 현재 또는 앞으로 학업 성취를 이루는 데 방해 요인이 될 것이다.

우리는 어떤 영향을 받을까?

앞에서 살펴본 바와 같이 학습 동기에 문제가 있는 경우, 문제 자체도 복합적으로 일어날 뿐 아니라 그 원인 또한 복잡하기 때문에 '이것이 해결책이다'라고 제시하기가 어렵다. 학습 동기에 영향을 미치는 요인들은 여러 가지가 있지만 크게 세 가지로 나누어볼 수 있다. 첫 번째는 개인과 관련된 요인, 두 번째는 환경 및 사회와 관련된 요인, 세 번째는 학교 및 학습 환경과 관련된 요인이다.

먼저 개인과 관련된 요인은 어떤 것이 있는지 살펴보자. 사람은 누구나 성장하면서 경험한 모든 것들로부터 영향을 받는다. 따라서 한두 가지로 요약하기 어렵지만 대체로 다음과 같은 것들이 동기에 영향을 미친다.

- 인내심
- 자신감
- 통제력
- 불안감
- 비합리적 믿음
- 부정적 태도
- 주의집중력

　인내심과 통제력, 그리고 주의집중력이 부족하면 끈기 있게 학습을 해나가지 못하고 '도저히 못하겠어'라며 포기하게 된다. 이는 자연스럽게 낮은 목표나 계획만을 달성하는 데 그친다. 그리고 이러한 경험이 반복될수록 자신감을 잃게 되고 자신의 능력에 대한 부정적 믿음을 갖게 되어 학습 동기가 낮아지게 된다.
　환경이나 사회와 관련된 요인은 동기에 어떤 영향을 미치게 될까? 우선 이와 관련된 요인들을 정리해보자.

- 사회적 고정관념^{stereotype}
- 부모의 양육 태도, 관심, 기대 수준, 훈육 방식

　특히, 사회적 고정관념은 학습자들로 하여금 성별이나 나이, 인종 등에 대한 사고의 틀을 제한하여 동기와 성취에 영향을 미칠 수 있다. 고정관념이 학생들에게 어떤 영향을 미치는가에 대한 실험 결과는 매우 흥미롭다. '여학생은 남학생보다 수학을 잘하지 못한다'라는 사회적 고정관념에 노출된 상당수의 여학생들은 이러한 고정관념을 깨기 위하여 더 열심히 공부하는 것으로 나타났다. 하지만 이들은 시험을 볼 때 더 긴장하고 문제나 보기를 자주 확인하였고, 그 결과 시험 성적은 더 나쁜 것으로 나타났다. 또 다른 연구에 의하면 '지능은 변하지 않고 고정적이다'라고 믿는 학생들의 경우, 사회적 고정관념에 더 쉽게 영향을 받는 것으로 나타났다. 그밖에 부모가 자신에게 권위적인지 혹은 무관심한지 등의 요인들도 동기에 영향을 미친다.

마지막으로 학습자의 동기에 영향을 미치는 학교 및 학습 환경과 관련된 요인들은 다음과 같다.

- 과제 유형 및 과제 가치
- 교수 방법
- 교수자의 언행
- 소음, 조명 등과 같은 물리적 환경

대학생들의 학습 동기에 대해 연구해온 라이트Light에 의하면, 학생들은 수업이 잘 구조화되어 있고 퀴즈나 소과제들이 많은 경우에 동기 유발이 된다고 한다. 또한 개별 과제보다는 팀 과제인 경우 동기 수준이 높은 것으로 나타났다.

학습 동기 유발 작전

개개인의 생각이나 믿음, 경험, 학습 과제의 유형 등에 따라 동기 수준을 높일 수 있는 전략은 다양하다. 그러나 앞에서도 말했듯 학습 동기 문제나 원인은 매우 복합적이기 때문에, 해결 방법 또한 그리 단순하지 않다. 공통적으로 적용할 수 있는 방안은 다음과 같다.

우선, 자신의 학습 동기 수준은 어떠한지 성찰해보는 것이 필요하다. 즉 변화가 필요한지, 만약 변화해야 한다면 무엇이 바뀌어야 하는지 생각하도록 한다. 더 나아가 동기 문제로 인해 학습하는 데 어떤 문제가 나타나는지, 동기 문제의 원인은 무엇인지 등에 대해서도 생각해보자.

다음으로는 목표를 설정하고 달성하기 위한 전략적 계획 수립이 필요하다. 목표 설정은 학습 동기와 밀접한 영향을 맺고 있으며, 동기를 유발하고 유지하는 데 매우 중요하다. 일본에서 실시했던 '무의미한 형벌'이라는 유명한 실험이 있다. 이는 '사람은 자신이 뭘 하고 있는지 모르면 의욕을 상실하고 때로는 마치 형벌처럼 고통을 느낄 수 있다'는 사실을 밝혀낸 것이다. 우리에게 목표가 없으면 의욕 상실은 물론 고통까지도 느낄 수 있다. '두 번째 시간' 목표 설정에서 살펴본 것처럼, 구체적이고 실행 가능한 목표와 계획을 세우고 실천하기 위해 노력하며 목표와 계획 달성 정도를 확인하는 습관을 기르는 것이 좋다.

혼잣말을 사용하는 것도 동기를 유지하는 데 유용한 방법이다. 과제나 공부를 하다가 지치거나 포기하고 싶은 마음이 들 때 '지금까지 잘 버텼어. 어려운 ○○ 부분도 지나갔는데, 포기하지 않고 끝까지 잘할 수 있어' 또는 '나는 집중해서 잘하고 있어'와 같은 말을 스스로 하는 것이다. 이러한 언어적 강화나 칭찬을 이용하면 동기를 유지하는 데 매우 도움이 된다. '대단해', '이렇게 해나가면 될 거야' 등 긍정적 혼잣말은 불안감을 통제하기도 한다. 또한 기분이 좋았다 나빴다 하거나 감정 기복이 심한 경우에도 유용하다. 혼잣말이라고 하여 속으로 말하지 말고 소리를 내어 말하는 것이 더 좋으므로 되도록 소리를 내서 말해보자.

마지막으로 자신에게 적절한 보상을 제공해보자. 계획이나 목표를 달성했을 때 스스로 포상을 내리는 것이다. 예를 들어 '지금부터 50분 동안 꼼짝하지 않고 공부하고 나면 친구와 5분 동안 전화로 수다를 떨 거야' 또는 '이번 주 시험공부 계획을 모두 실천하면 주말 저녁에는 영화를 한 편 볼 거야' 등이 있다. 자신에게 보상을 줄 때에는 다음과 같은 것이 좋다.

- 창조적이고 생산적인 활동
- 진심어린 인정 또는 칭찬
- 다양한 경험을 할 수 있는 활동
- 가족 또는 친구 등과 함께하는 활동이나 시간
- 한 가지 또는 유사한 보상이 반복되지 않도록 구성

반면, 보상을 줄 때 다음과 같은 것들은 피하도록 한다.

- 소비적이거나 물질적인 것
- 일방적이거나 혼자 하는 활동
- 경쟁이나 폭력 등 지나치게 자극적인 것
- 비슷한 보상의 반복
- 비활동적인 것

물론 공부와 관련된 활동을 한 후 스스로에게 주는 보상은 자신이 좋아하는 것이어야 하지만, 보상으로 '구두 한 켤레' 등과 같이 물질적인 것보다는 운동이나 산책, 악기 연주, 노래 부르기 등과 같은 활동을 하는 것이 좋다. 또한 되도록 두뇌의 긴장과 피로를 풀 수 있고 신체 활동과 균형을 맞출 수 있으면 금상첨화이다. 열심히 공부한 후 자신에게 보상으로 게임을 더 열심히 할 기회를 준다면, 이는 새로운 에너지를 재충전하기에 좋은 활동이 아니다.

가치는 스스로 부여하는 것이다

공부나 과제를 함에 있어서 이 모든 것이 자신에게 어떤 의미와 가치를 갖는지 생각해본 적이 있는가? 이것이 명확하게 확립된 학생들은 무엇을, 왜 해야 하는지 그 목표가 확실하기 때문에 학습 동기가 높아진다. 그뿐만 아니라 학습 동기를 지속적으로 유지하게 된다. 그저 '시키니까' 혹은 '어쩔 수 없이' 과제를 해야 한다고 생각하는 게 아니라 어떤 가치를 갖는지 먼저 생각해보는 것이다. 그러면 높은 동기 수준을 유지하며 공부에 열중할 수 있으며 지치고 포기하고 싶을 때에도 자신의 마음을 다잡을 수 있다. 다음을 통해 지금까지 발견하지 못했던 과제의 가치를 찾아보기 바란다.

• 성취가치

과제를 성취하는 것 자체가 개인에게 주는 중요성을 의미한다. 예를 들어 재수강하고 있는 과목이라면 '이 과목은 지난 학기에 포기했던 건데, 이번에 잘 끝낸다면 정말 기쁠 거야'라고 생각해보는 것이다.

• 내재가치

과제 자체에 대해 느끼는 흥미이다. 과목명부터 학생들의 관심을 끄는 '성과 사랑'이라는 과목의 경우 내재가치를 부여할 수 있다. '오호~ 이 과목 정말 재미있을 것 같아. 꼭 수강해야지'라고 생각하는 것을 의미한다.

• 활용가치

과제의 유용성을 생각하는 것이다. 어떤 과제나 활동이 지금 수행하기에 쉽지는 않지만 배운 후에 유용하게 활용할 수 있을 것이라고 느끼는 정도를 의미한다. 예를 들어 파워포인트 프로그램을 배워야 할 때 '지금 학교에서 잘 배워두면 취직할 때나 직장생활을 할 때 도움이 될 거야'라고 생각하는 것이 활용가치에 속한다.

• 비용가치

특정 과제나 활동에 집중함으로써 다른 과제나 활동을 할 기회를 잃게 되는 것을 의미한다. 예를 들어 ○○과목을 수강하느라 조모임과 과제가 많아서 동아리 활동을 포기하였다면 '이 과목을 수강하느라 이번 학기 동아리 활동도 포기했는데… 꼭 끝까지 잘 마무리해서 좋은 결과를 거둬야지'라고 생각하는 것이다.

• 필수가치

반드시 하지 않으면 안 되는 강제성을 갖는 활동에 대해 갖는 마음가짐을 의미한다. '이번 학기에 한 과목이라도 포기하면 학점이 모자라서 졸업이 안 돼. 열심히 해서 졸업해야지'라고 생각하는 것이 필수가치의 예가 될 수 있다.

그렇다면 수강하고자 하거나 수강하고 있는 과목은 어떤 가치를 가지는지 한번 적어보는 시간을 가지도록 하자. '○○가치'라고 간단하게 적어도 좋고, 이 가치를 가지는 이유에 대해 상세하게 적어도 좋다.

나의 수업 가치 찾기

과목명	가치
1. _____	1. _____
2. _____	2. _____
3. _____	3. _____
4. _____	4. _____
5. _____	5. _____

CHAPTER_ 09

아홉 번째 시간

집중력을 높여라!

나는 공부하면서 딴 생각을 많이 하는 편이다. 분명히 책을 읽고 있었는데, 어느새 상상 속에 푹 빠진 나를 발견하곤 한다. 그러다 보니 책상에 앉아 있는 시간은 길어도 실제로 공부한 내용은 별로 없다.

좀더 생산적인 공부를 하기로 굳게 결심하고 공부에만 집중하려고 책상에 앉았다. 그러나 정확히 12분이 지나자 '참, ○○에게 문자메시지 보내야 되는데', '오늘 TV 드라마는 어떻게 될까?', '내일 약속에는 어떤 옷을 입고 가지?' 등과 같은 생각들이 슬며시 밀려온다. 내 집중시간은 겨우 12분이란 말인가?

집중이 관건이다

가끔 드라마를 보면 길 건너편에서 걷고 있는 옛 연인을 우연히 보고 눈을 떼지 못하는 장면이 나온다. 함께 있던 친구는 계속해서 말을 하지만 주인공은 그 말을 하나도 듣지 못한 채 있다가 "어? 무슨 말 했어?" 하는 장면, 너무나 익숙할 것이다. 이는 순간적으로 집중력을 발휘한 상황이다.

집중은 마음이나 주의를 어떤 대상, 개념, 문제 등에 초점을 맞추는 것을 의미한다. 즉 드라마의 주인공은 옛 연인에 초점을 맞추고 있었던 것이다. 집중력은 집중하는 힘을 의미하며, 어떤 일이나 행위에 관심이 높을수록 집중력도 향상된다. 또한 집중력은 하나로 모아진 생각을 유지하는 능력이기도 한데, 특정 아이디어나 대상에 대해서 한정된 시간 동안 지속적으로 주의를 기울이고 몰입하는 힘이라고 할 수 있다.

공부를 할 때 집중력이 필수적이라는 사실은 누구나 공감할 것이다. 오죽하면 집중력을 향상시켜주는 기계도 발명하여 판매하겠는가? 문제는 '한정된 시간'이라는 말에서도 알 수 있듯이, 주의 집중 시간은 제한이 있다는 것이다. 집중 시간은 사람마다 차이가 있으나 연습과 훈련을 통해 향상될 수 있다.

그렇다면 집중하고 있다는 것을 어떻게 알 수 있을까? 집중은 머릿속에서 일어나는 현상이어서 직접 볼 수 있는 것은 아니다. 하지만 몇 가지 행동이나 현상을 통해서 집중하고 있는지 확인해볼 수 있다.

기본적으로 수업 시간에 집중하는 사람의 시선은 책이나 교재, 교수 또는 칠판을 향하고 있다. 또한 머릿속으로 공부에 관한 생각만을 하며, 대체로 신체의 움직임이 산만하거나 많지 않다. 이렇게 집중을 계속하다 보면, 주변의 소음이나 소리를 듣지 못하기도 하고, 시간이 언제 지나갔는지 모르게 빨리 지나가기도 한다. '어? 벌써 수업이 끝날 시간이야?' 하고 생각한 적이 있을 것이다.

개인마다 집중력을 유지하는 시간과 집중의 정도 역시 차이가 있다. 우선, 집중력을 향상시키기 위해서는 자신의 집중력이 어떠한 상황에서 어느 정도 발휘되는지 알아야 한다. 다음 질문에 답하면서 자신의 집중력을 점검해보자.

- 어떤 때 또는 어떠한 환경에서 집중이 잘 되는가?

_____

- 자신의 집중 시간은 대략 어느 정도인가? (활동에 따라 다르다면, 활동별로 생각해보자)

_____

- 어떤 때 마음의 안정을 느끼는가?

_____

시험이 임박하여 1분 1초가 아쉬운 긴장감이 넘치는 상황에서 집중이 잘된다고 이야기하는 학생도 있다. 반면, 무언가에 쫓기는 기분이 들면 전혀 집중하지 못하고, 시간과 마음에 여유가 있을 때 집중이 잘되는 학생도 있다. 지하철과 같이 북적이고 소음이 있는 곳에서 오히려 집중력을 발휘하거나 여러 명이 함께 공부할 때 경쟁심을 느껴 집중이 잘되는 학생들도 있다.

집중 시간도 개인에 따라 차이가 많이 난다. 같은 대학에 다니는 학생들이더라도 짧게는 십여 분에서 길게는 한 시간 이상으로 다르다. 또한 공부할 때는 십여 분 정도의 집중력을 보이다가도 흥미로운 소설을 읽거나 게임을 할 때는 한 시간 이상 집중력을 발휘할 수도 있다.

조용히 혼자 있을 때 안정감을 느낄 수도 있고, 수많은 사람들 가운데 있을 때 편안함을 느낄 수도 있다. 또는 특정 음악을 듣거나 특정 자리에 앉을 때 안정감을 느끼기도 한다.

자신이 언제 또는 어떤 상황에서 무엇을 할 때 집중력이 높아지는지 안다면, 적극적으로 이러한 환경을 만들어볼 수 있다. 즉 자신에게 맞는 환경을 만듦으로써 적극적으로 집중력을 향상시킬 수 있는 것이다.

무엇이 집중을 방해하는가?

집중력은 주변 환경이나 건강상태, 사고방식 등과 관련이 깊다. 만약 강의실에 앉아 있는데 추운 날씨 때문에 손이 시리거나 감기 때문에 계속해서 기침이 난다면 수업에 집중하는 데 방해가 될 것이다. 이처럼 집중력은 여러 가지 요인들에 의해 방해받거나 흐트러질 수 있다. 이를 외적 요인과 내적 요인으로 나누어 살펴보자.

외적 요인은 전화벨, 자동차 경적소리, 책상 앞 연예인 사진 등과 같은 시·청각적 자극들이며, 내적 요인은 걱정거리, 건강, 흥미와 관심부족, 공상 등과 같이 자신으로 인해 야기되는 요인들이다. 보다 깊이 있게 그리고 지속적으로 집중하기 위해서는 집중에 방해되는 요인이 무엇인지 확인하고 줄여나가는 것이 필요하다. 자신의 방해 요인은 무엇인지 다음의 질문에 답하면서 확인해보자.

- 주변 환경의 방해 요인들은 무엇인가?

  _____

  _____

- 자기 관리 부족으로 인한 요인들은 무엇인가?

  _____

　자신을 방해하는 요인이 어디에 더 치중되어 있는가? '주변 환경에 의해 방해 받는다'에 기록한 것이 많다면 외적 요인 때문에 방해 받고 있는 것이다. 그렇다면 공부하는 장소나 환경을 바꾸어보도록 한다. 자기관리 부족이나 태도, 사고방식 등과 같은 내적 요인들이 집중을 방해하는 요인이라면 빠르고 간단하게 해결되지는 않는다. 그러나 자기 성찰 등 꾸준한 노력이 뒷받침된다면 분명 변화될 수 있는 요인들이므로 포기하지 말자. 다음에서는 좀더 구체적으로 해결책을 찾아보도록 하자.

　집중을 방해하는 요인이 주로 외적 요인들이라면, 공부하기에 적합한 환경을 찾는 것이 급선무다. 물론 사람마다 다르겠지만 공부하기에 적절한 환경은 다음과 같은 조건을 갖추어야 한다.

　첫째, 시각적 자극을 줄인다. 공부할 때 우리 눈은 책이나 노트 등을 끊임없이 보면서 글이나 그림, 그래프, 차트 등을 읽어나간다. 따라서 시선을 끌거나 시각적 자극을 줄 수 있는 불필요한 요소를 최대한 줄이는 것이 필요하다. 공부하는 책상 위에 읽고 싶은 소설이나 다른 책을 놓아두거나 불필요한 사진 등을 붙여놓는 것은 좋지 않다. 또한 창가 자리는 자연 조명 아래에서 공부할 수 있는 좋은 조건을 가지고 있지만, 집중력이 짧은 학생들에게는 고개만 돌리면 주의가 흐트러지는 요소가 많기 때문에 자리 선택에도 신경을 쓰도록 한다.

둘째, 소음을 제거한다. 일부 학생들은 약간의 소음이 있는 곳에서 공부할 때 더 집중이 잘된다고 말하며, 또 일부 학생들은 어떠한 소리도 공부에 방해가 된다고 말한다. 소음이 있는 곳에서 공부가 잘되는 학생들은 심지어 지하철에서도 폭발적으로 집중력을 발휘하여 공부하기도 하고, 도서관 식당이나 매점 등에서도 책을 들고 공부한다. 그러나 소리에 민감한 학생들은 작은 소음에도 방해받기 때문에 도서관에서조차 공부하지 못한다. 의자 소리, 발자국 소리, 심지어 앞에 앉은 사람의 책장 넘기는 소리까지도 방해가 된다. 이러한 학생들은 되도록 혼자 공부할 수 있는 공간을 찾는 것이 좋다. 그러나 혼자 있는 공간에서도 완벽하게 외부 소음이 차단되지 않으면 소음방지 귀마개를 착용하는 것도 하나의 방법이다.

소리와 관련하여 학생들이 궁금해하는 것 중 하나는 '음악을 들으면서 공부해도 되는가?' 이다. 많은 학생들이 외부 소음을 차단하는 방법으로 또는 습관적으로 음악을 들으며 공부를 한다. 일부 학생은 공부보다 음악에 마음을 빼앗기기도 한다. 물론 더 집중을 잘하는 학생도 있다. 따라서 '음악을 끄는 것이 좋다', 혹은 '켜는 것이 좋다'라고 일률적으로 답하기 어렵다. 그러나 음악을 들으며 공부하는 것을 선택하였다면 음악선정에 신경을 쓰는 것이 좋다. 공부는 고도의 집중력과 사고력이 요구되는 활동이기 때문에 소란스럽거나 템포가 빠른 곡은 방해가 될 수 있다. 가능한 한 조용하고 템포가 느리며 일정한 곡을 듣는 것이 좋다.

셋째, 공부에 필요한 준비물을 갖추어놓는다. 공부하다가 지우개가 없어서, 혹은 빨간색 펜이 없어서, 사전이나 계산기가 필요해서 한참 잘되던 공부의 맥이 끊어지는 경험을 해본 적이 있을 것이다. 공부를 시작할 때는 되도록 공부에 필요한 소지품들을 모두 챙겨놓는 습관을 기르는 것이 좋다. 앞에서 알아본 바와 같이 집중을 방해하는 외적 요인들은 차단 등과 같은 적극적 방법으로 극복하는 것이 가능하다.

하지만 마음속에 자리 잡은 두려움, 걱정, 상상 등의 내적 요인은 매우 강력하게 작용하여 단번에 통제하는 것이 쉽지 않다. 이럴 때는 집중을 방해하는 생각들이 무엇인지 구체적으로 적어보자. 기록을 통해 그 원인까지도 파악하게 될 것이다. 예를 들어 공부를 하고 있던 중에 '친구에게 전화해야 하는데…' 혹은 '은행에 가는 걸 깜박했네'라는 생각에 자꾸만 불안한 느낌이 든다면 이것을 언제 할 것인지 계획을 세워보는 것이다. 즉 '친구에게는 점심을 먹으러 가는 길에 전화를 하자', '4시에 가도 은행 업무를 할 거야' 등과 같이 해결할 수 있다. 좀더 복잡한 문제라면 지금 할 수 있는 일이 있는지 살펴본 뒤, 잠시 미루어두면 어떤 일이 생길지 결과를 예측해본다. 공부하기로 결심하였다면 '나는 집중할 수 있다', '지금부터 2시간 동안은

이 과제만 생각할 거야' 등과 같은 긍정적 생각과 마음가짐을 가지는 것이 무엇보다 집중을 돕는 일이다.

신체 건강 때문에 집중을 할 수 없는 경우도 내적 요인에 속한다. 집중은 두뇌에서 일어나는 활동이지만, 몸이 피곤하거나 아프면 집중하기 어렵다. 그러므로 최대한 규칙적 생활을 하고 몸의 건강을 유지하도록 생활습관을 관리하자. 전날 늦게까지 모임을 가져서 잠을 충분히 자지 못했거나 지나치게 술을 마신 뒤에는 신체 균형이 깨진 상태가 되므로 집중력을 발휘하여 공부하기 어렵다.

마지막으로 집중을 방해하는 또 다른 요인으로는 휴대폰이 있다. 요즘 학생들에게 휴대폰은 집중을 방해하는 외적 요인이면서 내적 요인이기도 하다. 실제로 공부하는 데 가장 방해가 되는 것이 무엇이냐고 물어보면 '휴대폰'이라고 답하는 학생들이 상당히 많다. 휴대폰을 옆에 두고 공부하면 '메시지가 와 있지는 않을까?', '그 애한테 지금 연락해볼까?', '어제 찍은 사진은 어땠지?' 등과 같은 많은 생각에 사로잡힌다. 그렇다면 공부할 때 휴대폰을 어떻게 해야 할까?

어떤 학생은 공부를 시작하면서 휴대폰을 꺼둔다고 한다. 물론 꺼두는 것은 좋은 방법이다. 그러나 일부 학생들은 휴대폰을 끄고 나면 '누군가 자신에게 문자를 보냈을 것' 같은 생각과 궁금증을 참지 못하고 5분 또는 10분마다 휴대폰을 켜서 확인하기도 한다. 이러한 학생들은 휴대폰을 꺼두었다 하더라도 마음속 휴대폰은 계속 켜져 있는 것이다. 스스로 휴대폰에 대한 통제가 완전히 되지 않는다면, 아예 휴대폰을 집에 두고 오거나 사물함에 넣어두는 등의 방법을 이용해 물리적으로 휴대폰을 차단하는 것이 좋다. 혹 휴대폰을 꺼두는 것에 대한 불안감이 있다면, 휴대폰을 가까운 사물함에 넣어두고 휴식 시간마다 확인하도록 한다. 그리고 '오늘은 약속이 하나도 없기 때문에 휴대폰을 켜두어도 별 다른 연락이 오지 않을 거야. 혹시 누군가에게 연락이 오더라도 2시간 더 공부하고 확인해도 될 거야'라고 자신에게 이야기하는 것도 좋다.

집중력을 높이기 위한 전략

대부분의 학생들은 집중하여 공부하기 위해 나름의 방법과 전략을 가지고 있다. 공부가 잘되는 자리가 따로 있기도 하고, 특정 자판기나 브랜드의 커피가 도움이 된다고 느끼기도 하며, 심지어 어떤 펜이나 노트를 사용해야만 하는 경우도 있다. 집중력이 발휘되는 조건을 찾는 노력과 방해 요인을 알고 제거하는 노력에 더하여 다음과 같은 생활습관을 익히는 것이 집중력 향상에 매우 유용하다. 그 방법으로 5가지 정도가 있다.

첫째, 집중해야 할 특정 시간을 만든다. 일주일 정도 공부한 시간을 적어보자. 규칙적이고 정기적인가? 어떤 학생은 하루는 아침에, 하루는 밤에, 어떤 날은 전혀 공부하지 않고, 또 어떤 날은 종일 공부만 하는 등 공부 시간이 매일 다르다. 공부도 습관이어서 가능한 한 정해진 시간에 공부를 하는 것이 좋다. 아마도 일상생활 계획 중 운동이라는 항목이 있는 학생들은 새벽 또는 밤에 규칙적으로 운동하려고 노력할 것이다. 공부도 마찬가지이다. 일정한 시간대에 공부하는 습관을 들이면 집중력도 함께 향상될 수 있다.

둘째, 에너지리듬을 따른다. 우리 몸은 하루 동안 에너지의 흐름에 따라 주기적으로 능률이 오르고 떨어진다. 아침형 인간이라고 하는 학생들은 아침에 두뇌활동이 활발하여 집중이 잘되는 반면, 오후나 밤에는 몸이 피곤하고 기운이 떨어지는 것을 경험해보았을 것이다. 자신의 에너지리듬을 알면 공부의 효율성을 높이는 데 도움이 된다. 능률이 오르는 시간대에 집중력이 요구되는 일을 하자.

셋째, 공부한 것을 이야기하자. '공부해서 남주냐?'라는 이야기를 들어본 적이 있는가? 이 말은 공부해서 쌓은 지식이나 경험은 자신의 발전과 성장에 밑거름이 되며, 노력한 만큼 결실을 거두게 된다는 의미이다. 이제 여기서 한발 더 나아가 '공부해서 남주자'는 생각을 가져보자. 즉 공부한 내용을 친구나 가족 등 다른 사람에게 적극적으로 이야기해보는 것이다. 물론 이야기를 듣는 상대에게도 도움이 되겠지만, 공부한 내용을 이야기하는 과정에서 상당한 집중이 이루어지고 기억력도 향상

되는 효과를 얻을 수 있어 자신에게도 큰 도움이 된다.

넷째, 건강관리에 힘쓰자. 대학생은 캠퍼스를 걷는 일 외에 따로 운동을 하지 않는 한 움직임이 많지 않을 것이다. 운동 부족은 두뇌활동을 저하시켜 집중력을 떨어뜨린다. 집중력을 발휘하여 수업을 듣고 나면 피곤함을 느끼곤 한다. 두뇌활동의 에너지 소모 역시 크기 때문에 평소 꾸준한 운동으로 체력을 단련하면 집중력 강화에도 도움이 된다. 또한 일정 시간 집중력을 요하는 활동을 하고 난 후에는 간단한 스트레칭이나 산보 등의 신체활동을 하는 것이 좋다.

마지막으로, 휴식하자. 아무리 집중력이 뛰어난 사람도 집중력을 유지한 채로만 살아갈 수는 없다. 집중력은 유한하며 상당한 에너지를 소모하는 활동이다. 운동을 통해 체력을 기르는 것만큼 휴식을 취하는 것도 좋은 방법이다. 운동선수들은 휴식을 트레이닝의 한 방법으로 인식하고 있을 정도이다. 공부 도중 아무리 집중하려고 마음먹어도 세 번 이상 잡념이 생긴다면 집중력이 결여되었다는 것을 의미한다. 이럴 때는 과감히 휴식을 취하여 잠시라도 뇌를 쉬게 하는 것이 좋다.

집중력은 훈련을 통해 강해진다

집중력은 꾸준히 노력하고 훈련하면 놀라울 정도로 향상된다.

집중력 훈련 방법에는 여러 가지가 있다. 평소에 또는 공부하는 중간에 활용하기 쉬운 효과적인 훈련법을 알아보자. 실제로 다음과 같은 집중력 훈련을 2주 실시한 후, 집중 시간을 12분에서 37분으로 늘린 학생도 있다. 물론 정도의 차이는 있으나 대부분의 학생들은 집중력이 강화되는 경험을 하였다. 지금부터 하나씩 그 방법을 살펴보자.

1. 자기암시 집중법

어려운 과제나 기회를 갖게 된 사람의 반응은 두 가지로 나누어볼 수 있다. 하나는 집중력을 발휘하고 도전하여 성공을 거두는 사람이고, 또 하나는 자신이 할 수 있는 일이 아니라는 잠재의식 때문에 포기하는 사람이다. 이와 같이 자신에 대하여 어떻게 생각하고 있는가가 집중력을 발휘하게도 하고 떨어뜨리기도 한다. 다음 생각이나 태도를 살펴보자.

• 해낼 자신이 없어.
• 운이 없어.
• 바빠서 시간이 없어.
• 흥미가 없어.

이와 같은 표현은 자신도 모르는 사이에 마치 최면을 걸듯이 자기암시를 하게 된다. 그 결과, 그 사람이 가진 능력과 가능성

을 제한한다. 스스로 한계를 만들고 그 울타리를 넘을 수 없다고
생각하는 것이다.

반면, 긍정적인 자기암시를 계속하면 하고자 하는 의지나 확
신이 생기며 실제 가지고 있는 능력을 십분 발휘하게 된다. 따
라서 '안 돼', '할 수 없어'라는 선입견을 극복해야만 발전할
수 있다. 그러기 위해서 다음 자기암시 집중법을 활용해보자.

- 일의 결과에 대한 확신을 가지고 그것을 머릿속에 그려본다.
- '할 수 있어', '하면 된다'라는 생각을 반복한다.
- 자신을 칭찬한다. 성공의 기쁨을 자주 맞이할 수 있도록 작은
  일부터 하나씩 해나가도록 한다. 이를 통해 자신에 대한 긍정
  적 자아상을 형성한다. 만약 '매일 아침 6시 기상'이라는 계
  획을 세운 뒤, 그 다음날부터 6시에 일어난다면 적극적으로
  자신을 칭찬해주는 것이다.
- 어떠한 상황에도 긍정적 태도를 유지한다.

생각하는 태도를 바꾸는 것은 그리 쉽게 이루어지지 않는다.
이런 점을 미리 염두에 두고 긍정적 이미지를 갖기 위한 계획을
세워보자. 최소 3~6개월 정도를 꾸준히 노력해야 할 것이다.

2. 멘탈스크린 집중법
공부할 때 공상에 쉽게 빠지거나 걱정거리에서 벗어나지 못

하는 경우, 빨리 그 생각에서 벗어나 공부에 집중하는 효과적 방법이 바로 멘탈스크린Mental screen 집중법이다. 이 방법의 핵심은 생각하고 있는 것을 구체적으로 시각화하는 데 있다. 그 방법을 상세히 살펴보자.

- '나는 집중할 것이다' 라고 말하면서 공부를 시작한다.
- 머릿속에 TV나 영화 스크린 같은 것을 떠올린다. 이 스크린에 자신이 생각하는 것이 투영된다고 상상한다. 또 자신이 이 스크린에 통제권을 갖는다고 생각한다.
- 이 스크린을 하얗게 공백 상태로 만든다.
- 집중하여 공부하고 있는 내용을 스크린에 투영시킨다.
- 집중력이 떨어지거나 딴 생각이 들면, 현재 생각하고 있는 것을 스크린 위에 투영시킨다.
- 스크린 위에 투영된 공상이나 걱정거리를 화면 밖으로 밀어내는 상상을 한다. 지우개로 지우는 모습을 생각해도 좋고, 청소기로 흡입하거나 대걸레로 닦아내는 상상을 해도 좋다.
- 스크린이 다시 하얗게 되면, 이번에는 공부한 내용을 그 위에 투영시킨다. 그리고 다시 공부에 집중한다.
- 필요하다면, 위 단계를 반복한다.

실제로 공상이나 잡념이 많은 학생들이 이 집중법을 사용한 후 빠른 시간 내에 그 생각에서 벗어나는 효과를 경험했다.

3. 릴렉세이션 집중법

릴렉세이션^{Relaxation} 집중법은 집중 자체보다 집중하기 좋은 환경을 만드는 데 유용하다. 따라서 공부를 시작할 때뿐만 아니라 공부 중이나 긴장될 때도 도움이 된다. 또한 정신적으로나 신체적으로도 휴식을 취할 수 있어 효과적이다. 릴렉세이션 집중법의 진행방식은 다음과 같다.

- 숨을 들이마시면서 온몸에 힘을 준다.
- 잠시 숨을 멈추고, 근육의 긴장 상태를 유지한다.
- 천천히 숨을 내쉬다, 한 번에 나머지 숨을 내쉬며 온몸의 힘을 뺀다.
- 기분이 좋다거나 편안하다고 생각한다.
- 이때 뇌에서 만족 호르몬이 분비되어 온몸의 세포가 충만감을 느끼게 되고, 긴장했던 근육이 안정 상태로 유지된다.

이러한 호흡법을 긴장이 풀릴 때까지 여러 번 반복한다. 긴장감이 해소되었을 때 집중력이 생기며 편안한 상태에서 아이디어가 잘 떠오른다. 따라서 몸과 마음을 느긋하게 할 필요가 있으며, 릴렉세이션 집중법은 의식적으로 휴식을 유도하여 집중력을 얻는 데 도움이 될 것이다.

CHAPTER_ **10**

열 번째 시간

공부의 왕도 찾기

나는 친구 OO와 함께 공부할 때가 많다. OO가 공부하는 것을 보면 참 산만하다. 공부를 시작할 때도 책과 노트를 한참 뒤적거린 후에 공부를 시작한다. 책을 읽을 때도 쭉 읽어 나가는 것이 아니라 앞으로 갔다 뒤로 갔다를 반복한다. OO가 공부하는 모습을 보면 '지금 공부를 하고 있는 게 맞나?' 하는 생각이 든다.

아니, 그런데 OO가 지난 학기에 성적우수 장학금을 받았단다. OO가 공부하는 모습을 보면서 당연히 나보다 성적이 나쁠 줄 알았는데… 정말 충격이다. 도대체 OO가 나보다 좋은 학점을 받은 이유가 뭘까? 집에서 혼자 밤새워 공부를 하는 걸까?

인지전략이란 무엇인가?

　영어단어를 외울 때 어떤 방법으로 외우는가? 혹시 친구들은 어떤 방법으로 외우는지 관찰해본 적이 있는가? 어떤 학생들은 영어 단어를 계속 바라보며 그 의미를 머릿속에 그려본다. 또 다른 학생들은 중얼거리며 단어를 반복하며, 종이에 쓰고 또 쓰는 학생들도 있다. 어떻게 영어 단어를 외우든 각자 나름대로 자신만의 방법으로 공부하고 있을 것이다. 이와 같이 학습과정에 영향을 미치는 정보처리 활동이 인지전략^{Cognitive strategy}이다. 인지전략이라는 용어가 다소 생소하고 어려울 수도 있다. 그러나 이것에 대해 알고 나면 공부를 좀더 전략적으로 하는 방법을 깨닫게 될 것이다.

　인지전략은 정보를 획득하고 조직하며 기억할 뿐 아니라 활용을 촉진하는 모든 활동을 말한다. 지금부터 인지전략이 학습과정에서 어떻게 활용되는지 구체적으로 살펴보자.

　토익이나 토플 점수를 올리기 위해, 혹은 영어 어휘력을 기르기 위해 집중적으로 단어 공부를 해본 적이 있을 것이다. 이때 어떻게 단어를 외웠는지 생각해보자. 여러 가지 방법이 있을 수 있다. 영어사전을 펴놓고 A부터 시작하여 하루에 한 장씩 사전으로 공부하는 학생이 있는가 하면, 또 다른 학생은 특정 상황이나 장소 등과 관련된 단어들을 모아놓고 하나의 주제 아래 단어들을 공부하였을 수도 있다. room이라는 단어에서 시작하여 그와 관련된 bed, furniture… 등을 공부하는 방법이다. 또한 단어를 외울 때에도 알파벳 하나하나를 써보거나 바라볼 수도 있고, 단어가 의미하는 바를 시각적으로 머릿속에 떠올리며 공부할 수도 있다. 이 모든 방법들이 나름대로 인지전략을 활용하고 있는 것이다.

그러나 모든 인지전략이 동일한 효과가 있는 것은 아니다. 따라서 공부하는 내용이나 과목에 따라, 자신의 학습스타일에 따라 더 효과적인 인지전략을 찾아야 한다. 일반적으로 인지전략은 학습전략이라고도 일컬어지며, 여러 연구에 의하면 높은 학업 성취를 거두는 학생들이 낮은 학업 성취를 거두는 학생들보다 더 다양한 인지전략들을 활용하는 것으로 나타났다. 예를 들면 시험에 대비하여 교재와 참고자료를 읽을 때, 동일한 전략을 사용하여 같은 시간과 노력을 들이는 학생들보다 교재에 더 집중하여 시간을 들여 읽고 참고자료는 주요 내용 중심으로 읽는 전략을 사용하는 학생들이 더 높은 학업 성취를 거둔다.

정보는 머릿속에서 어떻게 처리되는 것일까?

인지전략은 학습자의 정보처리 활동에 영향을 미치는 정신활동이다. 따라서 어떠한 정보를 접했을 때 어떤 과정을 통해 정보처리가 되는지 이해할 필요가 있다. 인간은 오감을 통해 외부 세계로부터 정보를 받아들인다는 이야기는 '네 번째 시간'에서 언급한 바 있다. 이렇게 받아들여진 정보는 작동기억 working memory 을 거쳐 장기기억 long-term memory 에 저장된다.

공부를 할 때 배운 내용을 다시 활용하기 위해서는 정보가 어디에 저장되어야 할까? 바로 장기기억이다. 장기기억은 저장할 수 있는 용량도 엄청날 뿐 아니라 저장된 정보도 오랫동안 기억할 수 있다는 특징을 갖는다. 문제는 인간이 정보를 받아들일 때 바로 장기기억으로 넘어가는 것이 아니라 작동기억을 거쳐야 한다는 것이다. 작동기억은 단기기억 short-term memory 이라고 불리는데, 정보를 처리하는 양과 시간에 제한이 많다. 성인의 경우, 작동기억에서 약 5~9개의 정보가 20초 정도 기억되기 때문에 정보를 전략적으로 처리할 필요가 있다. 그리고 이때 정보가 작동기억에서 장기기억으로 처리되는 과정을 도와주는 것이 바로 인지전략이다. 외워야 할 내용이 많은데 잘 외워지지 않는다면, 인지전략을 적극적으로 개발해보자.

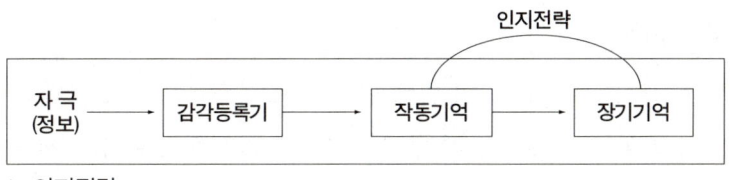

▶ 인지전략

인지전략 활동의 종류

공부를 하는 데 밀접한 관련을 갖는 인지전략은 몇 가지 종류
가 있다. 바로 시연^{rehearsal}, 정교화^{elaboration}, 조직화^{organization}인데,
이 전략들은 학습 내용을 이해하고 기억하는 데 사용하는 전략
들이다.

다음 '열한 번째 시간'에서 기억력을 높이는 방법에 대해 상
세히 다루겠지만, 어떠한 정보를 기억하기 위해 많은 방법들이
사용되는데 지금부터 간단하게 알아보자.

시험기간이 되면 등나무 아래 벤치에서 유인물을 들고 혼자
중얼중얼하는 학생을 볼 수 있다. 이러한 활동이 시연에 속한
다. 시연은 학습 내용의 중요한 부분에 보다 집중하게 만들고,
작동기억 속에 있는 학습 내용이 계속 활성화되도록 도와준다.
이러한 시연 전략에는 중요한 부분에 밑줄을 긋거나 암송하는
것, 큰 소리로 말해보는 것 등이 있다. 그러나 시연은 새로운 내
용을 이전에 학습한 내용과 연결시키는 것과 같은 깊이 있는
학습 과정에는 기여하지 못한다. 기초적 암기 과제에 적합한
전략이다.

정교화는 정보를 의미 있게 만들어주고, 새로운 정보를 학습
자의 기존 지식과 연결시켜 장기기억에 저장하도록 하는 전략
을 의미한다. 예를 들어 수업 시간에 '파레토 법칙', 즉 전체 결
과의 80%는 20%의 원인에서 비롯된다는 것을 배웠다고 가정

해보자. 이것을 좀더 쉽게 기억하기 위해 '이대 팔(2 : 8)법칙'으로 바꿔 말할 수도 있다. 혹은 '전체 인구 20%가 80%의 부를 점유하고 있으며 전체 인구 80%가 나머지 20%의 부를 나눠 갖는 것', '20%의 소비자가 전체 매출의 80%를 차지하는 현상', '직장에서 20%의 근로자가 80%의 일을 하는 경향' 등으로 기존 지식과 연결시키고 의미를 부여하여 기억할 수도 있다. 바꾸어 말하기, 배운 내용을 요약하기, 질문하기, 유추하기 등과 같은 활동들이 이 정교화에 속한다.

마지막으로 조직화는 정보들 간의 관계를 구성해주는 전략으로, 학습 내용을 보다 쉽게 이해할 수 있도록 도와준다. 개요를 파악하고 개념도를 그려보거나 아이디어를 뽑아내는 것 등이 이에 해당된다.

나에게 부족한 인지전략 찾기

앞 내용을 읽으면서 자신은 주로 어떤 전략을 사용하는지 생각해보았는가? 다음 문항들을 읽으면서 O나 V 등을 사용하여 공란에 표시해보자. 이를 통해 자신이 잘 사용하고 있는 전략이 어떤 것인지 살펴보고, 또 부족한 것은 어떻게 보충하면 되는지 알아보자.

〈시연〉

□ 책이나 자료 등의 내용을 계속 소리 내어 말하거나 속으로 말하면서 암기한다.

□ 중요한 내용과 관련된 주요 단어들을 찾아 암기한다.

□ 중요한 내용은 목록을 만들어 암기한다.

□ 중요한 부분이 무엇인지 찾고 밑줄을 치거나 표시한다.

□ 외워질 때까지 여러 번 반복한다.

〈정교화〉

□ 교재에 있는 내용과 수업내용을 연결해본다.

□ 다른 수업에서 배운 내용과 연관시켜본다.

□ 수업이나 교재, 자료 등에서 배운 개념들을 연결시키면서 과제를 하려고 노력한다.

□ 과제를 하면서 알게 된 내용을 다른 수업이나 상황에 적용하려고 노력한다.

□ 과제를 할 때 이미 알고 있는 것들과 연결시키려고 노력한다.

□ 과제를 하면서 활용했던 자료들의 중요 개념과 내용을 간단히 요약 정리해본다.

〈조직화〉

□ 교재나 자료를 읽을 때 사고의 조직화를 위해 자료의 개요를 잡아본다.

□ 공부를 할 때 교재, 자료, 노트필기 등을 훑어보고 가장 중요한 개념들을 확인한다.

□ 공부하는 내용을 조직하기 위해 간단한 차트, 다이어그램, 또는 표를 그려본다.

□ 자료를 훑어보고 가장 중요한 개념의 개요를 만들어본다.

□ 공부할 때 중요한 핵심 내용과 부수적인 내용을 구분하려고 노력한다.

● 시연 ___ /5개, 정교화 ___ /6개, 조직화 ___ /5개

　주로 사용하는 인지전략은 어떤 것인가? 인지전략을 점검해보면 주로 사용하는 전략이 있기도 하고, 또 거의 사용하지 않는 전략도 있을 것이다. 위의 전략들은 되도록 다양하게 사용하는 것이 좋다. 평소 잘 사용하지 않았던 전략이 있다면, 어떤 공부를 할 때 이용하면 좋을지 생각해보고 적극적으로 활용해보자. 예를 들어 평소 공부할 때 중요한 내용과 부수적 내용을 잘 구분하지 못한다면, 조직화 전략을 잘 이용하지 못하는 것이다. 그러면 어떻게 개선할 수 있을까? '다섯 번째 시간' 교재 읽기에서 살펴본 것처럼 훑어 읽으며 내용의 개요도를 작성해보거나 '일곱 번째 시간' 노트필기에서 살펴본 바와 같이, 노트필기 전에 이번 시간 수업 목표를 적어보는 방법 등을 활용해볼 수 있다.

메타인지전략이란 무엇인가?

　영어공부를 할 때 무엇을 목표로 하는지, 어떤 능력을 기르기 위한 것인지, 또는 시험의 유형이 어떠한지 등에 따라 공부방법이 달라질 것이다. 회화시험을 보는데 영어 책을 펴놓고 독해공부를 하지는 않을 것이다. 또한 어휘시험을 보는데 듣기공부를 하지도 않을 것이다. 이처럼 인지활동이나 인지전략을 조절하는 인지가 바로 메타인지이다.

　인지전략으로 어떠한 다양한 방법들이 있는지 안다고 해서 상황에 맞는 적절한 전략을 사용한다고 볼 수는 없다. 즉, 여러 인지전략들 중 지금 무엇을 사용하는 것이 좋을지 결정하고 조절하는 메타인지가 필요하다. 메타인지는 초(超)인지라고도 하며 상위인지라고도 불린다. 메타인지전략이 발달하면, 자신의 인지 과정을 관리·통제하기 위하여 학습 과정을 점검하고 그 결과에 따라 전략을 조정하게 된다.

　인지전략이 정보처리 과정 중 작동기억과 장기기억에 관련된 전략이라면, 메타인지전략은 정보처리의 모든 과정과 관련된다. 정보를 받아들이는 것부터 장기기억에 저장하고 인출하는 것까지 모든 과정을 점검하고 보다 효과적인 전략을 찾는 것이 메타인지전략의 기능이다.

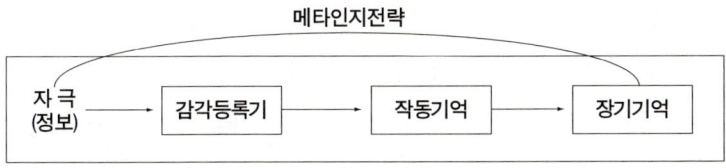

▶ 메타인지전략

  메타인지는 자신이 어떤 인지 활동을 하고 있는지 아는 것과 이것의 적절성을 판단하여 필요하다면 인지전략을 변경하는 두 가지 측면으로 구성된다. 이를 위해 일반적으로 계획^{planning}, 점검^{monitoring}, 조절^{regulating}이라는 메타인지전략이 활용된다.

  • 계획

  학습을 효율적으로 하기 위해 필요한 전략을 계획적으로 선택하는 것으로, 다양한 수준에서 이루어진다. 예를 들어 교재를 자세히 읽기 전에 훑어보는 것과 학습목표를 설정하는 활동 등이 모두 계획에 속한다.

  • 점검

  학습자가 학습 행동과 과정을 면밀히 관찰하고 평가하는 전략을 의미한다. 자신의 주의집중 정도를 확인하거나 이해 정도를 평가하는 것, 또 문제 푸는 속도의 적절성을 판단하는 것 등이 여기에 속한다.

- 조절

어려운 내용을 읽을 때에는 더 천천히 읽거나 관련 용어나 주요 내용을 미리 확인할 것이다. 이런 행동이 조절 전략에 포함되며, 조절이 필요하다고 판단되면 보다 효과적 학습을 위해 인지전략을 바꾸는 활동을 의미한다. 즉, 현재 자신이 사용하는 전략의 적절성과 효과성을 검토하고 전략을 조절해보는 활동이다.

책을 읽을 때 동일한 속도로 한 페이지씩 차례로 읽는가? 책을 읽다 앞으로 돌아갔다 하는 등 다시 읽기를 반복하는가? 전자보다 후자의 경우가 메타인지전략을 활발히 사용할 가능성이 높다. 메타인지전략이 발달한 학생들은 모든 학습 활동을 해나갈 때 끊임없이 스스로의 학습 과정을 성찰하기 때문이다. 그림을 그릴 때 다양한 사이즈의 붓과 재료들을 사용한다. 중요한 것은 언제 어떤 크기의 붓과 재료들을 사용할 것인지 결정하는 것이다. 인지전략 역시 성공적 학습을 위해 필수적이다. 그러나 인지전략을 언제, 왜, 어떻게 사용해야 하는지 알고 조정하는 메타인지전략이 없다면, 열심히 한 만큼의 성과를 거두기 어려울 것이다.

나에게 부족한 메타인지전략 찾기

'아, 이것이 메타인지전략이구나!' 하고 깨닫지 못했더라도 많은 학생들이 평소 메타인지전략을 사용했을 것이다. 다음은 공부할 때 계획, 점검, 조절과 같은 메타인지전략의 사용 정도를 알아볼 수 있는 문항들이다. 다음 문항들을 읽고 자신이 잘 사용하고 있는 전략이 무엇인지 표시해보자.

〈계획〉

☐ 공부하기 전에 필요한 책이나 자료 등이 무엇인지 생각하고 준비한다.

☐ 공부할 부분을 간단히 훑어보고 적절한 공부방법이 무엇인 지 생각해본다.

☐ 공부할 때마다 얼마 동안 어디까지 공부할지 목표를 세운다.

〈점검〉

☐ 공부할 때 잘 이해되지 않는 개념이나 내용이 무엇인지 확인 하려고 한다.

☐ 읽고 있는 교재나 자료 또는 공부하고 있는 내용을 잘 이해 하고 있는지 확인하기 위하여 스스로에게 질문해본다.

☐ 읽기 전에 주제와 배워야 할 것이 무엇인지 생각해본다.

☐ 공부하는 내용에 관한 질문들을 만들어가면서 공부한다.

□ 새로운 학습 내용을 공부하기에 앞서 먼저 내용의 구성을 간단히 훑어본다.
□ 수업이나 과제 활동을 위해 책이나 자료를 읽으며 잘 이해하지 못하는 부분이 있는지 점검한다.

〈조절〉
□ 학습 내용이 이해하기 어려운 경우 공부방법을 바꾸어본다.
□ 공부나 과제 방식을 교수님의 스타일이나 요구사항에 맞추려고 노력한다.
□ 공부 내용 중 잘 이해되지 않고 혼동되는 부분이 있으면 앞으로 다시 돌아가 차근차근 이해하려고 노력한다.
□ 수업을 들을 때 노트필기를 제대로 못하면 나중에 다시 확인하고 정리하여 명확히 한다.

● 계획 ___ / 3개, 점검 ___ / 6개, 조절 ___ / 4개

　　인지전략과 메타인지전략 중 어떤 전략을 더 잘 사용하고 있다고 생각되는가? 성적이 좋은 학생들일수록 인지전략과 메타인지전략들을 다양하게 자주 사용한다. 반면 학업성취가 낮은 학생들은 한두 가지 전략만 사용하는 경향이 있다. 위에 표시하지 않은 문항은 잘되지 않는 부분임을 알고 따로 정리하여 적극적으로 개발해보자.

아는 것보다 활용하는 것이 중요하다

　인지전략과 메타인지전략은 어떠한 종류가 있는지 아는 것보다 학습 목표나 학습 상황 등에 따라 적절하게 활용하는 것이 더 중요하다. 이를 위해서는 전략 자체를 개발하는 노력도 필요하지만 학습 수준을 높이는 것도 필요하다. 여러 연구 결과에 의하면, 전문가와 초보자가 사용하는 인지전략과 메타인지전략의 수준이 다른 것으로 밝혀졌으며, 내용에 대한 이해가 깊을수록 활용하는 전략도 다양하고 적절한 것으로 나타났다.

　컴퓨터가 고장 나서 삐~삐~ 소리가 난다고 생각해보자. 초보자는 모든 가능성을 염두에 두고 바이러스 감염, 부품 접속 불량, 메모리, CPU, 키보드 등의 부품 불량을 하나씩 확인해갈 것이다. 그러나 전문가는 소리만 듣고도 무엇이 이상인지 바로 찾는다. '삐~~~' 소리가 길게 들리면 '아, 램이 고장이구나' 생각하고, '삐비빅 삑~'과 같은 비프음이 들리면 '그래픽 카드를 확인해 보아야겠다'고 생각한다.

　이와 같이 학습 내용에 대한 이해 수준과 인지전략 및 메타인지전략의 활용 수준은 밀접한 관련이 있으며, 학습 내용에 대한 이해가 깊어지면 자연스럽게 관련 인지전략과 메타인지전략도 발달하게 된다. 실제로 주위에 성적이 좋은 학생들을 유심히 관찰해보면 자신만의 다양한 학습법을 가지고 활용하는 것을 알 수 있을 것이다.

그러나 이것은 새롭거나 낯선 내용을 학습할 경우, 인지전략이나 메타인지전략을 사용할 수 없다는 것을 의미하지는 않는다. 예를 들어, 물리학을 깊이 있게 이해하고 있는 학생이 '양자시공간이론'을 공부한다면, 관련 선수지식$^{prior\ knowledge}$이 무엇인지 알기 때문에 '양자론'과 '상대성이론'을 복습하거나 관련 최신 연구이론을 찾아볼 것이다. 즉, 보다 내용에 적합한 전략을 활용하는 것이다.

반면, 물리학에 대한 이해수준이 높지 않은 학생이 '양자시공간이론'을 공부한다면, 이때는 무엇을 하는 것이 가장 좋은 방법인지 알지 못하기 때문에 자신이 알고 있는 일반적 학습전략을 적용하게 된다. '공부하기 전에는 무엇이 중요한지 확인한다'는 전략을 적용하여, 챕터 뒷부분의 요약이나 연습문제를 먼저 읽어보고 중요한 개념 및 내용을 확인하는 것이 그 예에 속한다.

이와 같이 다양한 인지전략과 메타인지전략을 개발하고 싶다면, 일단 공부하는 내용에 대한 지식과 이해의 수준을 높이는 것이 중요하다. 신입생에 비해 고학년들이 다양한 인지전략과 메타인지전략을 활용하는 것을 볼 수 있는데, 이는 고학년들이 이미 대학에서 여러 수업을 들으면서 관련 지식을 쌓아놓았기 때문이다.

CHAPTER 11

열한 번째 시간

기억! 망각과의 싸움

나는 기억력이 좋지 않다. 어떤 친구들은 한 번 보거나 들은 내용도 잘 기억하던데, 나는 사람 이름도 잘 외우지 못해서 실수한 적도 여러 번 있다. 평소에 재미있게 수업을 들었던 과목들도 시험을 보기 위해서 모두 외워야 할 내용이라고 생각하면, 온몸의 기운이 쭉 빠진다. 암기를 요하는 과목들은 생각만 해도 가슴이 답답해진다.

이런 과목들은 공부하기 싫어서 자꾸 미루게 된다. 그렇게 미루다 보니 벼락치기 공부를 하게 될 때가 많다. 급한 마음에 무조건 외우려고 해보지만, 급할수록 더 안 외워진다. 또 어떤 내용은 정말 죽어도 안 외워진다. 외웠다고 생각했는데, 책만 덮으면 기억나는 것이 없을 때도 있다. 나처럼 못 외우는 사람들은 어떻게 공부해야 하는 걸까?

기억과 두뇌 이야기

아무리 열심히 공부하여도 필요한 때에 공부한 내용을 떠올리지 못한다면 소용이 없다. 학습하는 것만큼 기억하는 것도 중요하다. 모든 활동은 두뇌에서 이루어지는데, 기억을 구성하고 저장하며 다시 불러오는 것은 전기와 미세한 화학 물질의 상호작용 결과이다.

기억에 대해 살펴보기 전에 우선 인간의 두뇌 구조와 활동을 잠시 살펴보자. 인간의 뇌는 수많은 신경세포(뉴런)로 구성되어 있다. 신경세포들은 축색돌기와 수상돌기로 구성되며, 이들이 수천 개의 가지를 이루면서 서로 엉켜 있다. 신경세포들은 축색돌기라고 하는 긴축을 하나씩 달고 있는데, 축색돌기는 신경 자극을 이웃 신경세포에 전한다.

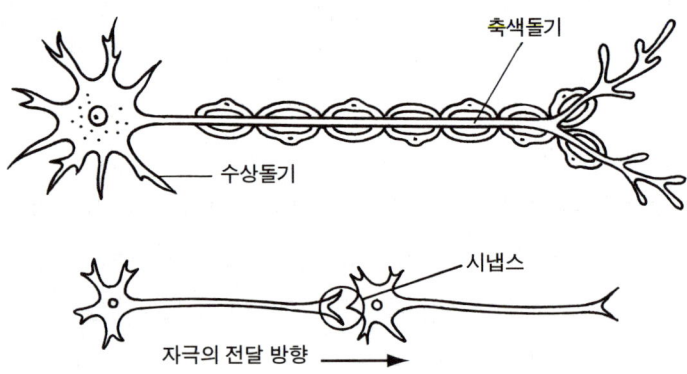

▶ 뉴런의 구조

이웃 신경세포는 다양한 종류의 전기 자극을 수상돌기를 통해 받아들인다. 신경세포들이 만나는 가지 끝부분에는 시냅스라는 연결점이 달려 있는데, 뉴런 사이의 정보를 교환하게 된다. 두뇌에서 정보가 처리될 때 시냅스 전까지는 전기신호로 주고받으며, 시냅스 간에는 화학신호로 바뀐다. 전달된 화학적 신경 전달 물질은 그에 맞는 수용체와 결합하여 기억을 형성하게 된다. 아이디어나 정보를 학습하고 기억해내는 것, 생각하고 행동하는 것도 이러한 방식을 통해서이다.

인지전략과 메타인지전략에 대해 알아보았던 '열 번째 시간'에서는 정보가 우리 머릿속에 들어와서 처리되는 과정을 모형을 통해 간단히 살펴보았다. 인간의 정보처리 과정을 이해하면 자신의 학습 과정 또는 학습 정도를 성찰하는 데 도움이 될 뿐 아니라 기억을 촉진하는 방법들을 이해하는 데에도 유용하다. 기억이라는 관점에서 인간이 어떻게 학습하고 기억하는지 정보처리 모형을 살펴보자.

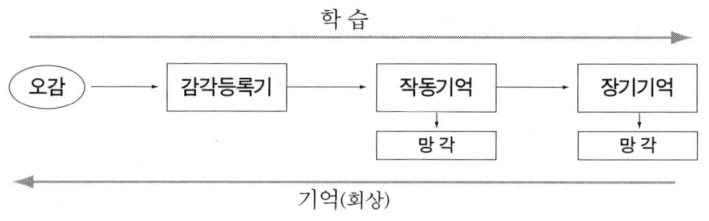

▶ 학습과 기억

인간은 오감을 통해서 수많은 자극을 받는다. 이런 자극들은 감각기억으로 이동된다. 감각기억의 용량은 매우 크지만 1~3초 정도만 기억된다. 뜨겁게 달궈진 숟가락을 실수로 잡았을 때 '앗! 뜨거워'와 동시에 '저 숟가락은 뜨거워'라는 정보가 전달된다. 그러다 몇 분이 지난 뒤 숟가락이 뜨겁다는 사실을 깜박 잊고 다시 잡는 일이 있다. 숟가락에 대한 정보가 감각기억에만 머물렀기 때문이다. 감각기억으로 전달된 정보의 대부분은 잊혀지며, 일부만이 작동기억을 거쳐 장기기억으로 이동된다.

감각기억에서 작동기억으로 이동되는 자극이나 정보들은 그것을 지각하고 주의를 기울였기 때문이다. '숟가락은 지금 뜨거운 상태야', '조심해야 해'라고 계속해서 주의를 기울이면 작동기억으로 정보가 이동한다. 그러면 뜨거운 숟가락을 다시 잡는 실수는 없을 것이다.

똑같은 사진이나 장면을 보고도 서로 기억하는 부분이 다른 경우가 있다. 이것은 바로 주의를 기울인 부분이 서로 달랐기 때문인데 공부를 할 때도 읽거나 들은 내용을 모두 기억할 수 없다. 따라서 눈과 귀를 통해 들어온 정보들 중 어떤 것에 주의를 기울여 작동기억으로 넘길지 정해야 한다.

작동기억은 새로운 정보가 일시적으로 머무르는 곳으로 약 5~20초 정도 지속된다. 또한 평균 7개, 개인에 따라 5~9개 정도의 정보단위들이 한 번에 처리된다. 그러므로 여기에서 장기기억으로 넘어가려면 지속적 주의를 기울여야 한다. 그렇지 못한 정보들은 잊혀지게 된다.

장기기억은 저장 용량이 거의 무한하다고 알려졌지만, 장기기억에 저장된 정보들을 평생 동안 사용할 수 있는가 하는 문제는 아직 미지수이다. 일단 장기기억에 저장된 정보는 이론적으로는 계속 남아 있다고 보지만, 실제로 필요한 때 정보를 찾아내는 것에는 어려움이 생길 수 있다.

망각하기까지

인간은 대단한 뇌를 가지고 있음에도 불구하고 기억 능력에 대해서는 그렇게 느끼지 못하는 경우가 많다. 그 이유는 신경세포 간의 연결 조직인 시냅스가 파괴되기 때문이다. 이로 인해 망각이 이루어진다. 기억과 망각은 동전의 양면과 같아서, 더 잘 기억하기 위해서는 망각에 대한 이해도 필요하다.

기억해야 할 정보를 잊어버린다는 면에서 망각은 기억의 역기능으로 볼 수 있지만, 실제로 인간이 살아가는 데는 망각도 필요하다. 만약 고통이나 분노, 슬픈 기억 등이 뇌에서 사라지지 않는다면 어떻게 될까? 인간 뇌의 주요 기능 중 하나가 망각이며, 이는 매일 일어나는 정상적 두뇌 활동의 하나이다.

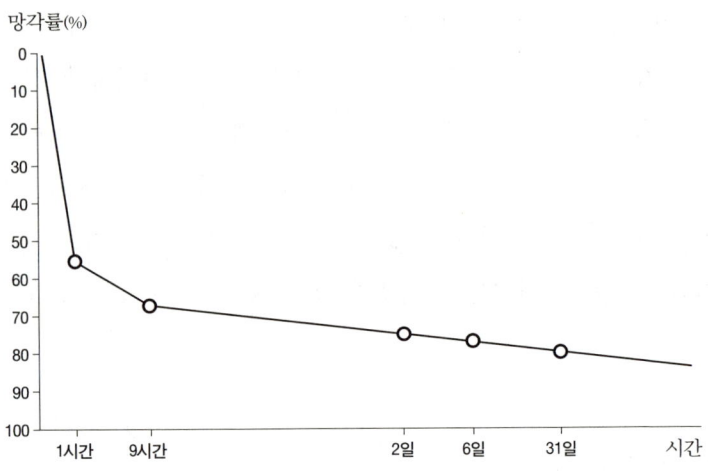

망각률(%)

▶ 망각곡선

　인간은 보거나 들은 내용을 1시간 이내에 약 50% 이상 잊어 버리며, 약 이틀이 지나면 75% 정도를 망각하게 된다. 그렇다고 '망각은 자연스러운 현상이야' 라고 치부할 수 없다. 학습 내용을 더 잘 기억하고 필요한 때에 끄집어내기 위해서는 망각이 일어나지 않게 하거나 늦추는 노력이 필요하다.

　도대체 망각은 왜 일어나는 것일까? 망각이 일어나는 이유에 대해 명확하게 입증된 것은 없지만 다음과 같은 이론들이 망각을 설명하고 있다.

　첫 번째는 쇠퇴이론^{fading theory}이다. 이 이론에 의하면, 수풀이 우거진 곳에 사람들이 계속 다니면 길이 생기지만 통행이 끊기면 길이 희미하게 없어지는 것처럼, 인간의 기억도 두뇌에 새겨진 정보들을 사용하지 않으면 점차 희미해지고 잊혀진다고 말한다. 한 번 공부한 내용을 반복 복습하지 않으면, 잊어버리게 되는 것과 마찬가지이다.

쇠퇴이론과 달리, 일단 학습된 정보는 일생동안 두뇌에 남아 있다고 설명하는 인출이론retrieval theory도 있다. 단지 정보가 있어야 할 곳이 아닌 다른 곳에 자리 잡고 있어서 정보를 찾지 못할 뿐이라고 설명한다. 이는 컴퓨터 파일을 저장할 때 '과제'라는 폴더에 정리해야 하는데, '사진'이라는 폴더에 잘못 저장한 후 '과제' 폴더에서 해당 파일을 찾으려고 하는 것과 마찬가지이다. 공부할 때 내용을 잘못 이해하고 학습하여 이를 적절한 때에 끄집어낼 수 없는 경우가 이에 해당된다. 예를 들어 '정보는 감각기관과 작동기억을 거쳐 장기기억에 저장된다'는 정보처리이론을 공부할 때 이를 커뮤니케이션이론이라고 생각하며 공부한다면 어떻게 될까? 정보처리이론을 기억해야 하는 상황에서 세부적 내용은 분명 자신의 머릿속에 담겨 있을지라도 이를 기억하여 사용할 수 없다.

마지막으로 간섭이론inference theory이 있는데, 이것은 이전 정보와 새로운 정보가 충돌하는 것이다. 이 이론에서는 기억 용량은 제한되어 있기 때문에 이전 정보와 새로운 정보가 서로 자리를 차지하려고 다툼이 일어난다고 설명한다. 즉, 제한된 메모리 용량을 차지하려고 다투는 과정에서 일부 정보가 유실된다고 본다. 이전 정보 때문에 새로운 정보를 기억하지 못하기도 하고,

새로운 정보를 기억하면서 이전 정보를 잃기도 한다. 예를 들어 영어를 공부하고 바로 불어공부를 이어서 하게 되면, 앞서 공부한 영어 때문에 불어를 공부한 내용이 잘 기억나지 않는 현상이다. 또는 나중에 공부한 불어 때문에 영어를 공부한 내용이 잘 기억나지 않는 것이다. 이를 막기 위해서는 되도록 유사한 내용은 이어서 공부하지 않는 것이 좋다.

지금까지 쇠퇴이론, 인출이론, 간섭이론을 통해 망각이 어떻게 일어나는지 살펴보았다. 이들 이론은 망각을 막을 수 있는 시사점도 제시해주고 있다. 그렇다면 기억을 촉진하는 방법에는 어떤 것이 있는지 알아보자.

기억을 촉진하는 방법 10가지

기억력이 좋은 사람도 있고, 그렇지 못한 사람도 있다. 또한 성별이나 개인 성향에 따라 기억을 잘하는 정보의 유형이 다르기도 하다. 일반적으로 나이가 들수록 기억력이 떨어진다고 생각한다. 그러나 훈련을 통해 기억력은 좋아질 수 있으며, 관심과 노력을 기울이면 놀라울 정도로 기억력이 향상되기도 한다.

만약 깜박 깜박 잘 잊어버리고, 시험지를 받으면 머릿속이 백짓장이 되며, 질문을 받으면 답을 생각해내기 위해 미간을 찌푸리며 애써야 한다면 지금부터는 좀더 '집중'해서 책을 읽기 바란다('아홉 번째 시간'을 참고하여 집중해보자). 기억력 향상 전략을 연구해온 호퍼^{hopper}는 기억을 촉진하는 원리로 다음과 같은 10가지를 제시하였다.

1. 흥미^{interest}

무언가를 기억하기 위해서는 기억해야 할 내용이나 대상에 대해 관심이 있어야 한다. 인간은 모든 사실이나 정보를 기억할 수 없기 때문에 자신이 기억하고 싶은 것만 기억하는 습성이 있다. 즉 자신의 관심분야라면 더 잘 기억하게 된다. 자동차에 관심이 많은 한 남학생이 지나가는 자동차의 뒷모습만 보고도 어느 회사에서 몇 년도에 나온 차로, 가격과 배기량은 얼마인지까지 줄줄 읊는 것을 본 적이 있다. 이 학생에게 자동차는 자신이 흥미를 느끼고 있는 대상이기 때문에 어렵지 않게 기억할 수 있는 것이다. 진심으로 무언가에 관심을 가지고 있다면 기억하고 싶다는 마음이 생기게 된다. 이는 공부하는 과목에 대해 먼저 흥미를 느껴야 한다는 시사점을 준다.

2. 외우고자 하는 의지^{intent}

누군가 시켜서 억지로 외워야 한다면? '싫다'는 마음이 들게 되어 외우기 힘들다. 인간은 기억하겠다는 의지가 작동할 때 더 잘할 수 있는 방법을 적극적으로 찾게 된다. 일본어 단어 시험이 있으니까 어쩔 수없이 외워야 한다면 단어 하나 외우는 데도 오랜 시간이 걸린다. 그러나 일본 여행을 앞두고 있어서 인사말과 간단한 회화를 위해 단어를 외워야 한다면 기꺼이 외우려고 할 것이다. 무언가를 기억해야 할 때 외우고자 하는 의지는 매우 중요한 요소이다.

3. 배경지식^{background}

어려운 내용을 공부할 때 이해가 안 된 채 무조건 암기하려고 해본 적이 있는가? 이해가 선행되지 않으면 암기를 잘할 수 없다. '사족(蛇足)'이라는 한자를 공부한다면, 종이에 蛇足이라고 쓰면서 '사족은 쓸데없는 짓을 하다가 도리어 실패하는 것을 비유한 말이야'라고 기억하려 할 것이다. 하지만 그 한자의 배경이 되는 이야기인 '뱀 그림을 그리라는 주문에 잘난 척하려고 뱀에 없는 발까지 그려서 낭패를 본 일화'를 알게 된다면 '사족'이라는 단어 뜻을 외우는 것이 더 쉬울 것이다. 학습 내용을 보다 잘 이해하기 위해서는 관련 배경지식을 알고 있어야 한다. 암기하려는 내용과 함께 무엇을 알아야 하는지 먼저 확인하면 암기도 쉬워진다.

4. 선택^{selectivity}

수업에서 다루어지는 모든 내용, 혹은 공부한 모든 내용을 기억하고자 하는 것은 욕심이다. 그러므로 무엇이 중요한지 결정하고, 집중적으로 암기할 내용을 선택하는 것도 기억력을 높이기 위해서 필요하다. '현대문학' 수업 시간에 1920년대 문학에 대해 배웠다면 그날 배운 모든 내용을 기억할 수는 없다. 주요 작품과 작가를 선별하여 공부하는 것이 필요하다.

5. 의미 있는 구조화^{meaningful organization}

작동기억은 한 번에 5~9개 정도의 정보만을 처리할 수 있기 때문에 암기해야 할 정보들을 조직하여 묶는 것^{chunking}이 필요하다. 학습 내용을 구조화하여 암기하면 기억한 내용이 머릿속에 정리되기 때문에 기억을 촉진한다. 조선시대 역사에 대해 공부한다고 생각해보자. 무조건 연대순 또는 사건순으로 암기하는 게 아니라 조선시대 경제, 정치, 문화 등으로 나누어 공부하면 더 잘 기억할 수 있다.

6. 암송^{recitation}

정보를 작동기억에서 장기기억으로 넘기는 가장 강력한 원리가 암송이다. 이는 책에 적힌 내용이나 교수의 말을 그대로 소리 내어 따라하는 것이 아니라 자신의 말로 이해한 것을 소리 내어 말하는 것이다. 암송은 자신의 말로 바꾸는 과정에서 상당한 주의집중과 노력이 수반되기 때문에 기억에 큰 도움이 된다. 가끔 유행가 가사를 개사하여 노래 부르듯 학습 내용을 외우는 학생들이 있다. 가사의 음절을 맞추기 위해 자신의 말로 바꾸어 부르기 때문에 이 역시 암송을 이용하여 기억력을 향상시키는 방법이다.

7. 내적 시각화^{mental visualization}

암기를 촉진하는 또 다른 강력한 방법이다. 일반적으로 말보다 그림이 더 오래 기억되기 때문에 공부한 내용을 시각적으로 생각하거나 표현해보는 것이다. 추상적 내용을 구체적 시각자료의 형태로 표현할 때 적극적 사고 과정이 필요하므로 내용을 더 깊이 있게 이해하게 된다.

8. 연합^{association}

새로 배우거나 공부하는 내용은 기존에 알고 있는 지식과 연결하여 암기할 때 기억이 촉진된다. 따라서 필요할 때 회상하기 더욱 쉽다. 수업 시간에 작가 이상의 작품 세계에 대해 배우면서 시 '오감도'를 알게 되었다고 하자. 그렇다면 '오감도'에서 그칠 것이 아니라 기존에 알고 있던 이상의 작품인 소설 '날개'와 연결해보는 것도 좋은 방법이다.

9. 기억강화^{consolidation}

학습 내용을 머릿속에서 구체화하고 몰입하기 위해서는 충분한 시간 동안 공부하고 암기해야 한다. 일부 심리학자들에 의하면, 아무리 단순한 내용이더라도 새로운 내용을 기억하기 위해서는 최소 15초 정도가 필요하다고 한다. 그러므로 학습 내용에 대해 사고하고 몰입하여 분명하게 기억될 때까지 충분한 시간과 노력을 기울이도록 하자.

10. 분산반복 distributed practice

기억을 유지하기 위해서는 반복이 필수적이다. 그렇다면 한 꺼번에 몰아서 반복하는 것과 여러 번에 나누어 반복하는 것 중 어느 것이 더 효과적일까? 우리 두뇌는 공부를 시작할 때와 끝낼 때 공부한 것을 더 오래 기억한다. 반면 중간에 공부한 부분들은 잘 잊어버리는 특성이 있기 때문에 오랜 시간 계속하여 공부하는 것보다 공부와 휴식을 번갈아 하는 것이 효율성을 높이게 된다.

이상의 10가지 방법 중 이미 잘하고 있는 방법도 있고, 전혀 사용하지 않는 방법도 있을 것이다. 자신에게 부족한 부분은 체크해두고 좀더 능숙히 활용할 수 있도록 노력해보자.

효과적 암기법

나이에 따라서도 기억하는 것이 조금씩 다르다. 즉 성인이 더 잘 기억하는 내용이 있고, 아이가 더 잘 기억하는 내용이 있다. 어린 아이들은 절차기억이 발달해 있어서 옷을 입거나 신발을 신는 것과 같은 절차들을 온몸으로 잘 기억한다. 그리고 좀더 성장하면 수학공식이나 역사 연대기와 같은 지식이나 정보를 담은 의미기억이 발달한다.

성인의 경우는 구체적 사건이나 경험 등의 일화기억이 발달하게 된다. 공부를 할 때 대부분의 인지적 내용들은 의미기억의 형태일 것이다. 따라서 이러한 내용을 암기할 때 일화기억으로 만들면 더 잘 기억할 수 있다. 공부하는 내용을 자신의 경험과 연결해보거나 관련 학자의 일생 등 배경지식을 알고 있어도 도움이 된다. 또는 공부한 내용을 누군가에게 설명하고 이야기해보는 경험도 의미기억을 일화기억으로 연결할 수 있다.

온몸으로 외우는 것 역시 도움이 된다. 그러나 실제로 온몸을 사용할 수 있는 경우는 매우 제한적이다. 온몸으로 외우라는 의미는 눈으로 보기만 하지 말고, 소리를 내고 손으로는 쓰면서 시각, 청각, 촉각을 모두 동원하라는 의미이다. 암기하는 내용을 직접 글로 쓰는 것 이외에도 가볍게 책상을 두드리며 리듬을 타는 것도 온몸으로 외우는 방법 중 하나이다. 정신분석학자 프로이드도 공부할 때 벽을 탁탁 치면서 리듬을 타며 공부하였다고 한다.

기계적 암기가 필요한 내용이라면 약어법이나 약문법을 활용해볼 수도 있다. 약어법은 기억해야 할 단어들의 첫 글자를 따내어 결집하는 것이다. 예를 들어 조선시대 왕들의 이름을 '태종태세문단세…'로 외우는 것과 같다.

약문법은 기억해야 할 단어들 사이에 다른 단어를 집어넣어 의미 있거나 재미있는 문장으로 만드는 것이다. 예를 들어 정보처리의 단계 '오감–감각기억–작동 기억–장기기억'을 외우기 위해 '감 5개를 먹으니 감각이 돌아와 열심히 기계를 작동시킨 뒤 장기휴가를 가게 되었다'와 같은 문장을 만들어 심상을 형성하면 효과적으로 기억할 수 있다. 그러나 외워야 할 단어나 내용이 10개가 넘거나 매끄럽게 이야기로 만들어지지 않는 경우에는 친숙한 노래에 가사로 만들어 노래를 부르면 지루하지 않게 반복하며 암기할 수 있다.

인물이나 물건 등을 외워야 한다면 위치를 이용하여 외우는 방법도 이용할 수 있다. 우선 자신이 익숙한 장소를 떠올린다. 집이라면 현관, 거실, 부엌, 방, 화장실 등을 생각하면서 기억해야 할 인물이나 물건 등을 특정 위치에 배치시킨다. 만약 고래, 개, 돼지, 곰, 원숭이 등의 포유류 동물들을 외워야 한다면, '현관문을 열고 들어서니 개가 꼬리를 치며 나와서 반갑게 맞이하는 모습, 거실을 보니 곰이 두 발로 서서 유리창에 낙서하는 모습, 원숭이는 리모콘을 들고 TV를 보는 모습, 부엌에 가보니 돼지가 냉장고를 연 채 코를 박고 음식을 먹는 모습, 화장실 문을 여니 고래가 욕조에서 놀고 있는 모습'을 상상해본다.

그밖에도 암기해야 하는 내용의 유사점과 차이점을 대조하며 외우면 더 쉬워진다. 또 표를 만들며 내용을 정리하는 것도 도움이 된다.

암기를 촉진하는 오감자극법

기억력을 증진하기 위해서는 두뇌 활동을 촉진하는 것이 중요하지만, 오감을 자극하는 것도 도움이 된다. 책을 읽고 강의를 듣는 것과 같은 시각과 청각 이외의 오감을 자극하는 방법에는 다음이 있다.

무언가를 씹는 행위는 뇌를 자극한다. 이러한 이유에서 공부를 하는 동안 껌을 씹는 것은 암기에 도움이 된다. 그러나 수업 중이나 도서관과 같은 장소에서 공부할 때는 주위 사람들에게 불편을 줄 수 있으므로 조심해야 한다. 혼자 공부할 때나 도서관에서 잠시 나와서 쉴 때 껌을 씹어보자.

공부하다 졸음이 올 때 많은 학생들이 카페인이 들어 있는 커피와 같은 음료를 마실 것이다. 카페인은 정신기능이 활발히 움직이도록 만들어 감각을 예민하게 하고 정신적 피로를 제거하여 공부할 때 도움이 된다. 그러나 많이 섭취하면 소화불량이나 불안 등을 야기할 수 있다. 공부할 때는 되도록 오렌지주스를 마셔보자. 실험을 통해 오렌지주스의 비타민 C 성분이 두뇌 회전에 좋다는 것이 입증되었다. 그밖에도 바나나와 사과 등의 과일을 섭취하면 두뇌 활동에 도움이 된다.

시험 기간이 임박하면 잠자는 시간과 식사 시간까지 아까워 자지도, 먹지도 않고 공부하는 학생들이 있다. 뉴턴 역시 공부에 집중하다가 잠을 자거나 밥 먹는 것도 잊었다고 한다. 그러나 적절한 수면을 취하지 않으면 오히려 두뇌 활동이 떨어지기 때문에 반드시 잠은 자는 게 좋다. 또한 식사는 우리 몸의 에너지 공급원이기 때문에 반드시 균형 잡힌 식생활을 해야 한다. 만약 지나친 긴장감 때문에 소화가 되지 않는다면, 혹은 공부 중 간식을 먹는다면, 단 것이 좋다. 단 음식을 먹으면 뇌가 활성화되어 기억력이 향상된다. 더 구체적으로는 단 음식을 먹은 후 약 1시간 정도 후에 뇌가 가장 활성화되는 것으로 밝혀졌다.

식품 등과 관련된 공부가 아닌 경우 후각을 자극하며 공부하는 경우는 많지 않다. 하지만 향기 역시 기억을 촉진한다는 많은 연구 결과가 있다. 솔이나 유카리, 레몬 등의 향기는 집중력을 촉진시키고, 장미나 라벤더, 자스민 등의 향기는 긴장감을 완화시킨다. 또한 로즈메리, 레몬그래스 등의 향기는 정신이 흐트러지거나 졸릴 때 각성 효과가 있다. 공부하면서 허브향기를 맡을 수 있도록 허브에센스를 이용하거나 허브티를 마셔보자. 아마 좋은 효과를 얻을 수 있을 것이다.

앞서 뇌에 대해 알아보았듯이 우리의 뇌는 좌뇌와 우뇌가 하는 일에 차이가 있다. 좌뇌는 논리를 담당하며, 우뇌는 이미지와 감정을 담당한다. 또한 오른손을 사용하면 좌뇌가 자극을 받고 왼손을 사용하면 우뇌가 자극을 받는다. 오른손잡이라면 우뇌가, 왼손잡이라면 좌뇌가 상대적으로 자극을 받을 기회가 적을 것이다. 평소 주로 사용하던 이외의 손으로 글씨를 써보자.

평소 자극을 받지 못했던 두뇌가 활성화되어 기억을 촉진하게 된다. 글씨 쓰는 것이 힘들다면 일상에서 평소 사용하지 않았던 손으로 젓가락질을 해보거나 가위질을 해보는 것 또한 좋은 자극이 될 것이다.

CHAPTER 12

열두 번째 시간
대학생에게 꼭 필요한 사고력

대학에 와서 시험문제를 받으면 늘 당황스럽다. 열심히 공부했는데, 답을 쓸 수 없는 문제들이 많다. 수업에서는 분명 OO이론이 무엇인지에 대해서만 배웠다. 그런데 문제는 'OO이론의 주요 변인들은 무엇인가?'가 아니라 'OO이론을 바탕으로 현대 사회문제를 어떻게 분석할 수 있을지 설명하시오' 또는 'OO이론의 실제 적용가능성과 적용시 예상되는 문제점을 상술하시오' 와 같은 문제가 출제된다는 것이다. 이와 같이 교재에도 없고 수업에서도 다루지 않은 '내 생각' 또는 '내 의견'을 묻는 문제들이 많다.

솔직히 교재를 읽고 이해하기도 급급해서 내 생각을 정리할 여유도 없고, 가끔은 '내 생각은 무엇일까?' 고민하더라도 별 생각이 떠오르지 않는다. 책에 있는 내용들은 어차피 다 맞는 내용 아닌가?

사고력을 키우자

대학에서 공부를 하는 목적은 무엇일까? 교양과목과 전공과목 등 다양한 교과목을 수강하며 고전부터 최신 지식을 넘나들며 배우는 이유는 무엇일까? 결코 정보나 지식을 더 많이 아는 것이 목표가 아니다. 수업에서 다루고 책에서 읽은 내용을 바탕으로 문제의식을 갖고 문제를 해결하는 것, 더 나아가 새로운 지식을 창출해내는 능력을 기르는 것이 중요하다.

대학에서 그리고 사회에서 요구하는 인재는 정답이 명확한 질문에 답할 수 있는 사람이 아니다. 그보다는 문제를 인식하고 해결방법을 찾고 적용할 수 있는 능력을 갖춘 사람이다. 앞의 사례에서 알 수 있듯이 대학에서는 배운 것만 요구하는 게 아니라 배운 내용에 대한 자신만의 생각을 요구한다. 그렇기 때문에 무엇을 공부하든 지식기반 사회의 인재에게 중요한 능력은 바로 사고력이다.

사고력의 사전적 정의는 생각하고 궁리하는 능력이다. 하지만 그 개념 안에는 다양한 인지활동을 포함하기 때문에 딱히 '이것이 사고력이다' 하고 정의내리기란 쉽지 않다.

추론, 문제해결, 비판적 사고, 창의적 사고 등 다양한 사고의 특성에 대해 여러 관점에서 연구들이 수행되어 왔다. 특히 정보기술과 사회가 빠르게 변함에 따라 지식 자체를 배우는 것보다 사고력을 함양하는 방법에 많은 관심이 쏟아지고 있다.

일부에서는 '사고력을 배울 수 있는가?'라고 의문을 제기하기도 하지만, 현재 많은 학자들이 창의력이나 문제해결력과 같은 사고력도 개발될 수 있다는 데 의견을 함께한다.

그렇다면 사고력을 키울 수 있는 방법에는 어떤 것들이 있을까? 막상 대학에서 다루는 구체적인 내용을 바탕으로 '사고를 하라'고 주문하면 막막해하는 학생들이 대부분일 것이다. 지금부터 비판적 사고와 논술연구소 소장인 한상기 교수가 제시하는 사고의 8가지 요소를 중심으로 사고력을 기를 수 있는 방법을 함께 생각해보자.

1. 목적

추론이 있는 모든 사고는 목적을 추구한다. 따라서 모든 사고를 이해하기 위해서는 그 사고가 하는 기능, 사고가 움직이는 방향, 사고를 의미 있게 만드는 목표를 이해해야 한다. 이를 위해서는 '왜?'라는 물음을 수시로 던지는 것이 좋다.

2. 핵심 물음

핵심 물음은 사고의 목적을 달성하기 위해 답해야 할 구체적인 물음이다. 예를 들어 '이 수학 문제에서 주로 문제가 되는 것은 무엇인가', '이 책에서 중점을 둔 문제는 무엇인가'와 같이 묻는 것이 필요하다.

3. 가정

이는 생각을 시작하는 지점으로, 어떤 것에 대해 생각할 때 미리 당연한 것으로 받아들이거나 전제하는 것이다. 사회학 과목에서 '우리 사회의 문제점'에 대해 보고서를 쓰게 되어, 노인문제, 빈부격차, 교육문제 등에 대해 작성하였다고 하자. 이때 구체적으로 언급하지 않았더라도 우리나라는 자유민주주의 국가이며 자본주의 사회라는 전제가 깔려 있는 것이다.

4. 정보

정보를 확인하는 것 역시 사고를 하기 위해서 필요하다. 우리는 생각을 할 때마다 정보를 사용하게 된다. 어떤 사실, 자료, 경험 등의 정보 없이는 추론을 할 수 없다. 따라서 사고의 토대가 되는 정보는 무엇인지, 이 정보들에 오류는 없는지 확인하는 것이 필요하다.

5. 개념

인간은 경험의 모든 것을 개념화하고 그 개념화를 기초로 추리한다. 그러나 이 일은 일상적으로 그리고 자동적으로 이루어지기 때문에 자신이 이런 일을 하고 있다는 것을 인식하지 못한다. 만일 우리가 민주주의에 대해 생각하고 있다면 이미 우리의 생각 속에서 민주주의 개념이 작동하고 있는 것이다. 명확히 자각하지 못한다고 해서 개념을 사용하지 않는 것은 아니므로 자신이 사용하고 있는 개념이 무엇인지 명확히 파악하는 일이 중요하다.

6. 추리와 해석

우리가 어떤 것에 대해 생각한다는 것은 그것에 대해 해석을 하는 것이다. 이와 같이 어떤 정보를 기초로 결론을 도출하는 것을 추리라고 한다. '이 책의 결론은 무엇인가?', '이 문제는 어떻게 해석할 수 있는가' 와 같은 질문들이 추리와 관련된다. 앞서 살펴본 가정은 무의식적으로 이루어지는 반면, 추리는 의식적 수준에서 이루어진다는 차이가 있다.

7. 함의와 귀결

생각이 끝나는 곳을 넘어선 지점이 함의와 귀결이 된다. 결론은 추리를 통해 명시적으로 도출하는 데 비해 함의와 귀결은 결론이 암시적으로 포함하고 있는 그 이상의 내용을 의미한다. '나는 이 과목이 좋아' 라는 말과 '나는 이 과목이 좋을 때도 있어' 라는 말에 어떤 차이가 있다고 생각되는가? 전자의 말은 어떤 과목을 좋아한다는 단순한 사실로 받아들일 수 있다. 그러나 후자의 말은 '나는 원래 이 과목을 싫어해' 또는 '~경우에는 이 과목이 좋아' 등의 의미가 내포된 것으로 생각할 수 있다. 즉, 함의와 귀결은 명확히 알 수 있는 결론 이면에 숨어 있는 의미를 찾는 것이다.

8. 관점

우리는 어떤 것에 대해 생각할 때마다 어떤 관점이나 준거 틀 안에서 사고하게 된다. 같은 물음이라도 다른 관점에서 보게 되면 다른 목적, 다른 가정, 그리고 다른 결론을 도출할 수 있다. 예를 들어 같은 현상에 대한 해석도 기독교, 불교, 이슬람교 등의 관점에서 보면 다를 수 있다. 또한 성별이나 나이, 전공 등에 따라서도 사고의 관점이 달라진다.

이와 같은 사고 요소들은 각각 독립적으로 이루어지기보다 통합적으로 이루어진다. 특히 학습 과정에서 앞의 여덟 가지 사고 요소들이 활성화되어야 학습 내용에 대한 올바른 이해와 성찰이 가능하다. 즉, 어떤 내용을 학습하고 난 후에는 이 내용을 공부하는 목적이 무엇인지, 중요한 핵심 사안은 무엇인지, 어떤 가정이나 전제를 가지고 있는지, 어떤 상황이나 대상에 적용할 수 있는지, 시사점은 무엇인지, 관점을 바꾸어볼 수 있는지 등에 대하여 차례로 생각하다 보면, 자연스럽게 내용에 대한 자신의 견해를 세울 수 있고 사고력도 함양된다.

대학에서 필요한 사고력 가운데 비판적 사고와 창의적 사고는 매우 중요하게 인식되고 있으며, 한국교육개발원에서도 문제를 발견하고 해결하는 데 중요한 사고력으로 비판적 사고와 창의적 사고를 꼽고 있다. 비판적 사고는 끊임없는 질문을 바탕으로 새로운 정보나 사실, 아이디어 등을 판단하고 평가하는 성격이 강하다. 반면 창의적 사고는 무언가 새로운 것을 만들어내는 생산적 성격이 강하다. 한국교육개발원에서는 비판적 사고와 창의적 사고를 중심으로 사고력 모형을 개발하였는데, 이를 바탕으로 비판적 사고와 창의적 사고에 대해 살펴보자.

비판적 사고의 진정한 의미

간혹 비판적 사고를 무조건 '비판' 해야 하는 것으로 생각하는 학생들이 있다. 그래서 꼬투리를 잡기 위해 지엽적인 것에만 매달리거나 발제자의 말꼬리를 잡는 경우도 보게 된다. 비판적 사고는 평가의 성격이 강하지만 잘못된 점만을 찾으려는 것이 아니라 잘된 점은 왜 잘되었는지, 개선해야 할 부분이나 다른 해석의 여지는 없는지 분명히 사고하기 위한 것이다. 즉 비판적 사고는 더 잘 생각하기 위해, 그리고 사고의 오류를 최소화하기 위해 '생각에 관해 생각하는 것' 이다. 따라서 비판적 사고는 학습 내용을 보다 깊이 이해하기 위한 활동으로, 즉흥적 사고과정에서 떠오르는 생각들을 더 생각해보고 판단하는 일이다.

대학에서는 많은 시험 문제와 보고서를 통해 학생들에게 비판적으로 사고할 것을 요구한다. 하지만 자료 찾기나 요약 등에 익숙한 학생들은 공부한 내용을 비판적으로 사고하는 일에 큰 어려움을 느낀다. 교수가 강의 중에 질문하거나 발제자의 발표가 끝난 뒤에는 들었던 내용을 있는 그대로 반복 또는 요약하여 말하는 것이 아니라 비판적 사고를 바탕으로 말해야 한다. 다음에서는 비판적 사고력을 지닌 사람들의 성향을 살펴보자.

첫 번째로 '지구는 둥글다' 등과 같은 일반적 진리, 사실 혹은 신념에 대해서도 의문을 제기한다. 이런 성향을 '건전한 회의성'이라고 한다. 보통 이들은 타인과 자신의 사고 과정에 항상 오류 가능성이 있음을 인정하는 태도를 가진다. 또 어떤 진술에 대해 자신이 참이라고 알고 있는 지식을 부정하더라도 충분한 근거가 있으면 기꺼이 그것을 진실로 받아들이는 '지적 정직' 성향도 가진다. '물을 많이 먹는 것은 다이어트에 좋다'라는 지식을 참이라고 알고 있었다고 하자. 이때 누군가가 '물은 다이어트를 방해하는 것'이라며 관련 자료를 보여준다면, 자신이 알고 있는 것을 고집하지 않고 새로운 사실을 진실로 받아들이고 인정하는 태도이다. '지적 정직' 성향의 사람들은 특정 입장을 지지하기 위해 사실을 왜곡하지 않는다.

객관성을 중시하는 성향도 있다. 감정적이거나 주관적인 요소를 배제하고, 경험적이고 타당한 근거를 토대로 결론을 도출하려는 태도를 가지고 있다. 또 논의나 사고의 전 과정에 걸쳐 문제의 핵심에서 벗어나지 않으며, 내적인 일관성을 유지하려는 '체계성' 성향도 있다. 그리고 타당하고 충분한 근거가 확보될 때까지 결론 내리기를 보류하는 '철저성' 성향도 있다.

이처럼 비판적 사고 성향을 가진 사람들은 사고 과정에서 사실과 의견을 구분할 뿐 아니라 타당하고 충분한 근거를 들어 주장하고 의견을 평가한다. 그뿐만 아니라 다양한 정보원의 신뢰성을 비교하여 더 믿을 만한 정보를 선택하고자 노력한다. 이러한 탐색 과정은 어떤 주장이나 진술에 편견이 들어가 있지는 않은지 검토하고 하나의 문제를 다양한 관점에서 바라보게 한다. 그 결과 어떤 진술에 숨겨진 의미를 확인하고 문제의 본질에 적합한 평가 준거를 사용하는 것이다.

신문 기사나 사설을 읽고 '아, 그렇구나' 에서 끝내는가? 아니면 '왜 그럴까? 다른 해석이나 해결 방법은 없을까?' 를 생각해보는가? 다음은 비판적 사고 전문가인 폴[Paul]의 비판적 사고 성향에 기초한 자기평가용 질문지이다. 솔직히 답하면서 자신이 어느 정도 비판적 사고력을 가지고 있는지 확인하고, 증진 방법을 모색해보자.

번호	문항	전혀 그렇지 않다 매우 그렇다
1	인간으로서 갖는 자기중심성과 지적 한계를 인정한다.	1—2—3—4—5—6—7
2	다양한 의견, 신념 및 관점에 정당하게 대응하고 평가하려고 한다.	1—2—3—4—5—6—7
3	타인을 제대로 이해하기 위해 그들의 입장이 되어 보려고 한다.	1—2—3—4—5—6—7
4	판단에 거짓됨이 없으려 하고 일관성을 유지하려고 노력한다.	1—2—3—4—5—6—7
5	판단의 기준을 나와 타인에게 공평하게 적용하려고 한다.	1—2—3—4—5—6—7

6	난관이나 좌절에도 불구하고 지적인 통찰과 진리를 추구하려고 한다.	1-2-3-4-5-6-7
7	합리성이 나와 타인에게 모두 이익이 된다고 생각한다.	1-2-3-4-5-6-7
8	개인적인 이익이 아니라 정의가 판단의 기준이 되어야 한다.	1-2-3-4-5-6-7

출처: 최정원, 이영호 (2006). 학습치료 프로그램: 사고력 향상 전략. p.15

▶ 비판적 사고력 측정

● 나의 점수는 _____ 점

비판적 사고력을 높이려면?

사실^{fact}과 견해^{opinion}를 구분할 수 있는가? 비판적 사고력을 함양하기 위해 필수적인 것은 바로 사실과 견해를 구분하는 일이다. 사실은 받아들이는 사람의 느낌이나 선호, 생각에 상관없이 어떤 실재를 진술하는 것이다. 즉 있는 그대로를 말하는 것이며, 견해는 개인이 특정 대상이나 사실에 대해 갖는 생각으로 개인의 태도나 감정 등을 포함한다. 따라서 주관적이다.

예를 들어 '우리 학교에는 만 명의 학생들이 재학 중이다' 라는 것은 사실이고, '우리 학교는 너무 붐빈다' 라는 것은 견해이다. 그러나 대부분의 학생들은 사실과 견해를 구분하지 않고 사고의 근거로 사용하여 올바른 사고 활동에 어려움을 겪는다. 물론 사실과 견해를 명확하게 구분하는 것이 쉬울 때도 있지만, 깊이 생각하지 않으면 구분하기 어려운 경우도 많다.

- 탄산음료 섭취를 줄여야 한다.
- 호나우두는 세계 최고의 스트라이커이다.
- 지구는 1초에 약 30km를 이동한다.

위 세 문장을 보면서 어느 문장이 사실이고, 어느 문장이 견해인지 구분이 되는가? 첫 번째 문장을 살펴보자. 탄산음료가 체중을 늘리고 치아건강에도 좋지 않다는 여러 연구들이 제시되어 건강을 중시하는 사람들 중에는 인스턴트식품 뿐 아니라 탄산음료도 멀리하려는 사람들이 늘어나고 있다. 그러나 개인에 따라 인체에 무해하기도 하고 소화나 스트레스 해소에 다소 도움이 된다는 결과들도 있다. 즉 탄산음료 섭취를 줄여야 한다는 것은 사실처럼 보이지만 개인의 견해일 뿐이다. 두 번째 문장의 경우도 견해이다. 어떤 선수의 팬인가에 따라 세계 최고의 스트라이커는 달라질 수 있기 때문이다. 세 번째 문장은 지구가 1초에 30km를 이동한다는 사실이 잘 믿어지지 않을 것이다. 그러나 지구에서 태양까지의 거리는 9억 4,200만km이고, 이를 기준으로 계산하면 지구는 한 시간에 10,800km를 이동하게 된다. 그리고 초속으로 환산해보면 29.76km/s가 되어 사실이다.

이렇듯 사실과 견해를 구분하는 연습을 하다 보면 상대편이 주장하는 것의 오류나 문제를 찾는 능력을 기를 수 있다. 또한 자신이 어떤 주장을 할 때 이를 뒷받침할 수 있는 근거가 무엇인지 판단하는 데에도 도움이 된다. 즉 이런 모든 훈련이 비판적 사고력을 높이는 하나의 방법이다.

공부를 할 때, 비판적 사고력을 촉진하기 위해 활용할 수 있는 질문기법도 있다. 대표적 질문기법으로 WRAITEC을 들 수 있다. WRAITEC은 유명한 사고력 프로그램 개발자인 립맨[Lipman]의 사고개발 프로그램 중 일부로, 사고를 촉진하는 7가지 질문들이다. WRAITEC 기법을 소개하면 다음과 같다.

- W : 무슨[What] 의미인가?
- R : 목적 또는 이유[Reason]는 무엇인가?
- A : 주요 가정[Assumption]은 무엇인가?
- I : 어떠한 추론[Inference]이 가능하며, 그것이 시사[Implication]하는 바는 무엇인가?
- T : 주장하고 있는 것은 사실[True]인가?
- E : 근거[Evidence]나 보기[Example]는 무엇인가?
- C : 반대 증거[Counter-evidence]나 반대 보기[Counter-example]가 있는가?

이와 같은 7가지 질문들은 어디서부터 생각해야 할지 모를 때 좋은 지침이 된다. 또한 비판적 사고가 부분적 사실에 국한 되지 않고, 전체 내용 및 중요한 내용을 중심으로 전개될 수 있 도록 도와준다.

그러나 스스로 여러 질문을 하면서 비판적 사고력을 함양하 는 과정에서 자칫 오류에 빠질 수도 있어 주의가 필요하다. 특 히 질문에 답을 하면서 결론을 도출하는 귀납적 사고의 경우, 지나친 일반화^{overgeneralization} 또는 자신이 가지고 있던 고정관념 ^{stereotype}으로 귀결될 수 있으므로 주의해야 한다. 지나친 일반화 의 경우, 항상 그러한 것인지 자주 그러한 것인지 등과 같은 사 실을 명확히 구분하지 않아서 발생하는 경우가 많으므로 어떤 결론을 도출하기 전에 적용 범위에 대해 다시 한번 생각해보는 것이 좋다. 또한 특정 대상이나 장소, 문화 등에 대해 가지고 있는 자신의 고정관념이 사고 과정에 투영될 수 있으므로 편견 이 있지 않은지 또는 판단 근거는 명확한지 성찰해보는 것도 필요하다.

학습에서 창의력은 왜 필요한가?

우리는 흔히 머리 위에 전구가 반짝 빛나는 상황을 창의력이 발휘된 때라고 생각하기도 한다. 창의성, 혹은 창의력은 무엇이 며 공부를 하는 데 있어 왜 필요할까? 창의성은 비교적 새롭고 기발하며, 유용하고 적절한 무언가를 의미한다. 따라서 창의적 아이디어는 학문적인 것뿐 아니라 일상생활이나 문제해결 방식 모두에 적용할 수 있다. 지식기반 사회를 살아가는 사람들에게 요구되는 능력 중 하나는 수많은 정보들을 바탕으로 새로운 무언가를 창출 또는 창안하는 것이다. 이때 창출 또는 창안이라는 능력을 발휘하기 위해서는 창의성이 뒷받침되어야 한다. 창의적인 사람이 어떤 사람인지 간단히 설명하기 쉽지 않지만, 창의적 사고력을 가진 사람들은 다음과 같은 성향을 갖는다.

먼저 주변의 환경에 대해 민감한 관심을 보이고 이를 통해 새로운 탐색 영역을 넓히려는 특성인 '민감성'을 가진다. 또는 문제 상황에서 아이디어를 자발적으로 산출하려는 성향이나 태도인 '자발성'도 가지고 있다. 또한 자신이 생각해낸 아이디어에 대한 가치를 인정하고 다른 사람들의 평가에 구애받지 않으려는 성향이나 태도인 '독자성'도 가진다.

창의적 사고를 하는 사람들은 '근면성'도 가지고 있는데, 이는 문제를 해결하기 위해 최대한 다양한 정보를 수집하고 해결될 때까지 끈질기게 물고 늘어지는 성향이다. 항상 생동감 있게 주변의 사물에 대해 의문을 갖고 끊임없이 질문을 제기하려는 '호기심' 역시 이들이 가지고 있는 성향 중 하나이다. 세상은 변화하고 있으며 자신이 이 변화의 주체가 되어야 한다는 자발적인 태도인 개방성 역시 없어서는 안 될 성향이다.

이뿐만 아니라 어떤 문제 상황에서 가능한 많은 아이디어를 산출하는 경향이 있으며, 고정적 사고방식을 고수하지 않고 다양한 해결책을 찾아내는 '융통성'도 가지고 있다. 그리하여 기존의 것에서 탈피하여 참신하고 독특한 아이디어들을 만들어내고, 이 아이디어들을 보다 상세하게 발전시키는 능력이 뛰어나다.

평소 '기발하다', '독창성이 있다' 또는 '아이디어가 많다'는 이야기를 듣는 편인가? 혹은 '난 창의적이지 못해'라고 생각하는 편인가? 자신의 창의적 성향을 확인하고, 창의적 사고력을 증진할 수 있는 방안에 대해 살펴보도록 하자. 다음은 한국교육개발원에서 제시한 창의적 사고의 하위 요소에 기초한 자기평가용 질문지이다.

번호	문항	전혀 그렇지 않다 매우 그렇다
1	주변 환경에 대해서 예민한 관심을 보이고 이를 통해 새로운 탐색 영역을 넓혀 나가고자 한다.	1-2-3-4-5-6-7
2	문제 상황에서 아이디어를 자발적으로 생각해낸다.	1-2-3-4-5-6-7
3	주변의 평가나 인정에 구애받지 않고 자율적으로 생각하고 판단한다.	1-2-3-4-5-6-7
4	문제를 해결하기 위해 가능한 한 많은 정보를 찾는다.	1-2-3-4-5-6-7
5	문제 상황에서 끈질긴 열정과 노력으로 그것을 해결해 나가려고 노력한다.	1-2-3-4-5-6-7
6	주변의 현상에 대해 많은 호기심을 갖고 탐색한다.	1-2-3-4-5-6-7

| 7 | 새로운 변화에 개방되어 있다. | 1-2-3-4-5-6-7 |
| 8 | 변화에 수동적으로 끌려가는 게 아니라 나도 주체가 되어야 한다고 생각한다. | 1-2-3-4-5-6-7 |

출처: 최정원, 이영호 (2006). 학습치료 프로그램: 사고력 향상 전략. p.13

▶ 창의적 사고력 측정

● 나의 점수는 _____ 점

창의적 사고력을 높이려면?

창의력은 타고 나는 것이라 생각하는 경우가 많지만 이 역시 노력을 통해 만들어질 수 있다. 창의적 사고는 도되록 새로운 방식으로 폭넓게 생각하는 것이다. 창의적 사고력을 개발하기 위해서 브레인라이팅[Brainwriting], 스캠퍼[SCAMPER], 시네틱스[Synetics], 타인의 견해[Other People's View], 결말과 귀추[Consequence & Sequel] 등 다양한 방법들을 활용할 수 있으나, 여기에서는 학습 과정에서 쉽게 적용할 수 방법들을 중심으로 살펴보자.

창의적 아이디어를 생성하는 데 유용하고 널리 알려진 방법은 브레인스토밍이다. 이는 아이디어를 많이 만들어내는 데 목적이 있기 때문에, 최대한 편안한 분위기에서 자신이 생각하는 바를 거리낌 없이 제안하는 것이 중요하다. 또한 브레인스토밍은 양이 질을 담보한다고 전제하기 때문에 아이디어에 대한 평가는 유보하고 가능한 한 아이디어를 많이 생성해보도록 노력한다. 아이디어 생성이 모두 끝나면 아이디어를 분류하고 정리, 의사결정하게 되는데 혼자 하는 것보다 여러 명이 함께 할 때 더 효과적이다.

일상생활에서 브레인스토밍을 통해 창의적 아이디어 개발을 연습해볼 수 있다. 예를 들면 어떤 물건이나 대상을 보고 여러 다른 접근법을 구체화해보는 것이다. 일반적으로 벽돌은 집이나 건물을 지을 때 사용된다. 그러나 벽돌로 책장을 만들 수도 있고, 못을 박을 수도 있다. 벽돌을 이용하여 할 수 있는 일들은 무엇이 있는지 10개, 20개… 생각해보자. 혹은 일상생활에서 흔히 접하는 종이컵으로 커피를 마시는 것 외에 무엇을 할 수 있는지에 대해서도 상상의 나래를 펴보자. 이러한 과정을 통해 사고가 유연해지고 아이디어가 개발될 것이다. 그룹을 이루어 학습할 때, 혹은 동아리 모임이 공모전에 출품할 작품을 구상할 때는 특히 브레인스토밍이 도움이 된다.

새로운 아이디어를 만들기 위해 속성열거법$^{Attribute\ listing}$을 활용해볼 수도 있다. 속성열거법은 문제 또는 대상의 속성이나 특성을 모두 열거한 다음, 각 속성을 체계적으로 분석하고 가능한 한 여러 가지 방법으로 속성들을 바꾸거나 개선하여 해결책을 찾는 방법이다. 문제의 속성들을 열거할 때는 단순히 문제의 구성 요소를 열거한다는 생각으로 일반적인 목록을 만들면 된다. 이 목록이 옳은지는 걱정할 필요가 없다. 그리고 속성들을 체계적으로 분석하여 되도록 여러 가지 방법으로 재조합하거나 수정하여 새로운 아이디어를 만든다. 마지막으로 최상의 해결책을 결정한다. 예를 들어 새로운 필기구를 개발하고 싶다고 가정해보자. 우리가 일반적으로 사용하는 필기구의 속성은 심의 종류, 외관의 재질, 색깔 등으로 나열해볼 수 있다.

- 심의 종류 : 연필심, 볼펜심, 만년필촉
- 외관 : 나무, 플라스틱, 금속, 고무
- 색깔 : 검정, 빨강, 파랑, 초록 등
- 굵기 : 5mm, 7mm, 10mm
- 기타 : 향기, 야광 등

그리고 이들 속성들을 어떻게 조합할 수 있을지 생각하다 보면 다양하게 아이디어를 확장할 수 있다. 이 기법을 활용하면 문제해결이나 개선 기회를 찾기 위한 아이디어를 창출할 수 있다. 의상디자인이나 산업공학 등의 전공을 공부할 때, 새로운 디자인이나 제품을 개발해야 한다면 속성열거법이 유용할 것이다.

다음은 PMI$^{\text{Plus, Minus, Interesting}}$ 기법을 활용할 수 있다. PMI 기법은 문제해결 상황이나 아이디어에 대해 긍정적 측면과 부정적 측면을 모두 검토한 후 최적의 아이디어를 개발하거나 의사결정하는 데 유용하며, 이해와 사고의 폭을 넓히기에 좋다. P는 제시된 아이디어의 좋은 점 또는 자신이 좋아하는 이유, M은 제시된 아이디어의 나쁜 점이나 자신이 좋아하지 않는 이유, I 는 제시된 아이디어에 대해 흥미롭다고 생각하는 점을 의미한 다. 따라서 어떤 문제를 해결할 때 종이에 P, M, I라고 표시하 고 자세히 적어보자. 이를 이용하면 단순히 어떤 아이디어가 '좋다, 싫다' 또는 '마음에 든다, 안 든다' 라고 말하는 대신 좋 은 점과 나쁜 점을 살펴보고, 어떤 가능성이 있는지를 생각해 봄으로써 보다 합리적인 의사결정을 할 수 있다. PMI를 새로운 아이디어나 문제해결방법을 고안하는 기회로 삼자.

마지막으로 여섯 색깔 모자$^{Six\ thinking\ hats}$ 기법도 사고의 폭을 넓 히는 방법으로 유용하다. 이는 단순명료하고 효과적으로 사고 하기 위한 방법이다. 다음과 같은 여섯 색깔의 모자는 어떤 문 제나 상황을 바라보는 다양한 관점을 의미한다.

- 하얀 모자 : 중립적, 객관적 사실, 자료, 정보
- 빨간 모자 : 감정, 느낌, 예감, 직관
- 검은 모자 : 신중함, 주의, 경고, 잠재 위험
- 노란 모자 : 이점, 가치, 긍정적 기회
- 초록 모자 : 창의적 아이디어, 새로운 관점의 대안
- 파란 모자 : 요약, 개관, 결론, 사고에 대한 사고

여섯 색깔 모자 기법은 사람의 성향이나 역할분담을 나타내 는 방법이 아니라, 구성원들 모두 상황에 맞게 동일한 모자를

바꾸어 쓰며 생각하는 것을 의미한다. 예를 들어 그룹으로 과제나 프로젝트를 수행할 때 다양한 관점에서 검토하기 위하여 이여섯 색깔 모자 기법을 사용한다고 가정해보자. 만약 빨간 모자 시간이라고 한다면, 생각해야 하는 사안에 대해 객관적 사실이나 자료 등에 대해서는 이야기하지 않고 "왠지 불안한데요" 혹은 "대박 예감이 듭니다" 등과 같이 오로지 해당 사안에 대해 느끼는 감정만을 이야기하는 것이다. 혹은 노란 모자 시간이라고 한다면 이 사안이 가지고 있는 기회를 이야기해본다. "이것이 성공한다면 다른 문제까지 해결되는 시너지 효과가 일어납니다."

이처럼 여섯 색깔 모자 기법을 이용하면 불필요한 논쟁이 일어나는 것을 막을 뿐 아니라 다양한 관점에서 논의할 수 있는 기회가 된다. 또한 여섯 색깔 모자 기법은 일반적으로 여러 명이 함께 하지만, 생각해야 할 대상이나 사안에 대해 혼자서도 연습해볼 수도 있다. 즉 하얀 모자를 썼다고 가정한 후, 관련된 객관적 사실만을 기록해보고, 다음에는 빨간 모자를 썼다는 가정 하에 자신의 감정이나 느낌에 대해 적어본다. 이와 같이 여섯 가지 측면에서 대상에 대해 사고하는 과정에서 평소 미처 생각하지 못했던 아이디어들을 개발할 수 있으며, 이는 창의적 사고로 연결된다.

CHAPTER_ 13

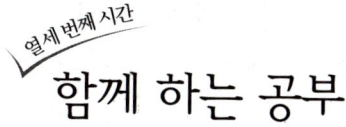

열세 번째 시간

함께 하는 공부

대학에 와서 수업을 듣다 보니 조별 활동이 상당히 많다. 조모임을 하면서 학년과 전공이 다른 다양한 친구들을 만날 수 있어 나름대로 즐거운 경험이 되기도 하였고, 마음이 맞는 친구들을 사귈 수도 있었다.

그러나 가끔 나와는 전혀 맞지 않는 친구들과 조모임을 할 때도 있다. 약속시간을 어기거나 의견이 일치하지 않아 오랜 시간 끌다 보면 짜증이 난다. 게다가 열심히 하지 않고도 같은 점수를 받는 얄미운 친구들도 있어 혼자 공부하는 것이 더 효율적이라는 생각도 든다.

지난 겨울방학에는 혼자 공부하기로 결심하였는데, 시간이 지날수록 처음 결심했던 것이 잘 유지되지 않고 어려운 내용은 열심히 해도 잘 모르는 부분이 있어 결국 목표를 달성하지 못했다.

혼자 공부하는 것과 조모임의 장점만 살리는 방법은 없을까?

대학에서 함께 공부한다는 것의 의미

대학에서는 중·고등학교 때까지 접해보지 못했던 다양한 교과목들을 공부하기 때문에 새로운 공부 방식이 필요하다. 특히 어려운 내용이나 심화과목, 이슈에 대한 다양한 의견을 다루는 내용의 경우, 혼자 하는 공부는 분명 한계가 있다. 그러한 수업에서는 교수가 그룹을 만들어주거나 자발적으로 그룹을 만들어서 학습하라고 권유하기도 한다. 즉 대학에서는 학습네트워크를 얼마나 탄탄하게 구성하느냐가 학습 성과에 큰 영향을 끼친다.

학습네트워크에는 스터디그룹$^{study\ group}$, 튜터링^{tutoring}, 멘토링 ^{mentoring} 등 여러 방법이 있다. 이미 국내외의 많은 대학에서 다양한 형태의 스터디그룹 제도가 실시되고 있고, 학교 차원에서 지원하는 프로그램들도 증가하고 있다. 하버드 대학에서는 스터디그룹 활동을 통해 학생들의 성취도와 학습만족도에 어떤 변화가 나타나는지 연구하였는데, 그 결과 두 가지 모두 향상된 것으로 나타났다. 또한 개별적인 공부를 하고 일주일에 한 번이라도 규칙적으로 동료 학습자들과 함께 공부하는 방법은 여러 면에서 학습에 많은 도움이 되는 것으로 밝혀졌다. 즉 학습네트워크를 활용하면 학습정보와 전략, 개인적 경험 등을 공유할 수 있고, 학습에 대한 책임감이 향상되어 능동적 학습이 이루어질 수 있다.

또한 여러 학생들과 함께 공부하는 과정에서 자연스럽게 협동심과 팀워크를 배우는 기회를 가질 수 있을 뿐 아니라 리더로서 역량을 기르는 데도 도움이 된다. 요즘은 직장생활에서도 팀 단위로 업무를 수행할 기회가 많다. 그렇기 때문에 기업에서 혼자 업무를 수행하는 능력뿐 아니라 팀의 구성원으로서 원활히 업무를 수행하는 능력을 갖춘 인재를 필요로 한다. 따라서 스터디그룹에 참여하여 팀워크를 수행한 경험은 취업이나 직장생활을 위한 초석이 될 수 있다.

대학에 와서 고등학생 과외 아르바이트를 하는 학생들을 꽤 볼 수 있는데, 그들은 한결같이 "지금 다시 수능시험을 치면 잘 칠 수 있을 것 같아요"라고 말한다. 가르치는 입장이 되어보니 확실히 학습내용이 '내 것'이 된 것이다. 이와 같은 맥락으로 스터디그룹이나 튜터링, 멘토링 등의 활동을 하다 보면 배우는 입장만이 아니라 가르칠 기회도 갖게 된다. 누군가에게 자신이 알고 있는 것을 설명하는 과정을 통해 학습한 내용을 더 명확하게 할 수 있으며 기억을 유지하는 데에도 도움이 된다. 이때에는 자신뿐 아니라 함께 공부하는 동료 학생들도 공부가 잘되어야 하기 때문에 윈윈전략win-win strategy이 필요하다. 성공적 학습을 위해 서로 교감을 나누다 보면, 경쟁에 따른 스트레스가 완화되기도 하고 학습 동기를 높이는 자극제가 되기도 한다.

더 나아가 학습네트워크는 인적네트워크로 연결될 수 있어 삶의 자산이 될 수 있다. 산업시대에는 돈이 많거나 기술이 많고 아는 것이 많은 사람이 부자였다. 그리고 노하우know-how가 강조되던 시절이었다. 그러나 지식정보사회에서는 정보의 양이 기하급수적으로 늘고 빠르게 변화되기 때문에, 자신이 알지 못해도 '그것을 아는 사람을 아는 것'이 큰 재산이 된다. 즉 노웨어know-where 시대인 것이다. 스터디그룹이나 튜터링, 멘토링 등의 학습네트워크에 동참하면 교수, 선배, 조교, 동기, 후배 등 다양한 사람들과 관계를 맺게 된다. 이는 평생 마음을 나눌 수 있는 좋은 인간관계로 발전할 수 있다.

스터디그룹, 튜터링, 그리고 멘토링

스터디그룹, 튜터링, 그리고 멘토링은 여러 명의 학습자가 함께 모여 지속적으로 학습 활동을 함께 한다는 공통점을 갖지만 차이점도 있다. 지금부터 스터디그룹과 튜터링, 그리고 멘토링이 어떻게 다른지 살펴보자.

스터디그룹은 대체로 같은 교과목을 듣는 학생들 또는 같은 시험이나 취업을 준비하는 학생들 약 3~6명 정도로 학습 인원을 구성한다. 광고홍보학과의 경우 그룹을 만들어 광고 하나를 만들기도 하고, 취업을 목표로 한다면 '아나운서나 스튜어디스가 되기 위한' 스터디그룹도 있다. 이렇게 모인 학생들은 공부 목표나 능력, 동기 등이 비슷하다. 또 성공적인 스터디를 위해

각자 책임감을 갖고 참여한다.

스터디그룹은 학생들이 자발적으로 쉽게 형성하고 운영할 수 있다. 좀더 깊이 있게 학습해보고 싶은 과목이나 혼자서 정보를 모으기 힘든 과목이 있다면, 적극적으로 스터디그룹을 찾아보는 게 좋다. 요즘에는 온라인상 커뮤니티도 많이 있어 쉽게 그룹 정보를 살펴볼 수 있다.

반면, 튜터링이나 멘토링은 학습자들이 자발적으로 팀을 구성하기 쉽지 않다. 학교 차원에서 튜터^{tutor}와 튜티^{tutee}, 또는 멘토^{mentor}와 멘티^{mentee}를 연결하고 관리해주는 체계적 프로그램이 있어야 성공적 학습이 가능하다. 많은 대학들의 교수학습센터 또는 교육개발센터에서 튜터링 또는 멘토링 프로그램을 운영하고 있다. 학기 초에 학교 또는 관련 기관 홈페이지를 살펴보면 튜터링 또는 멘토링 학생들을 모집한다는 공고를 찾아볼 수 있다. 이 기회를 이용하면 튜터링 또는 멘토링 그룹을 구성할 수 있고, 스터디 공간도 지원 받을 수 있다. 스터디그룹은 구성원들의 학습 수준이나 역할이 비슷하다. 그에 비해, 튜터링과 멘토링은 튜터 또는 멘토가 튜티 또는 멘티를 이끌어준다는 의미에서 스터디그룹과 다르다.

물론 튜터링과 멘토링도 차이점이 있다. 튜터링은 특정 과목을 미리 공부한 튜터와 이 과목을 함께 공부하고 싶은 튜티가 협력하여 학습해나간다. 튜티는 이미 과목을 수강했던 튜터와 함께 공부하면서 보다 깊이 있게 학습할 수 있을 뿐 아니라 학

습 전략도 배우게 된다. 또 꾸준히 학습해나갈 수 있도록 심리
적 지원과 격려도 받고, 선후배 또는 또래 간 관계를 맺는 능력
도 생긴다. 튜터는 이미 수강한 과목을 튜티와 함께 공부해나
가면서 복습과 심화 학습 활동을 통해 학업적 완성도를 높일
수 있다. 또한 자신의 지식을 나눠주는 봉사활동의 기회를 갖
게 된다. 공부하기에 어려운 특정 과목을 꾸준히 도움을 받고
싶다면 튜티를, 리더십을 키우고 봉사활동의 경험을 갖고 싶다
면 튜터를 신청해보는 게 좋다.

　멘토의 기원은 고대 그리스에서 찾을 수 있다. 기원전 1200년
오디세이아가 트로이 전쟁에 출정하면서 아들을 멘토라는 이
름의 가장 믿을 만한 친구에게 맡겼다. 멘토는 이후 오디세이
아가 전쟁에서 돌아오기까지 무려 10여 년 동안 왕자의 친구,
선생, 상담자, 때로는 아버지가 되어 돌보아주었다. 이후 멘토
라는 이름은 지혜와 신뢰로 한 사람의 인생을 이끌어주는 지도
자의 동의어로 사용되게 되었다.

　멘토링은 멘토가 멘티에게 여러 면에서 영향을 미치며 이끌
어주는 활동을 의미한다. 대학에서의 멘토링은 주로 선배들이
멘토로서 후배인 멘티들에게 학습뿐 아니라 학습 방법, 대학
생활 전반, 진로 및 취업 지도 영역에 이르기까지 상담과 지원
을 제공하는 프로그램이다. 따라서 멘토는 단순히 튜터의 역할
뿐 아니라 상담자, 조언자, 학습안내자 등의 다양한 역할을 수
행하게 된다.

스터디그룹으로 공부할 때 지켜야 할 것들

교수나 조교가 스터디그룹을 임의로 만들어줄 때, 가끔 마음에 맞지 않는 학생과 한 그룹이 될 때가 있다. 약속시간을 어기기도 하고, 보내주기로 한 자료를 제대로 만들어주지 않기도 한다. 스터디그룹 활동은 학습 과정이나 결과에 긍정적 영향을 미치기도 하지만 열심히 참여하지 않는 사람이 한 명이라도 있으면 그 그룹 전체가 힘들어진다. 여러 사람들이 노력한 결과에 무임승차한 걸 보면 얄밉기도 하다. 이와 같이 스터디그룹은 여러 명이 함께 공부하기 때문에 의사소통이나 시간, 목표 관리 등의 문제가 수시로 발생한다. 이러한 문제를 예방하고 보다 성공적인 학습 공동체가 되기 위해서는 다음과 같은 전략이 필요하다.

우선, 모임을 구성할 때 신뢰할 수 있고 책임감 있는 사람들로 구성한다. 특히 과제만 함께 할 것인지, 정보만 공유할 것인지 등을 정하는 게 좋다. 무엇보다 스터디그룹의 취지를 이해하고 목표가 일치하는지 파악하는 것이 필요하다. 또한 가능하다면 구성원들의 학습 수준이 비슷한 것이 좋다. 한 명이 유난히 그 분야를 잘 알고 있다면 독단적으로 결정하고 진행할 것이며, 만약 반대의 상황이라면 도태될 수도 있기 때문이다.

다음으로는 분위기 형성이다. 어떤 공동체든지 분위기가 중요하다. 학습 과정에 모두 적극적으로 참여할 수 있는 편안한 분위기를 만들어야 하며, 구성원 간의 성격과 공부방법 등을 이해하는 것도 필요하다. 또한 모임 안에 친한 친구가 있어 그룹 안에 또 그룹을 만들어 분위기를 주도하지 않도록 하자.

간혹 그룹 전체가 서로 친해지면, 자신의 책임에 소홀해지거나 학습 목표와 관련 없는 주제로 빠질 수 있고 만난 시간에 비해 공부의 양이 적을 수 있다. 친해지고 나면 맡은 과제를 일정 안에 끝내지 못하더라도 이해해달라고 말하기도 쉽고 약속시간을 변경하는 것 역시 대수롭지 않게 말할 수 있다. 이러한 문제를 막기 위해서는 모임을 가질 때 다음 모임을 위한 분명한 목표를 공유하고 책임을 나누어야 한다.

스터디그룹은 전공이나 학년, 성별 등이 다른 학생들이 모인다. 그러므로 다소 의사소통에 문제가 일어날 수 있다. 원활한 학습 활동을 위해 다음과 같은 노력을 기울여보자.

- 다른 사람의 의견을 경청한다.
- 자신의 의견을 간결하고 명확하게 전달한다.
- 이해가 가지 않는 내용이 있을 때에는 설명을 요청한다.
- 다른 의견에 대해서는 이의나 비판을 제기하되, 감정적이 되지 않도록 한다.
- 한두 사람만 말하지 않고, 골고루 발언 기회를 갖도록 한다.

가능한 일정한 모임 장소와 시간을 정하여 운영하는 것도 중요한 전략이다. 시간과 장소는 일정하게 유지하되, 역할은 바꾸어가며 수행하는 것이 좋다. 만약 일주일에 한 번씩 만나기로 했다면 일주일씩 돌아가면서 역할을 바꿔보는 것도 하나의 방법이다. 다양한 역할을 경험함으로써 다른 사람을 이해하게 되고, 보다 책임감 있게 참여할 수 있다. 스터디그룹 구성원들의 역할은 크게 모임을 주도하는 리더, 참여자, 서기로 나누어볼 수 있다. 그러나 역할은 필요에 따라 복사 담당 또는 간식 담당 등으로 더 세분화할 수도 있고 겸할 수도 있다.

만약 리더의 역할을 맡았다면 모임이 좀더 원활하게 진행되기 위해 다음과 같이 분위기를 조성해보자.

• 긍정적 학습 분위기를 형성하고, 학습 내용 및 과정에 대해 성찰하도록 한다.
• 구성원 누구나 의견을 낼 수 있도록 기회를 제공한다.
• 스터디에서 진행되는 내용을 팀원들이 분명히 이해하도록 한다.
• 스터디 내용을 요약하고 정리한다.

참여자의 입장이라면 우선 모임 시간을 정확히 지키고, 모임 중에는 그날의 목표와 학습 내용에 집중하는 태도가 필요하다. 또한 다른 사람들의 의견을 적극적으로 들어주고 자기주장만 하지 않도록 한다. 자신이 준비하거나 수행해야 할 몫은 책임 있게 수행하고, 공정하게 여러 역할과 업무가 분담되도록 협조

한다. '난 신문 자료 모으느라 이렇게 고생했는데, 저 친구는 너무 쉬운 일을 맡았어' 라고 불평하는 학생들도 가끔 볼 수 있다. 누가 더 많이 했고 적게 했는지 등에 집착하지 말고, 조금 양보하는 마음을 갖는 것이 좋다.

서기는 스터디그룹에서 논의된 사항이나 의견, 결론 등을 요약하여 정리하는 역할을 수행한다. 만약 서기를 맡게 된다면 모임이 끝난 후 읽는 것만으로도 주요 내용이 기억날 수 있도록 정확하고 일목요연하게 기록하도록 하자. 정리된 자료는 인터넷 커뮤니티 자료실에 올려 공유하거나 다음 모임에 복사하여 배포하도록 한다.

마지막으로 스터디그룹을 만들어 학습할 때 '함께 공부하니까 따로 공부할 필요 없잖아?' 라는 생각은 금물이다. 스터디그룹 활동을 하더라도 개인 학습 활동이 반드시 필요하다는 것을 명심해야 한다. 아무리 스터디그룹 활동이 효과적으로 이루어지더라도 개인 학습을 대체할 수 없으며, 구성원 각자의 학습 내용 준비, 복습, 성찰하는 활동이 뒷받침되어야 한다.

튜터링과 멘토링을 이용할 때

튜터링과 멘토링은 튜티와 멘티를 이끌어줄 수 있는 튜터와 멘토가 있어야 원활하고 효율적인 학습 활동이 가능하다. 멘토링은 멘토가 멘티의 학습 활동을 포함한 대학생활 전반에 대해 조언과 도움을 주는 프로그램이지만 지금부터는 좀더 학습의 측면에 초점을 맞추어 살펴보도록 하자.

튜터링과 멘토링을 통해 만나게 되는 학생들은 대체로 이미 알고 있거나 친숙한 사이가 아니다. 즉 튜터링 또는 멘토링을 계기로 만난 경우가 많다. 그러므로 우선 튜터와 튜티, 멘토와 멘티 간에 친밀감을 형성하는 것이 필요하다. 그리고 튜티와 멘티는 튜터와 멘토를 언제든 자신의 질문에 답해주는 과외선생님 정도로 생각하지 않고, 자신의 역할과 책임을 다하겠다는 태도를 갖는 것이 중요하다. 또한 튜터와 멘토가 해당 교과나 내용을 이전에 먼저 공부했지만, 모든 내용을 기억하고 있거나 답할 수 있는 것은 아니다. 그러므로 튜티와 멘티는 일방적으로 튜터와 멘토에게 기대지 말고, 함께 공부한다는 마음가짐을 갖도록 하자. 또한 튜터와 멘토가 튜터링 또는 멘토링 진행을 위해 요구하는 사항은 성실하게 따라야 한다. 괜히 열등감을 느끼거나 요구 사항에 불만을 가지지 말자.

만약 튜터와 멘토의 입장이 된다면, 튜티와 멘티의 수준이나 성향 등을 고려하여 이끌어가야 한다. 자신이 학습능력 향상을 위한 조력자라는 것을 기억하고 독단적으로 이끌지 않도록 주의해야 한다. 또한 가능한 쉬운 말로 이야기하는 것이 좋고, 튜티나 멘티가 자신의 기대에 부응하지 못하더라도 인내심을 갖는 것이 필요하다. 또 그들의 인격을 존중하면서 솔직한 피드백을 제공하고, 개방적 태도로 어떤 질문이라도 성실히 받아주어야 한다. "이것도 몰라서 묻는 거야?", "대학생이라면 이 정도는 알 거 아니야" 등의 상처를 줄 수 있는 말은 삼가야 한다.

튜터링과 멘토링의 목표 및 범위, 운영방법 등은 서로 논의하여 결정하겠지만, 튜터나 멘토가 일방적으로 가르치지 않는 것이 좋다. 필요하다면 학습 내용을 테스트해보거나 퀴즈를 내볼 수도 있다. 그 모든 과정을 튜티나 멘티와 함께 준비하면 자신도 이 활동에 참여한다는 책임감을 느끼게 된다. 또한 준비해야 할 사항도 명확히 알게 된다.

친해졌다고 해서, 혹은 말하기 미안해서 튜티와 멘티들이 준비나 과제도 하지 않은 채 모임에 참여해도 용납해서는 안 된다. 이는 무책임을 조장하는 것이 되므로 튜터와 튜티, 멘토와 멘티의 역할이 무엇인지 서로 공유하고, 서로 책임을 다하지 않을 때는 어떻게 할 것인지 규칙을 정하고 실천하는 게 좋다.

튜터나 멘토로 활동하려면 학습 내용에 대한 깊이 있는 이해를 갖추어야 한다. 또한 튜티와 멘티의 학습 방법이나 문제점을 모니터할 수 있어야 한다. 그뿐만 아니라 적절히 칭찬하고 격려함으로써 학습 동기가 유지되도록 하는 것 역시 튜터와 멘토의 몫이다.

잘하고 있는 걸까?

　스터디그룹이나 튜터링, 멘토링 등의 학습 공동체는 약 15~16주에 달하는 한 학기 이상 지속되는 경우가 많다. 여러 명이 함께 모여 공부하는 것은 쉬운 일이 아니며, 제대로 이루어지지 않을 경우 여러 명의 시간과 노력이 헛되이 버려지게 된다. 이를 막기 위해 학습 공동체 활동 2~3주가 지난 후에는 다음과 같은 성찰을 하는 것이 필요하다.

- 학습 공동체 활동의 목표를 모두 확실히 알고 있는가?
- 주제에서 벗어나지 않는가?
- 역할 분담이 잘 되는가?
- 참여자들이 골고루 발언 기회를 갖는가?
- 자신의 의견을 이야기할 때, 명확하게 전달하는가?
- 열린 마음으로 다른 사람의 의견을 경청하는가?
- 한두 사람이 분위기를 주도하지는 않는가?
- 어떤 의견이나 생각도 자유롭게 말할 수 있는 분위기인가?
- 서로를 존중하는가?
- 논의 사항이나 문제에 대해 결론이 도출되는가?
- 모임의 출석률이 높은가?
- 시간이 지켜지는가?

참여자들 모두에게 위 문항이 적힌 질문지를 돌리고 솔직하게 기록해보는 시간을 갖자. 위의 질문들 중 '아니다' 라는 생각이 드는 항목이 있다면 개선방법도 함께 찾아보자. 예를 들어 주제에서 벗어날 때가 종종 있다면, 목표를 확실히 공유하고 리더가 진행 과정을 적극적으로 조율하는 방법을 찾을 수 있다. 이러한 과정을 거치게 되면, 학습 공동체가 빨리 자리 잡게 되고 학습 활동도 더 효과적으로 진행될 수 있다. 매번 모임이 끝날 때 간략하게 모임에 대해 성찰하는 것도 더욱 알찬 모임으로 발전하는 계기가 될 것이다.

PART **3**

전략적 공부의 결실 맺기

- 인생은 시험의 연속?

- A⁺ 보고서의 비밀

- 프레젠테이션의 모든 것

CHAPTER 14

열네 번째 시간
인생은 시험의 연속?

> 대학에서 처음 시험을 볼 때, 시험지 한 장에 커다란 답안지가 두 장씩 주어졌다. 시험지에는 빽빽하게 문제들이 있었는데, 무엇부터 어떻게 써야 할지 막막하고 눈앞이 깜깜해졌다. 한참 시간이 지난 후 마음을 진정시키고 가까스로 답안을 작성했던 기억이 난다.
>
> 나는 시험을 볼 때 유난히 떠는 것 같다. 시험 시간이 다가오면 시간이 남아 있어도 마음이 불안하고 진정되지 않아서 공부도 안 되고, 시험지를 받으면 아는 것도 잘 생각나지 않는다.
>
> 내 전공은 항상 시험문제가 많아서 1분 1초가 아쉬운데, 시험지를 받고 나면 '멍~' 해지는 내 자신이 한심스럽다. 아~ 나도 공부한 만큼 실력도 발휘하고 성적도 잘 받고 싶다.

시험을 위한 준비 운동

축구시합을 앞둔 선수들은 시합 전에 운동장을 가볍게 뛰면서 스트레칭을 한다. 평소 갈고 닦은 실력을 제대로 발휘하기 위해 몸 풀기를 하는 것이다. 시험을 앞둔 학생들에게는 어떤 몸 풀기가 필요할까? 또 언제부터 시작하면 될까?

고등학교 시절의 중간고사나 기말고사에 대한 압박처럼 대학에서의 시험 압박도 만만치 않다. 중간고사나 기말고사를 위한 본격적 공부는 언제쯤 시작하는 것이 좋을까? 평소 예습과 복습을 어느 정도 하였는가에 따라 다르겠지만, 성적이 좋은 학생들은 대체로 시험 2주 전부터 이를 대비한 계획을 세우고 본격적인 시험공부에 들어간다. 한 학기에 약 20학점 정도를 수강한다고 볼 때, 7~8과목 정도를 시험 치게 된다. 7~8과목을 공부하기 위해서는 2주라는 시간이 그리 많은 시간은 아니다. 또한 수업을 듣고 아르바이트를 하는 등 일상생활을 유지하면서 시험공부를 하기 때문에 실제로 하루에 시험공부를 위해 할애할 수 있는 시간도 많지 않다. 따라서 시험을 대비한 체계적인 계획과 실천이 필요하다.

시험에 대비하여 공부할 때는, 시험이 어떤 유형으로 출제되는지 파악하는 것이 급선무이다. 객관식인지, 서술식인지 등에 따라 공부방법이 달라지기 때문이다. 교수가 시험 시간과 장소에 대해 공지할 때, 시험 유형에 대해 특별한 언급이 없다면 질문해도 좋다. 대학에서는 '예상 문제 뽑아주세요' 또는 '어떤 내용을 공부해야 하나요?' 와 같은 질문은 적절하지 않지만 '시험 범위는 어디까지인가요?' 또는 '어떤 유형으로 출제되나요?' 와 같은 질문은 필요하다. 실수 없이 시험에 대비하기 위해서는 다음 사항을 꼼꼼하게 확인하도록 하자.

- 시험 날짜 및 장소
- 시험 문제 유형
- 시험 시간
- 시험 범위

또한 무엇을 공부해야 할지 미리 생각하고 관련 자료를 찾아두어야 한다. 학기 초에 받은 수업계획서를 다시 확인하는 일도 필요하다. 과목에 따라 다소 차이가 있을 수 있으나, 일반적으로 시험공부는 다음과 같은 자료들을 이용하는 것이 좋다.

- 교재
- 노트필기
- 수업 중 배포된 유인물 또는 발표자료
- 참고자료
- 과제
- 퀴즈자료, 이전 시험, 기출문제

다음에는 2주 동안 시험을 대비하여 무엇을 언제 공부할 것인지 구체적인 계획을 세운다. 다음과 같이 계획을 세우면, 체계적인 공부가 가능하다.

		D-14	D-13	D-12	D-11	D-10	D-9	…	중간고사
과목 1	교재	1~3장	4장						
	노트필기		1~4주						
	보충자료								
과목2	교재					3장			
	노트필기			1~2주	3~4주				
	보충자료			1차	2차				
…	…								

▶ 시험공부 계획의 예

공부계획을 짤 때는 무엇을 언제 공부할 것인가 외에도 같은 수업을 듣는 친구들과 함께 공부할 필요가 있는지 생각해본다. 스터디그룹을 이용하면 열심히 공부하는 데 자극이 될 뿐만 아니라 시험을 대비하여 해야 할 일을 분담할 수 있다. 그러나 모두 열심히 참여하지 않는다면 시간을 낭비하게 되므로, 시험에 대비하여 스터디그룹 활동을 할 때에는 평소보다 더 주의를 기울여야 한다. 공부는 각자 한 후, 예상 문제를 뽑는 것만 모여서 공부하거나 이해되지 않는 부분만 논의하는 식으로 스터디그룹을 활용해도 좋다.

간혹 시험이 임박하면 시험공부를 하느라 수업을 빠지는 학생들이 있다. 시험 전 수업에서는 교수가 그동안 배운 내용들의 흐름을 요약하거나 '~부분은 확실히 공부해두어야 한다'와 같은 말을 하기도 한다. 이런 말들은 시험에 출제될 가능성이 상당히 높다. 이것 외에도 시험 시간이나 장소가 바뀔 수도 있다. 실제로 시험 전 마지막 시간에 시험 장소와 시간 변동에 대한 공지가 있었는데, 시험공부 하느라 결석하였다가 시험을 보지 못한 학생도 종종 생긴다. 어떤 경우에도 수업에는 반드시 출석하도록 하자.

시험 공포에서 벗어나기

시험을 앞두고 많이 긴장하는 편인가? 시험에 임박하면 누구나 어느 정도 긴장을 하기 마련이다. 그러나 유난히 긴장과 불안감이 심하다면, 노력한 만큼 제 실력을 발휘하기 어렵다. 다음은 학습 동기를 측정하는 MSLQ^{Motivated Strategies for Learning Questionnaire} 문항 중 일부이다. 질문에 답하면서 자신이 시험에 대해 어느 정도 불안을 느끼는지 확인해보자.

번호	문항	전혀 그렇지 않다 매우 그렇다
1	시험을 칠 때면, 나는 다른 동료들보다 잘못하고 있다는 생각을 한다.	1－2－3－4－5－6－7
2	시험을 칠 때면, 나는 풀지 못했던 이전의 문항들을 생각한다.	1－2－3－4－5－6－7
3	시험을 칠 때면, 나는 실패했을 때의 결과를 생각한다.	1－2－3－4－5－6－7
4	시험을 칠 때면, 나는 불안하고 당혹스러워진다.	1－2－3－4－5－6－7
5	시험을 칠 때면, 나는 심장이 뛰는 것을 느낀다.	1－2－3－4－5－6－7

▶ 시험 불안감 측정

● 나의 점수는 ＿＿＿＿＿점

대체로 대학생들의 시험 불안감은 3.6정도이다. 이보다 높다면 다른 학생보다 시험 불안감이 높은 것으로 볼 수 있다.

긴장과 불안은 심리적 요인이지만, 몸의 컨디션이 좋지 않으면 더욱 집중하기가 어렵다. 또한 두뇌 활동도 활발하지 못해 '시험을 잘 보지 못할 것 같다' 는 생각이 평소보다 더 많이 들어서 더욱 불안해진다. 그러므로 시험 전날 밤새지 않도록 하고 시험기간에도 잘 먹고 충분한 휴식을 취해서 컨디션을 조절해야 한다.

시험 상황에 익숙해지는 것도 시험 불안을 낮추는 좋은 방법이다. 미리 시험 볼 장소에 가보거나 시험 보게 될 강의실에 앉아 공부하는 것도 좋다. 또한 기출 문제를 구할 수 있다면 검토해보거나 선배나 조교, 혹은 이전 수강자들을 통해 교수의 문제 성향과 채점 방식 등을 파악하면 미리 대처할 수 있기 때문에 긴장을 낮출 수 있다.

무엇보다 시험공부를 할 때나 시험 보는 중에 끊임없이 자신에게 다음과 같은 긍정적 다짐을 하는 것이 필요하다.

- 나는 할 수 있다.
- 나는 최선을 다해서 공부했어.
- 곧 잘 끝날 거야.
- 나는 다른 친구들보다 열심히 공부했어.

시험 불안이 높은 사람은 시험을 볼 때에도 시험 문제에 집중하는 것이 어렵다. 한두 가지 내용이 기억나지 않으면 급격히 당황하게 된다. 이럴 때는 자신에게 다음과 같이 이야기해보자.

- 일단 이 문제에 집중하자. 먼저 답해야 하는 것이 무엇이지?
- 이 문제 잘 풀 수 있어.
- 한 번에 하나씩 생각해보자.
- 이 내용 분명히 공부했어. 자, 천천히 생각해보자.

이렇게 시험 중에도 자신에게 힘을 북돋는 말을 하면서, 쉬운 문제부터 차근차근 풀어나간다. 만약 긴장감 때문에 공부한 내용이 잘 기억나지 않는다면, 공부할 때 사용했던 시각화를 반복해보거나 심호흡을 하는 것도 좋다.

또한 시험을 볼 때 가능한 맨 앞자리에 앉는 게 좋다. 자신은 아직 문제를 얼마 풀지 못했는데, 주위 학생들은 열심히 답을 쓰며 답안지를 넘기는 모습을 보면 자기 페이스를 잃거나 자신감을 잃게 된다. 이미 시험이 시작된 후에는 일단 흔들리지 않도록 하자. 앞자리는 주위 분위기에 휩쓸리지 않고 자기 자신과 시험에만 집중할 수 있다는 장점이 있다.

혹, 시험 전에 지나치게 긴장해서 식사를 거른 경우, 또는 시험 시간이 긴 경우에는 간식으로 초콜릿을 준비하면 좋다. 초콜릿 안에는 약간의 카페인 성분이 들어 있어 뇌를 각성하여 두뇌 회전에 도움이 될 뿐 아니라 에너지 공급원이 된다.

시험지를 받은 후에는 전체 문제를 훑어보고, 문제에 맞게 시간을 계획적으로 분배한다. 60분의 시험시간에 4문제의 주관식이라면 한 문제당 12분씩 쓰되, 나머지 12분은 여유시간으로 남겨두는 것이다. 또한 시험지를 받으면 잊어버리기 쉬운 것은 미리 메모하고, 쉬운 문제부터 풀어나가면 긴장감을 완화하는 데 도움이 된다.

이상의 방법을 보니 시험에 대한 불안이 사라질 것 같은 느낌이 드는가? 하지만 이것보다 더 좋은 방법이 있다. 시험 불안을 극복하는 가장 좋은 방법은 열심히 시험 준비를 하는 것이다.

공부가 부족하면 '혹시 내가 공부하지 않은 부분에서 문제가 나오면 어떡하지?', '간신히 외웠는데, 기억이 안 나면 어쩌지?' 등과 같은 생각이 들면서 불안감도 커진다. 그러나 철저히 공부하고 나면 다소 긴장이 되더라도 자신감이 뒷받침되기 때문에 불안감이 크지 않다. 일단, 시험을 앞두면 열심히 공부하자.

문제유형별로 전략이 있다

시험유형에 따라 공부전략도 달라져야 한다. 대학에서는 고등학교 때와는 다르게 여러 가지 유형으로 시험이 출제된다. 객관식이라면 세세한 부분까지 파악하고 있어야 하고, 서술식이라면 전체 내용의 흐름을 파악하거나 자신의 견해를 명확히 하는 것이 필요하다. 또한 오픈북open book 시험이나 테이크홈take-home 시험의 경우도 주의해야 할 사항이 다르므로 각각에 맞는 전략을 구사하도록 하자.

객관식 시험은 초·중·고등학교에서 많이 치러왔기 때문에 익숙할 것이다. 문제를 잘못 이해하고 실수하는 경우만 주의한다면 별 문제 없이 해결할 수 있다. 다음에서는 학생들이 낯설어하는 서술식, 오픈북, 테이크홈, 그리고 구술verbal 시험 중심으로 시험전략을 살펴보자.

서술식 시험은 지시 사항을 명확히 파악하고, 문제가 요구한

사항을 중심으로 서술하도록 한다. 서술시험에서는 평가하고
자 하는 바에 따라 지시 사항이 다르다. 따라서 지시어가 의미
하는 바를 정확히 파악하는 것이 중요한데, 다음과 같은 문제
들이 제시될 수 있다.

- 비교하라
- 대조하라
- 예를 제시하라
- 설명하라
- 비평하라
- 평가하라
- 논의하라
- 관계를 밝혀라

지시어를 중심으로 교수가 기대하는 바가 무엇인지 생각해야
한다. 또 답을 쓰기 전에 여백에 답의 개요를 작성해보고 답안을
작성하도록 하자. 서술식 문제의 경우, 너무 열심히 쓰다 보면 시
간을 맞추지 못하는 경우가 있다. 문제의 난이도나 점수 배점 등
을 고려하여 시간 활용 계획을 세우고 한 문제에 너무 많은 시간
이 소요되지 않도록 주의한다. 혹 6문제 중 1~5번까지가 10점이
고 마지막 한 문제가 50점을 차지하는 경우, 시간이 없어서 6번
문제를 놓친다면, 한 문제를 놓쳤지만 성적에는 큰 타격을 준다.

그러므로 시간 분배가 서술식 시험에서는 중요하다.

또한 서술식으로 답안을 작성할 때는 첫 단락이 중요하다. 도입에서 핵심 문제와 개념을 제시하고 어떻게 답안을 전개해 나갈 것인지 간략히 설명하도록 한다. 그리고 답안을 작성할 때 같은 말을 반복하지 않도록 주의하면서, 핵심 내용과 세부 내용을 구분하여 서술한다. 또한 긴 답안 전체를 한 문단으로 연결하여 쓰지 않도록 한다. 문단을 구분하고, '그리고, 한편, 결과적으로, 다시 말해, 그럼에도 불구하고, 반면, 마지막으로' 등의 접속 부사를 적절히 활용하면서 답안을 작성한다. 마지막 단락은 명료하게 요약하는 것이 좋다. 시간 분배를 할 때 검토할 수 있는 시간도 포함하여, 전체 구조나 문장 교정, 맞춤법 등을 보충하도록 하자.

간혹 자신의 글씨가 악필이라고 걱정하는 학생들도 있다. 하지만 읽어볼 수만 있다면 악필이라고 점수가 깎이지는 않는다. 그러나 표준어를 사용하지 않거나 띄어쓰기 또는 맞춤법이 틀리는 일은 없어야 한다. 또 한 가지 기억할 것은 답안의 길이와 성적이 비례하지 않는다는 것이다. 길다고 좋은 답은 아니다. 따라서 시험이 끝난 뒤 친구에게 "넌 얼마나 썼어?"라고 분량을 물어보는 건 별 의미가 없다. 서술식 답안은 불필요한 내용은 쓰지 않고 필요한 내용만 쓰도록 하자.

오픈북 시험을 좋아하는가? 보통 오픈북 시험이라고 하면 시험 준비를 열심히 하지 않아도 된다고 생각하는 경향이 있다.

그러나 오픈북 시험을 경험한 학생들은 일반 시험보다 더 어렵다는 것을 알 것이다. 오픈북 시험이라고 준비하지 않으면 낭패를 보게 된다. 오픈북 시험을 출제하는 교수들의 의도는 학생들이 기계적으로 암기해야 하는 노력을 덜어주고자 하는 것이지, 공부를 쉽게 하라는 것이 아니다. 실제로 오픈북 시험 문제는 책의 어느 곳을 보더라도 답을 쉽게 찾을 수 없는 문제인 경우가 대부분이다. 오픈북 시험에서는 빨리 관련 정보를 찾고 재조직하고 연결하는 능력이 중요하다. 책의 내용을 참고하되 자신의 생각이나 견해 등을 밝혀야 하므로 깊이 있게 공부하지 않은 학생들은 당황하게 된다. 따라서 오픈북 시험도 철저한 준비가 필요하다는 인식을 가지고, 공부한 부분에 색연필 등으로 표시하고 보충자료나 노트필기 등 공부한 내용을 정리하여 책 여백에 기록해두는 것이 좋다.

대학에서는 테이크홈 시험도 있다. 이는 수강생들이 같은 시간에 강의실에 모여 시험을 치르는 것이 아니라 각자 집이나 도서관 등에서 답안을 작성하여 제출하는 유형이다. 복잡한 문제풀이 능력이나 학습 내용에 대한 깊이 있는 이해와 사고를 평가하고자 하는 경우, 테이크홈 시험이 실시되곤 한다. 일반적인 시험보다 긴 시간이 주어지기 때문에 비교적 학생들이 시험 시간에 느끼는 만큼의 스트레스는 없다. 그러나 긴 시간이 주어지고 여러 자료를 참고하며 답안을 작성할 수 있기 때문에 교수가 기대하는 답안의 수준도 그에 비례하여 높다는 것을 명심하자.

구술시험은 개별적으로 이루어질 수도 있고, 동료 수강생들과 함께 할 수도 있다. 연설, 토론, 인터뷰, 프레젠테이션 등이 구술시험의 예이다. 한 번 말한 내용은 답안을 수정하는 것처럼 쉽게 고칠 수 없기에 더욱 많은 준비가 필요하다. 연설이나 프레젠테이션 등은 준비한 내용을 실수 없이 말하는 것이 중요하다('열여섯 번째 시간'에서 좀더 깊이 살펴볼 것이다). 토론이나 인터뷰 등은 공부한 내용을 바탕으로 적절하게 그리고 순발력 있게 대답하는 것이 관건이다. 구술시험을 준비할 때에는 동료들과 함께 연습하면서 서로 피드백을 주고받으며 준비하는 게 좋다. 말을 시작하기 전에는 잠시 생각하고 호흡을 가다듬은 다음, 크고 자신 있는 목소리로 답하고, 구술시험 때에는 다른 사람의 말을 잘 듣는 것도 중요하다.

'당일치기' 공부도 전략적으로

되도록 당일치기 공부는 하지 않아야 하지만, 열심히 시험 준비를 하였음에도 하루에 두 과목 이상의 시험을 보게 되면 부득이 당일치기 공부를 할 때도 있다. 이러한 상황에서 상당한 스트레스를 받게 되고, 당일치기해야 하는 과목은 '그만 포기해버려?' 하는 마음도 든다.

당일치기 공부를 해야 한다면 우선 차분함을 유지하고, 남은 시간 동안 어떻게 하는 것이 최선인지 생각해보자. 평소 예습과 복습을 한 학생은 당일치기 공부를 하더라도 좋은 성적을 거둘 가능성이 높다. 경우에 따라 당일치기 상황에서 놀라운 집중력을 발휘하는 학생들도 많기 때문에 당일치기 공부가 힘들다고 해서 미리 포기하지 않도록 한다.

당일치기 공부를 할 때에는 우선 시험 범위를 학인하고 시험 문제에 대한 정보를 수집하도록 한다. 같은 수업을 듣는 동료에게 수업 중 강조되었던 내용을 물어보거나 확인하는 것도 큰 도움이 된다. 또 교재를 읽을 만한 시간적 여유가 없으므로, 교재보다는 노트필기와 유인물을 중심으로 공부하는 것이 좋다.

공부를 시작하면 내용의 흐름부터 파악한 뒤에 주제 및 주요 내용을 반복하여 암기하도록 한다. 그리고 나서 여유가 있다면, 세부 내용을 암기해보자. 당일치기 공부를 할 때에는 전체 내용을 모두 공부하기 어려우므로 중요하거나 수업시간에 강조되었던 내용을 중심으로 공부하는 전략을 세워야 한다.

당일치기 공부를 경험해본 적이 있다면 '다시는 이러지 말아야지' 라는 결심을 할 것이다. 이런 잘못을 반복하지 않도록 당일치기하면서 느꼈던 고통을 기억할 필요가 있다. 당일치기 공부하면서 느꼈던 점이나 앞으로의 결의를 자신에게 이메일로 써서 보내거나 녹음해두자. 그리고 다음 시험공부를 해야 할 때, 자꾸 공부를 미루게 된다면 그때 보냈던 이메일을 읽거나 녹음 내용을 들어보는 것이다.

시험이 끝난 뒤 해야 할 일

시험이 끝났으니 친구들과 모여서 영화도 보고 수다도 떨어야겠지만, 그보다 꼭 해야 할 일이 있다.

우선 시험 기간 중에는 지나간 시험에 대해 생각하면 안 된다. '왜 OO 내용을 빼놓고 썼지?' 또는 '아, 그거 아는 문제였는데…' 등과 같은 후회를 해보아도 돌이킬 수 없다. 그뿐 아니라 아직 남아 있는 다른 과목의 공부에 방해만 된다. 따라서 시험 기간 중에는 다음에 있을 시험 과목만 생각하자.

그러나 시험이 모두 끝난 후라면 시험공부 과정과 시험 결과에 대해 성찰해보는 시간을 가져야 한다. 특히 중간고사가 끝난 뒤라면 무엇이 문제였는지 확실히 파악해야 한다. 그래야 기말고사 때 같은 실수를 하지 않는다. 기대한 결과를 얻지 못하였다면, 무엇이 문제였는지 살펴보자. 무엇보다 교수의 코멘트 또는 피드백을 확인하거나 교수의 채점 기준을 파악하면, 다음 시험을 대비하는 데 큰 도움이 된다. 그리고 자신의 시험 준비가 만족할 수준이었는지도 되돌아본다.

시험 후 하지 말아야 할 일들도 있다. 우선, 교수나 채점자에게 변명을 늘어놓지 않는 것이다. 이따금 답안지 뒤에 교수에게 구구절절 편지를 쓰는 학생들이 있다. "교수님, 제가 어제 심하게 배탈이 나서 응급실까지 다녀오느라 공부하지 못했습니다" 또는 "요즘 집에 일이 있어서 공부할 여유가 없었습니다" 등과 같이 공부하지 못한 이유를 설명하면서 양해를 부탁하는 것이 주된 내용이다. 이러한 변명은 성적에 전혀 도움이 되지 않는다. 오히려 자신에 대한 이미지만 나빠질 뿐이다. 공부는 시험에 임박하여 하라는 것이 아니다. 평소 꾸준히 공부하였다면, 시험 기간에 불가피한 일들이 있더라도 시험을 보는데 별 어려움이 없을 것이다.

또한 부적절한 항의도 하지 않도록 한다. 예를 들어 시험 시간이 부족한 경우, 자신은 맨 뒤에 앉은 바람에 먼저 답안지를 낸 반면, 맨 앞에 앉은 학생은 1~2분 정도 시간이 더 있었다는 등의 불평은 하지 않는 것이 좋다.

이와 같이 시험이 끝난 후에는 변명이나 동정을 받기 위한 호소, 부적절한 항의 등은 하지 말고, 다음에 더 잘하기 위해 어떤 노력과 전략이 필요한가에만 초점을 맞추도록 하자.

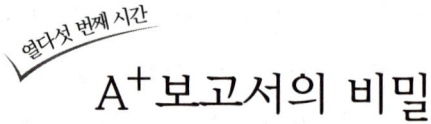

CHAPTER 15

열다섯 번째 시간

A⁺보고서의 비밀

    ○○과목은 교양과목인데, 수강생이 많다. 이 과목은 중간고사와 기말고사 이외에 매달 보고서를 내야 하는데, 나는 나름대로 열심히 검색 사이트를 뒤져가며 자료를 찾고 보고서를 쓴다. 이따금 드는 생각은 '교수님께서 이 많은 학생들의 보고서를 모두 읽으실까? 혹 조교가 채점하는 것은 아닐까?' 하는 것이다.

보고서 성적에 대해서도 궁금한 점이 많다. 지난달 제출한 보고서에서 12장을 쓴 나는 B 학점을 받았는데, 7장을 쓴 내 친구는 A 학점을 받았다. 보고서 채점 기준은 무엇인지, 채점은 공정하게 이루어진 것인지 의심스럽다.

우리에게 주어지는 대학에서의 과제

　고등학교 때까지 주로 어떤 과제를 해왔는가? 선생님이 나누어준 유인물을 읽어오거나 문제를 미리 풀어보는 과제가 주를 이루었을 것이다. 선생님께 과제에 대해 상세한 설명을 요청하기도 하고, 또 교과서 이외에 여러 참고서나 문제집에서 정답과 풀이 과정을 참고하기도 했을 것이다.

　그렇다면 대학의 과제는 어떠한가? 여러 학생들이 대학공부를 시작하며 어려움을 겪는 문제들 중 하나가 이 '과제' 때문이다. 수강과목에 따라 다양한 과제가 요구될 뿐만 아니라 대부분의 과제가 정답도 없고 참고할 풀이 과정도 없다는 점이다. 대학 3학년이 된 한 학생은 대학에서 다섯 학기째 공부를 하면서도 고등학교식의 참고서와 문제집이 없는 대학 과제가 아직도 가장 힘들다고 털어놓기도 한다.

　사실 우리나라의 고등학교 공부는 대학입시를 위한 공부라 해도 과언이 아니다. 따라서 스스로 문제를 해결할 수 있는 능력을 길러주기보다는 짧은 시간 내에 성적을 올릴 수 있는 요점과 요령을 익히는 데 더욱 초점을 맞추고 있다. 이러한 환경에서 공부하는 습관을 가지고 있던 학생들은 막상 대학에서 과제가 주어지면 어떻게 하면 쉽게 할 수 있을지 그 방법을 찾기 위해 노력한다. 그리고 결국 그런 방법이 없다는 사실에 좌절하기도 한다.

이제 과제를 대하는 마음가짐부터 바꾸어야 한다. 대학에 들어오게 된 목적은 무엇일까? 자신의 진로를 위해 필요한 역량을 개발하기 위해서이지 않은가! 아마도 많은 학생들이 동의할 것이다. 그렇다면 어떤 역량을 개발해야 할까?

현대 사회의 특징 중 하나는 지식의 증가 속도가 매우 빠르다는 것이다. 과학영역에 있어서 지식의 증가 속도는 엄청나게 빨라서 최근의 연구결과가 1~2년이 지나면 낡은 지식이 되는 경우도 많다고 한다. 이러한 시대에 필요로 하는 인재는 수많은 정보들 가운데 필요하고 의미 있는 것을 추려낼 수 있고 더 나아가 새로운 지식을 창출할 수 있는 능력을 갖춘 사람이다. 우리는 대학공부를 하면서 바로 이런 능력을 길러야 한다. 대학에서 요구하는 과제들은 이와 같은 능력을 기르기에 가장 좋은 방법이다. 여러 과목에서 주어지는 과제들을 최소한의 노력과 시간을 들여 마쳐야 할 숙제로 여기지 말고, 자신의 잠재력과 능력을 개발할 기회로 생각하자. 생각을 바꾸는 것만으로도 과제가 즐거워질 것이다.

대학에서 제시되는 과제들은 전공에 따라 다양하지만, 인문사회학의 경우 보고서 작성하기, 발표하기, 역할극 등이 보편적이다. 이공계의 경우에는 실험 또는 실습 보고서 작성하기, 프로그램 개발하기 등이 있고, 예체능의 경우 전공에 따른 실기 연습 또는 발표 등이 주를 이룬다. 특히 보고서는 전공을 불문하고 보편적 과제의 유형이지만, 보고서의 목적과 내용 등에 따라 필요한 전략과 준비 과정은 매우 다르다. 다음에서는 대부분의 대학 과제와 관련해서 꼭 기억해야 할 사항을 간략히 살펴보고자 한다.

첫째, 학기 초에 수강 과목들의 과제 종류와 마감일을 정리하자. 개강 첫 수업시간에 과목마다 수업계획서를 받게 된다. 이 계획서를 보면 해당 과목의 목표, 교재, 주별 수업 내용, 그리고 평가 방법 등이 소개되어 있다. 또한 평가 방법에 대한 상세 설명을 보면, 언제까지 어떤 과제를 제출해야 하는지도 명시되어 있다. 당장 제출해야 하는 과제가 아니라고 느긋하게 생각하지 말고, 수첩이나 달력에 여러 과목들의 과제 마감일뿐 아니라 언제쯤 과제를 시작해야 할지도 적어보자. 보다 체계적인 과제 준비가 될 것이다.

둘째, 과제별로 어떤 형식과 내용을 담아야 하는지, 어느 정도의 분량을 준비해야 하는지 등을 확인하자. 고등학교의 과제는 대부분 '다음시간까지' 였을 것이다. 그러나 대학과제는 다음시간까지인 경우가 거의 없다. 즉, 교수가 과제를 공고하는 때부터 제출할 때까지는 상당한 시간이 있다는 것이다. 왜 그렇게 기간을 두는 것일까? 대학 과제는 하루나 이틀 만에 뚝딱 해치울 수 없기 때문이다. 대학 과제가 요구하는 것은 단순히 여러 책이나 다른 사람의 의견을 잘 모아놓으라는 것이 아니다. 대부분의 교수들은 과제를 통해 학생들이 과제와 관련하여 충분히 많은 자료들을 찾아보고 이해하고 소화한 후, 자신의 견해나 성찰의 결과를 밝히기 원한다.

셋째, 양^{quantity}과 질^{quality}을 함께 추구해야 한다. 어떤 학생들은 과제를 제출할 때 양으로 승부하려고 한다. 그러나 질이 뒷받침되지 않으면 아무리 양이 많아도 결코 좋은 과제물로 평가받을 수 없다. 또한 심혈을 기울여 주옥같은 의견으로 채웠더라도 충분히 전달될 만큼 적절한 양으로 채워지지 않는다면 이 또한 좋은 평가를 받기 어렵다. 결국 양과 질이라는 두 마리 토끼를 모두 잡아야 한다.

넷째, 제출하는 데 의의가 있다는 생각을 버려야 한다. 학생들 중에 과제는 제때 제출하기만 하면 점수 차이가 별로 나지 않는다고 생각하는 경우가 종종 있다. 이런 학생들은 중간고사나 기말고사와 같은 시험에는 밤을 새워 공부하며, 학점은 시험으로 결정된다고 믿는다. 물론 시험은 중요하다. 그러나 시험에서 점수 차이가 나는 것만큼 과제에서도 점수 차이가 벌어진다. A$^+$를 받고 싶은가? 그렇다면 절대 과제를 소홀히 해서는 안 된다.

마지막으로 과제는 조교가 평가하지 않는다는 사실을 기억해야 한다. 일부 학생들은 대규모 강의를 수강할 때 '교수님이 정말 이 많은 학생의 과제를 직접 다 보실까?' 라는 의문을 갖는다. 학생 수가 몇 백 명이 되는 대형 강의의 경우, 예외적으로 석사나 박사과정 조교들이 교수와 함께 과제를 평가하기도 한다. 만약 그렇더라도 교수는 구체적인 평가 지침과 가이드라인을 제시하고 조교의 평가가 자신의 평가와 일치하는지 확인한다.

하지만 이것은 앞서 말했듯 일부이고, 대부분의 교수들은 직접 학생들의 과제를 평가한다. 교수들은 이미 해당 분야의 전문가이기 때문에 짧은 시간 내에 학생들의 과제 수준을 정확히 평가하는 능력을 갖추었다. 그뿐만 아니라 '이 과제는 앞서 평가한 어떤 학생의 과제와 유사하다' 는 것도 쉽게 찾아낸다. 여러분이 정성껏 제출한 과제는 제대로 평가 받는다. 이점을 의심하지 말자.

보고서가 갖춰야 할 것들

교과목에 따라 그리고 학습 목표에 따라 다양한 유형의 보고서들이 있다. 다음과 같은 보고서 주제가 제시되었다면, 각각은 무엇에 초점을 맞춘 보고서가 되어야 할까?

- 수업 계획서에 제시된 문헌들 중 미국의 남북전쟁에 관한 참고문헌을 읽고 전쟁 발발 원인, 진행과정 및 결과를 2페이지 내로 정리하기
- 미시경제학과 거시경제학의 차이를 구체적 예를 포함하여 3페이지 내외로 설명하기
- 해방 이후 우리나라는 어떤 정치, 경제, 사회적 혼란을 겪었는지 밝히고, 그 원인과 결과에 대해 논하기

- 성차별에 대한 학자들의 다양한 정의
- 학자들의 관점 차이에 따른 성차별의 정의

보고서 주제를 받고 한숨부터 내쉬지 말고 교수가 무엇을 요구하는지부터 파악하자. 보고서의 주제와 내용, 조건 등은 매우 다양하지만, 보고서의 성격은 다음과 같이 크게 세 가지로 나누어볼 수 있다.

- 단순 요약인가?
- 조사하기인가?
- 주관적 견해와 평가를 포함시키는가?

앞의 사례를 중심으로 살펴보면, 첫 번째 주제인 미국의 남북전쟁에 관한 보고서는 체계적 요약을, 두 번째 주제인 경제학 보고서는 관련 내용에 대해 충실히 조사하기를 요구한다. 세 번째 주제인 우리나라의 정치, 경제, 사회적 혼란에 관련된 보고서에서는 자료 수집도 필요하지만 자신의 이해와 해석, 견해를 밝히는 것이 중요하다. 네 번째와 다섯 번째 주제는 동일한 보고서로 생각될 수도 있다. 그러나 두 가지 주제는 엄연히 다른 문제이다. 네 번째 주제 '성차별에 대한 학자들의 다양한 정의'는 여러 정의를 나열하면 되지만, 다섯 번째 주제 '학자들의 관점 차이에 따른 성차별 정의'는 여러 학자들을 관통하는 차이점을 분명하게 밝혀야 하는 문제이다.

　이와 같이 보고서가 무엇을 요구하는지 정확히 파악하는 것이 성공적인 보고서 작성의 출발점이 되므로, 교수가 기대하는 바를 명확히 확인하도록 하자. 보고서의 기본 성격은 요약, 조사, 평가로 나누어볼 수 있지만 대학에서 요구되는 보고서 종류는 다음과 같이 다양하다. 이들은 단순 요약, 조사, 평가를 넘어 요약과 평가, 조사와 평가, 또는 요약, 조사, 평가 모두를 요구하기도 한다. 보고서의 종류와 예를 살펴보자.

• 서평 또는 평론
- ○○을 읽고 2~3페이지 내외로 서평 쓰기
- ○○○전시회를 보고 평론 쓰기

• 감상문
- 영화 ○○를 보고 느낀 점

• 조사 보고서
- 다문화 가정에 대한 정부 지원 방안
- ○○기업의 마케팅 전략에 대한 소비자 인식

• 논술 보고서
- 국내 대형 마트의 마케팅 전략 효용성

- 답사 보고서
- 조선시대 유적지 중 한 곳을 답사하고 5페이지 분량으로 답
  사기 쓰기

- 실험 보고서
- 사과 갈변을 억제하는 방안에 대한 연구

- 연구 계획서 또는 제안서
- 학기말 팀 과제로 하고자 하는 연구 주제와 목적, 방법 등에
  대해 2페이지 내외로 제안서 작성

- 연구 논문
- 대기오염이 유아의 폐 성장에 미치는 영향 규명
- 대학생의 학습 동기와 학업성취도의 관계

서평이나 평론, 감상문, 답사보고서의 경우, 기본적 요약과 함
께 자신의 견해와 평가가 제시되어야 한다. 조사 보고서라면,
기본적 자료 조사를 바탕으로 타당한 결론을 이끌어낼 수 있어
야 하고 논술 보고서는 주제에 대한 견해가 탄탄해야 한다. 연
구 논문은 요약, 조사, 평가 모두가 필요하다. 어떠한 유형의 보
고서든지 반드시 갖추어야 할 요건이 있다. 다음과 같은 기본적
인 요건이 갖추어지지 않으면 좋은 보고서로 평가받을 수 없다.

• 성실성

자료수집, 검토, 그리고 정리까지 성실하고 진지하게 임해야
한다. 한결같은 노력이 뒷받침되지 않으면 급히 보고서를 작
성·마무리 하게 된다. 그러면 서론에서 큰 계획을 제시한 후
끝이 흐지부지한 용두사미로 끝나게 된다.

• 객관성

인문·사회과학적 현상은 보는 이의 관점에 따라 다르게 해
석될 가능성이 있다. 따라서 주관을 객관적으로 입증할 수 있
어야 한다. 즉 자신의 주장만을 늘어놓아서는 안 된다. 그 주장
을 뒷받침할 만한 객관적 근거와 자료가 있어야 한다. 이공계
역시 실험조사 결과를 증명할 수 있는 객관적 데이터가 반드시
함께 제시되어야 한다.

• 창의성

논리적 사고, 비판적 사고와 평가를 통해 독창적이고 창의적
으로 문제에 접근해나가고 해결하는 모습을 보여야 한다. 앞서
비판적 사고와 창의적 사고에 대해 언급한 내용을 기억하는가?
그러한 사고력을 바탕으로 새로운 방법론을 적용하거나 새로
운 해석, 새로운 결론을 도출해보도록 하자.

- 정확성

모든 보고서는 정확한 글쓰기가 되어야 한다. 이를 위해 인용 및 자료출처를 정확히 밝히고 어휘 및 용어, 문장을 정확히 구사하는 일도 중요하다.

보고서는 어떤 절차로 쓰는가?

많은 학생들이 보고서를 쓸 때, 어디부터 어떻게 시작해야 할지 막막함을 호소한다. 다음 보고서 작성 절차가 보고서를 쓰는 데 유용한 이정표가 되길 바란다.

- 주제 결정하기
- 자료 검색 및 수집하기
- 개요 작성하기
- 글쓰기
- 검토 및 수정하기

실제로 학생들이 보고서를 작성하는 과정을 살펴보면, 주제 결정, 자료 수집, 글쓰기의 세 단계로 이루어지는 경우가 많다. 즉 개요 작성이나 검토 과정이 생략되는 것이다. 개요를 미리 작성하지 않거나 마지막 검토 과정을 거치지 않아도 보고서를 만들 수 있다. 하지만 보다 충실한 보고서를 작성하기 위해서 반드시 모든 절차를 거치도록 하자. 각 단계에서 이루어져야 하는 활동들은 다음과 같다.

첫 번째로 주제의 경우, 자유 주제일 수도 있고 주제 범위가 지정될 수도 있다. 어떤 경우이든 보고서를 작성하기 위해서는 더 구체적인 주제로 좁혀야 한다. 특히 자유 주제라면 평소 자신이 관심을 가져왔던 문제를 선정하되 스스로 감당할 수 없을 정도로 모호하거나 방대해지지 않도록 주의해야 한다. 예를 들어 여성학 수업을 수강할 때 '여성과 관련된 자유주제'로 보고서를 써야 한다면 어떤 주제를 다룰 수 있을까? '여성과 관련 법조항', '세계의 여성 정치인들', '숨은 성차별' 등을 생각해 볼 수 있다. 여기에서 한 발짝 더 나아가 너무 단순하지 않으며 참고자료를 수집할 수 있고 자신이 나름의 견해를 제시할 수 있는 주제로 좁히는 것이 필요하다. 주제를 결정한 후 교수의 의도에 부합하는지 확신이 들지 않는다면, 사전에 상담을 요청하여 교수에게 조언을 받는 것이 좋다.

자료 검색 및 수집은 보고서 작성의 근거와 논리를 구성하는 데 매우 중요한 활동이다. 보고서 주제에 맞는 자료를 검색하고, 믿을 만한 출처의 자료를 선별해야 한다. 자료수집 후, 일부 학생들은 '이 자료를 찾는 데 얼마나 힘들었는데… 꼭 써야지'라는 생각으로 불필요한 자료를 버리지 않고 이용하기도 한다. 보다 완성도 높은 보고서를 쓰기 위해서는 찾은 자료의 가치를 판단하는 안목과 필요하다면 과감히 버릴 수도 있는 결단력도 필요하다.

자료를 읽고 공부한 후, 주제에 대해 어떻게 보고서를 전개해 나갈지 생각을 정리하는 것이 바로 개요 작성 단계이다. 이 단계 에서는 보고서의 주제와 목적을 고려하여 전체 내용을 조직하고 흐름을 정리하도록 한다. 시간이 부족하여 개요 작성을 생략한 다면, 글쓰기 단계에서 오히려 더 많은 시간이 소요된다. 개요 작성은 논리적 글쓰기를 가능하게 할 뿐 아니라 글 쓰는 시간을 줄이는 데에도 도움이 되므로 반드시 거치도록 한다.

앞서 예를 든 바와 같이 '여성과 관련 법조항'이라는 주제로 정하였다면, 구체적으로 어떻게 논의를 전개해나갈 수 있을까? 여러 나라의 여성 관련 법조항을 비교할 수도 있고, 우리나라 관련 법조항의 변천에 대해 논할 수도 있다. 또는 여성에게 불 리한 법조항과 유리한 법조항들을 비교할 수도 있으며, 경우에 따라 이 모두를 다룰 수도 있다. 어떤 내용을 어떤 순서로 전개 해나갈지 결정하였다면 본격적 글쓰기는 훨씬 수월해진다.

글쓰기를 할 때는 우선 자신이 전하고자 하는 의견이 정확히 전달되도록 힘써야 한다. 간혹 미사여구나 현학적 표현을 지나 치게 많이 사용하거나 만연체로 글을 쓰는 학생들이 있다. 이 렇게 되면 보고서를 읽는 사람이 도통 무슨 말인지 이해하기 힘들다. 읽는 사람이 쉽고 정확하게 알 수 있게 쓰는 것이 매우 중요하다. 또한 아주 간단한 보고서가 아닌 경우 서론, 본론, 결 론 순으로 짜임새 있게 논리적으로 전개해나가는 것이 좋다.

인문사회계열의 경우, 서론에서는 주제를 선정한 동기나 필요성, 연구목적, 연구의 의의, 제한점 등을 다루고, 본론에서는 주요 개념, 이론적 배경, 관련 선행연구 등을 제시하도록 한다. 결론에서는 논의, 요약, 제언, 시사점 등을 쓰면 좋다. 자연과학계열의 실험 및 조사보고서라면 연구 목적, 이론적 배경, 연구 대상, 측정 도구, 연구 절차, 실험 및 조사 결과, 해석 및 논의 등을 제시하도록 하자.

보고서를 작성한 후에는 마지막으로 검토 및 수정·보완의 절차를 꼭 거쳐야 한다. 보고서가 논리적인지, 혹은 통일성이 있는지, 객관적이고 정확한지 등에 대해 확인하고, 맞춤법과 오·탈자도 검토한다. 또한 내용 못지않게 형식도 중요하므로 목차, 페이지 번호, 참고문헌 등도 잊지 않고 검토하도록 한다.

자료수집의 달인 되기

보고서의 신뢰성과 정확성, 객관성을 높이기 위해서는 자료 수집이 매우 중요하다. 보고서 작성을 위한 자료는 우선 믿을 만한 출처에서 수집해야 한다. 이를 위해 도서관에서 서적이나 잡지 등을 찾아보는 것이 좋다.

요즘은 보고서를 작성할 때 검색 사이트를 이용하여 자료를 찾는 학생들이 많다. 워낙 무분별하게 자료가 범람하고 있어서 온라인에서 정보를 얻을 때는 더욱 주의를 기울여야 한다. 포털 사이트 또는 전자신문 등을 이용할 경우, 개인 블로그의 자료는 이용하지 않는 것이 좋다. 또한 집필가가 해당 분야의 전문가인지 확인하고, 가능하면 검증 받은 기관의 보고서나 조사기관의 통계와 설문 결과 등을 활용하는 것이 좋다. 온라인에서 학술 자료를 찾을 경우, 다음과 같은 사이트를 이용하는 것이 신뢰성을 확보할 수 있다.

- 한국교육학술정보원(http://www.riss4u.net)
- 국가과학기술전자도서관(http://www.ndsl.or.kr)
- 국가전자도서관(http://www.dlibrary.go.kr)
- 국회도서관(http://www.nanet.go.kr)
- 국립중앙도서관(http://www.nl.go.kr)

전공 분야와 관련하여 최신의 깊이 있는 자료를 구할 수 있는 또 다른 좋은 방법은 학술 DB나 저널을 이용하는 것이다. 대부분의 대학들이 도서관 사이트를 운영하고 있으며, 도서관 사이트에서 다양한 학술 DB들을 연결해놓고 있다. 자신의 전공과 관련하여 대표적 국내외 저널이 무엇인지 알고 있는가? 적어도 각 2개 이상의 저널은 알아두도록 하자. 온라인 저널들은 주제별, 저자별, 연도별 등 다양한 검색 기능을 제공하고 원문 서비스를 받을 수 있는 경우도 많기 때문에 믿을 만한 전문 자료를 수집하는 데 매우 유용할 것이다.

보고서 유형에 따른 작성 전략

보고서는 형식과 내용에 따라 몇 가지 유형으로 나누어볼 수 있으며, 유형에 따라 작성 전략이 다르다. 지금부터 보고서의 대표적 유형인 서평, 감상문, 조사 보고서, 답사 보고서, 계획서에 대하여 살펴보자.

• 서평

서평은 과제로 많이 부과되고 있으며, 특정 책을 읽고 그 책의 몇 가지 주제에 관해 중점적으로 논의하는 글이다. 그러나 일부 학생들은 서평을 책 내용에 대한 요약 또는 감상을 정리하는 것으로 잘못 알고 있다.

서평을 쓸 때에는 우선 적절한 제목을 붙이는 것이 중요하다. 많은 학생들이 'OO을 읽고'와 같은 초등학교 시절 독후감 제목처럼 작성하는데, 서평의 제목에는 자신이 이야기하고자 하는 핵심 내용을 함축적으로 표현해야 한다. 또한 제목 다음 줄에 책의 제목, 저자, 출판사, 발행 연도 등을 정확히 기재하고

서론에는 책과 저자에 대한 간략한 소개가 포함되는 것이 좋다.

간혹 요약이 너무 많은 분량을 차지하기도 하는데, 교수가 서평에서 기대하는 것은 학생들이 책의 내용을 충실히 이해하고 나름대로 비판적 관점을 유지하느냐. 그러므로 요약은 간략히 한 후, 책의 취지와 목적에 비추어볼 때 자신이 느낀 아쉬웠던 점들을 피력하도록 한다.

서평과 관련하여 학생들이 가장 어려워하는 부분은 책에 대해 비판적 견해를 갖는 것이다. 이 부분은 단기간에 되기 어렵다. 일단, 자신의 수준에서 이야기할 수 있는 만큼만 '자신의 말'로 표현하도록 한다. 남이 평가해놓은 것을 마치 자신이 한 이야기인양 해서는 안 된다. 굳이 인용을 할 때는 인용법을 정확히 지켜야 한다. 자신의 글과 책의 내용이 혼재되어 누구의 말인지 구분하기 어려운 경우가 많으므로 인용법을 정확히 지켜 이러한 문제가 발생하지 않도록 주의하자.

• 감상문

감상문은 문학작품을 읽은 후, 또는 영화, 연극, 음악회, 전시회 등을 관람하고 나서 작성하는 경우가 많다. 대체로 자유 형식으로 쓰는 것이 허용된다. 하지만 자유 형식일수록 어떻게, 어디까지 자유롭게 써야 하는지 많은 학생들이 혼란스러워한다.

감상문은 비평문의 연장선상에 있으나 감상이나 느낌을 표현하는 것이 허용된 글쓰기이다. 감상문을 쓸 때에는 단순히 감상들을 나열하지 말고, 자신이 말하고자 하는 감상의 요지가 무엇인지 명확히 드러나도록 하자. 또한 감상문이라고 하여 지나친 감상으로 인해 감정적이 되지 않도록 표현을 적정 수준으로 유지하도록 한다.

• 조사 보고서

조사 보고서는 특정 대상이나 주제에 대해 조사한 내용을 보고하는 글로, 대체로 기본 형식이 정해져 있으며 이를 지키는 것이 중요하다. 조사 보고서는 서론, 본론, 결론으로 구성하는 경우가 많다. 서론에서는 연구의 목적 및 필요성과 연구문제를 밝히고, 본론에서는 조사 방법과 결과를 기록하고, 결론에서는 결과에 대한 해석과 함의 및 시사점을 기록하는 것이 일반적인 방법이다. 조사 보고서 전체에 걸쳐 조사의 목적과 의도가 잘 드러나야 하고, 일관성 있게 전개하는 것이 중요하다.

• 답사 보고서

답사 보고서는 감상문과 유사한 특성을 갖는다. 답사의 목적과 여정 등을 염두에 두고 객관적 사실과 자신의 소감을 균형 잡히게 서술해야 한다. 간혹 '이래서 좋았다. 저래서 좋았다' 등 긍정 일변도의 답사 보고서를 작성하는 학생들도 있다. 이때는 답사 대상에 대해 비판적 관점도 유지해야 한다. 즉, 답사 보고서는 균형 잡힌 관점이 피력되어야 한다.

• 계획서

계획서는 기말 보고서나 조별 프로젝트에 대한 계획을 작성하는 보고서이다. 계획서를 작성할 때에는 무엇을 어떻게 하겠다는 것이 일목요연하게 표현되어야 한다. 학생들이 계획서를 작성할 때 흔히 하는 실수는 너무 많은 것을 포함하여 정확히 무엇을 하겠다는 것인지 전달되지 않거나 실현가능성이 낮은 계획서를 만드는 것이다. 또한 계획서를 작성해감에 따라 욕심을 부려 주제의 범위가 지나치게 확장되는 문제도 생길 수 있으므로 주의해야 한다.

인용과 참고문헌 표기하기

보고서를 작성하다 보면, 근거와 논거를 제시하는 과정에서 다른 사람의 글을 인용하게 된다. 이때에는 올바른 인용 형식을 따라야 한다. 다른 사람이 쓴 글의 정확한 출처를 밝히지 않고 자신이 쓴 글처럼 옮기는 것은 표절 문제를 야기할 수 있으며 비윤리적 행위라는 것을 명심하자.

인용에는 직접인용과 간접인용이 있다. 직접인용은 인용 원문을 그대로 옮겨쓰는 것이며, 원문 표현이 가장 적절하다고 판단되거나 인용 부분의 중요성이 클 때 직접인용을 쓴다. 직접인용에서는 내용, 표기, 구두점 등 모든 것이 원문과 일치해야 한다. 만약 직접인용을 하면서 원문과 달리 표현한 부분이 있으면 반드시 달라진 부분에 대한 부연 설명을 해주어야 한다.

간접인용은 원문의 내용과 의도가 왜곡되지 않게 문장을 재구성하여 표현하는 인용방식을 의미한다. 간접인용은 원문을 요약하거나 부연함으로써 이루어지는데, 인용하는 사람의 주관적 생각을 넣어서는 안 된다. 인용하는 사람의 주관적 생각이 추가되는 경우, 원저자의 뜻을 왜곡할 수 있으며 원저자의 생각인지 인용자의 생각인지 구분하기 어렵게 되기 때문이다. 간접인용도 지나치게 많은 것은 좋지 않지만, 인용은 기본적으로 간접인용을 하는 것이 좋다.

직접인용인지, 간접인용인지에 따라 표현하는 방법은 달라진다. 직접인용의 표현법은 두 가지로 나뉘게 되는데, 만약 인용하는 내용이 3줄 이내, 영문의 경우 40단어 이하로 짧은 경우에는 다음과 같이 표현할 수 있다.

| 예 | 그들은 "인용에는 크게 직접인용과 간접인용이 있습니다"(김재웅, 양미경, 채서영, 2006, p.72)라고 하였다.

김재웅, 양미경, 그리고 채서영(2006)은 "인용에는 크게 직접인용과 간접인용이 있습니다"(p.72)라고 하였다. |

▶ 직접인용의 예(1)

3줄 이상의 긴 인용문은 따로 분리하여 기술하되, 인용문의

위와 아래를 한 줄씩 띄우고 좌우로 3글자, 영문의 경우 5칸을
들여 쓰도록 한다.

| 예 | 김재웅, 양미경, 그리고 채서영(2006)은 인용에 대하여 다음과 같이 설명하였다.

　　인용에는 크게 직접인용과 간접인용이 있습니다. 직접인용은 제3자의 저술 내용을 그대로 인용하는 것으로서, 인용 원문(단어, 철자, 두구점 등)과 정확히 일치하게 옮기는 것을 원칙으로 합니다. 간접인용의 경우에는 원문의 내용과 의도가 왜곡되지 않도록 유의해야 합니다. (p. 72)

다음에서는 직접인용과 간접인용이 무엇인지 살펴본 후 인용 방법에 대해 구체적으로 고찰하고자 한다. |

▶ 직접인용의 예(2)

　간접인용의 경우, 저자가 국내저자인지 국외저자인지, 그리
고 저자의 수가 몇 명인지에 따라 저자표기법이 다소 다를 수
는 있으나 다음과 같이 인용하도록 한다.

| 예 | 김재웅, 양미경, 그리고 채서영(2006)은 직접 읽지 않은 글을 읽은 것처럼 인용하는 행위는 연구자로서의 자존감을 떨어뜨리는 일이라 하였다.

직접 읽지 않은 글을 읽은 것처럼 인용하는 행위는 연구자로서의 자존감을 떨어뜨리는 일이다(김재웅, 양미경, 채서영, 2006). |

▶ 간접인용의 예

어떠한 형식의 인용을 하든지, 본문 중에 인용된 모든 참고 자료의 정확한 출처는 보고서의 뒷부분 참고문헌 목록에 제시하여야 한다. 참고문헌 및 주를 다는 법은 APA^{American Psychological Association}, MLA^{Modern Language Association}, 시카고^{Chicago}, 튜라비안^{Turabian}, ACS^{American Chemical Society}, 그리고 벤쿠버^{Vancouver} 스타일 등에 따라 다양한 방식이 존재하며 또 학문분야에 따라 적용하는 방법도 다르기 때문에 일률적으로 어떻게 표기해야 한다고 말하기 어렵다. 그러나 참고문헌은 일정한 규칙과 순서에 따라 표기되며 대체로 저자명, 발행년도, 문헌명, 출판 정보 등의 내용을 담고 있어야 한다.

국내문헌과 국외문헌을 표기할 때는 먼저 국내문헌을 저자명의 가나다순으로 표기한 후, 국외문헌을 저자명의 알파벳순으로 나열한다. 참고문헌 표기 방법은 국내단행본, 국외단행본, 국내논문, 국외논문, 그리고 전자문서 등에 따라 표기법이 다르며, 저자의 수와 편저 여부 등에 따라 달라지지만, 일반적 표기형식은 다음과 같다.

단행본	저자(연도). 서명. 지역 : 출판사. 김재웅, 양미경, 채서영 (2006). 교육연구와 논문작성. 서울 : 서강대학교 교육대학원. Dembo, M. H. (2004). *Motivation and learning strategies for college success : A self-management approach.* NJ : Lawrence Erlbaum Associates.

	저자(연도). 제목. 저널명, 권(호), 페이지
정기간행물	장미옥 (1997). 자기 주도 학습을 위한 준비. 사회교육학연구, 3(2), 109-127. Garnet, R. & Alexander, P. A. (1989). Metacognition: Answered and unanswered questions. *Educational Psychology*, 24(2), 143-158.
인터넷상의 자료	저자(연도). 제목. URL, 검색일. 교육인적자원부, 한국교육개발원 (2006). 교육백서. http://www.nhrd.net/nhrdapp/jsp/tre0302. jsp?sSeq=2007 0073, 2007년 8월 12일 검색.

A⁺보고서의 비밀

보고서의 종류에 따라 채점 기준이 달라지지만, F 또는 D, C, B, 그리고 A학점을 받는 보고서들은 다음과 같은 특징을 갖는다. A⁺보고서를 쓰고 싶다면 꼭 기억해두자.

F 또는 D보고서는 예를 들어, '나는 OO가 좋다'고 주장하다가 '나는 OO가 싫다'고 하는 것처럼 내용의 일관성이 없고 모순 되는 내용을 담고 있다. C보고서는 '나는 OO가 좋다'고 주장할 뿐, 왜 좋은지 근거를 충분히 제시하지 못하는 경우이다. B보고서는 주장도 있고 근거도 있으나, 일관성이 부족하고 논리적으로 연결되지 않는 것이다.

마지막으로 A보고서는 주장하는 바와 그 근거들이 충분히 창의적으로 일목요연하게 설명한 경우이다. 예전에 작성했던 보고서를 가지고 있다면 다시 한 번 살펴보자. 어떠한 이유에서 그 점수를 받았는지 철저히 분석하고 평가해보면, 다음 보고서에서는 분명 A⁺를 받을 것이다.

F, D	• 내용 모순 • 유기적 흐름 결여 • 철자와 문법 오류
C	• 주장에 대한 근거 부족
B	• 문장, 문단의 논리 부족
A	• 생동감 있게 정확한 주제 전달 • 풍부하고 객관적 정보, 근거 제시 • 독창적 아이디어의 논리적 전개

▶ 보고서 채점기준

CHAPTER 16

열여섯 번째 시간

프레젠테이션의 모든 것

나는 내가 말을 잘한다고 생각해왔다. 그래서 겁 없이 대학 1학년 때 수업에서 조 대표가 되어 발표를 했었다. 먼저 발표했던 선배들의 잘 만들어진 파워포인트 자료와 논리정연한 말솜씨에 기가 죽었고, 막상 발표 자리에 서니 가슴이 쿵쾅거리고 목소리마저 떨렸다. 빨리 발표를 마치고 싶은 마음에 말이 점점 빨라져 마치 랩을 하는 것 같았고, 결국 무슨 말을 어떻게 하고 내려왔는지 모르게 발표를 마쳤다.

그리고 이후 프레젠테이션 울렁증이 생겼다. 이제는 조 발표가 있으면, 발표는 하지 않는 대신 발표 준비를 담당하고 있다. 내가 만든 자료로 앞에 나가서 멋지게 발표하는 친구를 보면 '내가 저 자리에 있으면 얼마나 좋을까?' 하는 생각이 든다. 게다가 요즘은 취업할 때 프레젠테이션 면접을 하는 곳도 많다는데, 어떻게 해야 이 울렁증을 극복할 수 있을까?

왜 대학에서 프레젠테이션을 요구할까?

1974년 미국 토론토 대학 보고서에 의하면, 인간이 세상에서 가장 두려워하는 것은 '대중 앞에 서서 연설하기' 라는 조사 결과가 나왔다. 많은 사람들의 주목을 받으며 이야기하는 것은 친구나 가족들과 이야기를 나누는 것과는 큰 차이가 있다. 평소에 말 잘한다는 이야기를 듣는 학생들도 강의실 앞에 나와 발표할 때는 얼굴이 빨개지거나 준비한 내용을 잊어버리는 일이 종종 발생한다. 그리고 이런 경험을 한 학생들은 발표에 대한 두려움이 커져 발표할 기회를 피하게 된다.

요즘 대학에서는 발표 수업이 많아지고 있다. 교수는 학생들이 적극적으로 자신의 생각을 표현하기를 기대한다. 이는 대학뿐만이 아니다. 어떤 기업에서는 신입 사원 면접을 볼 때, 과제를 주고 파워포인트 자료를 만들어 발표할 것을 요구하기도 한다. 직장에 들어간 뒤에도 프레젠테이션 능력을 요구하는 곳이 많다. 예를 들어 광고회사의 경우, 어떤 아이디어나 기획이 있다면 팀이나 클라이언트 앞에서 프레젠테이션을 해야 할 일이 자주 생기게 된다. 프레젠테이션은 전공을 불문하고 현대 사회를 살아가는 인재들이 갖추어야 할 역량 중 하나이다. 대학에서 익혀둔 프레젠테이션 실력은 졸업 후 직장생활을 하는 동안에도 여러모로 유용하게 사용될 것이다.

그렇다면 어떤 것을 프레젠테이션이라고 할까? 다음 중 프레젠테이션에 해당하는 것은 무엇인지 골라보자.

- 기말 팀 프로젝트에서의 발표
- 스터디그룹 모임에서의 회의
- 물건 값을 깎아달라고 흥정하는 것
- 입사 면접
- 엘리베이터 안에서 교수님께 프로젝트 진행 사항에 대해 간략히 보고하는 것
- 부모님께 용돈을 올려달라고 이야기하는 것

　몇 가지를 선택하였는가? 놀랍게도 위의 상황 중 프레젠테이션이 아닌 것은 없다. 모두 다 프레젠테이션이다. 많은 사람들이 프레젠테이션은 일정 수 이상의 청중들 앞에서 형식을 갖추어 이야기하는 것이라고 생각한다. 물론 전형적인 프레젠테이션의 모습은 그러하다. 그러나 위의 보기에서 살펴본 것과 같이 프레젠테이션은 때와 장소를 가리지 않는다. 도대체 프레젠테이션이란 무엇일까? 몇 가지 생각해볼 수 있다.

- 이야기하는 사람이 바라는 방향으로 상대방에게 동기를 부여하고 이해시키려는 행위
- 상대방을 설득하여 어떤 행위를 하도록 결정하게 만드는 것
- 다양한 방법과 매체를 활용하여 자신의 의사를 표명하는 행위

• 자신의 기획, 제품, 기술 등에 관해 어떤 목적을 달성시키기 위해 제한된 시간 내에 효과적으로 의견을 전달하는 기술

간단하게 말하자면 프레젠테이션은 원하는 것을 얻어내는 커뮤니케이션 기술이라고 볼 수 있다. 즉 프레젠테이션은 일방적으로 자신의 생각이나 의견을 전달하는 것이 아니라, 상대방과 교감을 유지하면서 발표자가 원하는 목적을 달성하는 적극적 의사소통 방법이다.

프레젠테이션할 때는 단순히 말만 잘하면 되는 것이 아니라, 상대방의 반응을 읽고 양방향 커뮤니케이션을 할 수 있어야 한다. 또한 제한된 시간 내에 이루어지기 때문에, 어떻게 시간관리를 하느냐도 중요하다. 그리고 요즘의 프레젠테이션은 '말하는 것' 못지 않게 '시각 자료를 보여주는 일'도 프레젠테이션에 지대한 영향을 미친다. 프레젠테이션은 정해진 형식 안에서만 이루어지지도 않으며, 이성적 논리에 의해 좌우되지도 않는다.

혹시 달변이 아니어서, 논리적이지 못해서, 임기응변에 약해서 등의 이유로 프레젠테이션에 자신이 없었다면 이 책을 통해 도움을 얻길 바란다. 프레젠테이션을 구성하는 데는 많은 요소가 있기 때문에 자신이 부족한 것은 다른 요소들로 얼마든지 보완하여 성공적으로 끝낼 수 있다. 열심히 발표 준비를 하고도 정작 스포트라이트는 다른 사람에게 돌아가 서운했다면, 이제 프레젠테이션 능력을 길러보자.

프레젠테이션의 방향 설정하기

왜 프레젠테이션을 어렵다고 생각할까? 그 근본적인 이유를 곰곰이 생각해보자. 어렵게 생각되는 이유 중 하나는 체계적 준비 없이 무조건 하고 본다는 생각 때문이다. 성공적 프레젠테이션을 위해서는 '누구에게', '무엇을 위해' 프레젠테이션을 하는지 명확히 하는 게 좋다. 즉 목표 달성을 위해 어떤 전략이 필요한지 방향을 설정해야 한다.

일반적으로 프레젠테이션의 방향을 설정하기 위해 3P 분석을 주로 실시한다. 3P는 대상^{Person}, 목적^{Purpose}, 그리고 장소^{Place}를 의미한다. 각각에 대해 한번 살펴보자.

대상은 프레젠테이션을 듣는 청중을 의미한다. 이들의 성별, 연령, 학력, 주제에 대한 친숙도 및 견해 등에 대해 많이 알수록 좋다. 만약 수업 중 프레젠테이션을 해야 한다면 같은 수업을 듣는 학생들이 청중이 된다. 따라서 대체로 자신과 비슷하다고 생각하기 쉽다. 그러나 대상에 대한 분석에 별다른 주의를 기울이지 않다가는 낭패를 당할 수 있다. 수업에 따라 구체적으로 대상을 분석하는 태도가 필요하다.

교양 수업의 경우, 수강생들의 학년이나 전공 등이 다르다. 따라서 여러분이 발표하는 내용에 대한 이해 수준에 차이가 있을 수 있다. 따라서 가능한 쉬운 용어를 사용하고, 내용을 차근차근 설명할 필요가 있다. 반대로 전공 수업의 경우는 발표 내용에 대한 수강생들의 이해 수준이 비슷하다. 그렇기 때문에 일부 내용을 생략하거나 전공 용어 등을 자유롭게 사용해도 좋다.

다음으로 할 일은 프레젠테이션의 목표를 분석하는 것이다. 이 목표에 따라 정보수집 방향이나 전달 전략 등이 달라져야 한다. 학생들의 발표 수업 목적은 정보전달 또는 보고인 경우가 대부분이다.

정보전달을 목표로 한다면 사실적이고 객관적이며 풍부한 자료를 수집하는 것이 중요하다. 요즘은 정보가 빠르게 변하거나 증가한다. 그러므로 최신의 정보인지 확인하는 일도 필수적이다. 또 하나 기억해야 할 사항은 주제에 대하여 청중이 알고 싶어 하는 정보인지도 고려해야 한다. 발표를 준비하다 보면, 발표자는 거기에 몰입하여 자신이 생각하기에 중요한 정보라고 생각되는 내용으로만 구성하게 된다. 자칫 우물 안 개구리가 될 수도 있다. 기획 단계에서 발표하고자 하는 내용에 대해 청중들은 어떤 생각을 하고 있으며, 무엇을 궁금해하는지 파악해야 한다. 보고가 목적인 경우는 조직적 정리가 중요하다. 발표 내용에 따라 시간 순서로 제시할 것인지, 원인과 결과 중심의 인과관계를 명시할 것인지 등의 흐름을 계획한 후, 간결하고 일목요연하게 발표해보자.

마지막으로 발표 장소에 대한 분석도 필요하다. 수업에서 발표할 때에는 익숙한 강의실이기 때문에 좌석배치나 기자재, 주변 환경 등에 대해 특별한 확인이 필요하지 않다. 그러나 낯선 장소라면, 사전에 확인해두어야 발표할 때 당황하지 않게 된다. 특히 기자재 확인은 매우 중요하다. 가끔 기자재 확인을 제대로 하지 못해 우왕좌왕 시간을 보내는 경우가 있다. 그러면 금세 분위기가 산만해져 나중에 발표를 시작하더라도 청중들을 집중시키기가 어렵다.

기획 단계에서 이루어져야 할 또 다른 중요한 일은 자료를 수집하고 내용을 설계하는 것이다. 자료는 반드시 신뢰할 만한 정보원을 이용해야 한다. 신문이나 잡지, 전문서적, TV, 인터넷 등의 매체나 연구소, 협회 등의 기관, 동료 및 선후배 등의 인맥으로부터 정보를 구할 수 있다. 자료는 반드시 신뢰할 수 있고 객관적이며 풍부해야 한다.

내용을 설계할 때는 '숲을 먼저, 나무를 나중에' 라는 생각으로 큰 뼈대부터 기획하는 것이 좋다. 대부분의 프레젠테이션은 서론 – 본론 – 결론의 3단 구성을 이용한다. 그 이유는 3단 구성이 청중에게 친숙하고 기억하기 좋으며 안정감이 있기 때문이다. 따라서 서론, 본론, 그리고 결론에서 각각 어떤 이야기를 할 것인지 먼저 계획을 세운 후, 점차 세부 내용을 구성하도록 하자.

시각자료가 힘이다

인간의 오감별 정보 수집에 대한 연구에 의하면 시각을 통해 약 83%, 청각을 통해 약 11%의 정보를 받아들이게 된다. 이러한 이유로 메시지를 효과적으로 전달하기 위해서는 시각과 청각을 적절히 활용해야 한다.

말로 전하는 메시지는 '시간'이란 것을 이용하여 전달된다. 따라서 제한된 시간 내에 행해지는 프레젠테이션은 많은 내용을 전달하기에 한계가 있다. 반면, 시각자료를 통한 메시지는 '공간'이란 것을 이용하여 전달된다. 그러므로 시각자료를 잘 이용하면 단시간에 많은 메시지를 간결하게 전달할 수 있어 일정 시간 내에 압축적으로 내용을 전달하는 프레젠테이션의 성격상 시각자료를 효과적으로 제작하는 것 또한 매우 중요하다. 다소 미흡한 자료를 내보이며 자신의 '말솜씨' 하나만 믿고 발표에 임하는 학생들이 있다. 아무리 청산유수처럼 말을 하더라도 보이는 자료가 허술하면 말하는 내용까지 허술하게 느껴진다는 점도 잊어선 안 된다.

프레젠테이션을 할 때 파워포인트를 이용한 자료 제작이 일반적이다. 많은 학생들이 파워포인트라는 프로그램을 사용하는데 기능이나 기술적인 면에서는 별다른 어려움을 겪지 않는다. 대학에서 교양으로 컴퓨터 수업이 있어 파워포인트를 배우기도 하고, 인터넷에 제작 방법을 알려주는 팁도 많기 때문이다.

그러나 시각자료 준비를 위해 필요한 것은 파워포인트를 다루는 기술이 아니라, 메시지를 어떻게 명확하게 표현하는가에 대한 이해이다. 듣는 사람들에게 혼란을 주는 시각자료라면 없는 것만 못하다. 그렇다면 어떤 식으로 시각자료를 제시하면 될까? 지금부터는 파워포인트 자료를 중심으로 기본적인 메시지 표현 방법에 대해 살펴보도록 하자.

시각자료를 만들 때의 기본 원칙은 '간결하고 짧게'이다. 이를 위해서는 이미지나 차트, 그래프 등을 활용하는 것이 좋다. 또한 시각자료에 포함되는 텍스트는 읽기 쉽고, 알아보기 쉽게, 그리고 눈에 띄도록 표현해야 한다. 그래야만 읽는 사람이 보고 이해하고 기억할 수 있다. "3월의 목표는 토익 700점 달성이다"라는 메시지를 전달하고 싶다면 이 문장을 모두 기록할 필요 없이 "3월 목표 : 토익 700점" 정도만 적어도 된다.

파워포인트 자료는 슬라이드 디자인, 글자, 그리고 색깔까지도 중요한 역할을 한다. 물론 파워포인트 프로그램 내에 다양한 기본 슬라이드 디자인이 제공되고 있긴 하지만 상황에 따라 잘 선택해야 한다. 만약 지역별 축제 문화에 관련된 주제라면 폭죽이 터지는 슬라이드 디자인을 선택해도 된다. 하지만 한일 관계라든가, 경제 위기 등의 내용이라면 이는 어울리지 않을 것이다. '배경이 그리 중요할까?' 생각하지 말고 프레젠테이션의 주제 및 내용, 대상 등을 고려하여 선택하도록 하자. 슬라이드 기본 디자인이 화려하거나 구체적인 비주얼이 표현된 경우, 발표 자료 제작에 여러 가지 제한점이 생길 수 있으므로 되도록 피하는 것이 좋다.

보고서 등을 만들 때, 대부분 자신이 좋아하는 글씨체를 사용한다. 보고서를 작성할 때 어떤 글씨체를 자주 쓰는가? 요즘에는 제품에 적힌 제품명이나 책표지에 적힌 제목 등만 봐도 글씨체가 참으로 다양하게 사용된다는 걸 알 수 있다. 그만큼 글씨체는 보는 사람에게 큰 영향을 끼친다. 파워포인트 자료를 만들 때는 어떤 글씨체가 효과적일까? 글자의 모양에 따른 효과를 한번 살펴보자.

글자의 모양은 크게 세리프^{serif}와 산세리프^{sanserif}로 나누어볼 수 있다.

serif   sanserif

세리프는 글씨 끝에 돌기 같은 것이 있고, 글자의 굵기가 동일하지 않다. 반면, 산세리프는 글자의 굵기가 동일하고 장식적 요소가 없다. 파워포인트 자료는 프로젝터로 투사하는 경우가 많은데, 빛으로 투사할 때 세리프체로 쓰인 글씨는 가독성이 떨어질 수 있다. 따라서 가능한 산세리프체로 시각자료를 만드는 것이 좋다. 대표적인 산세리프체로 한글은 굴림, 돋움, 고딕 등이 있으며, 영어는 ariel, helvetica, verdana 등이 있다.

또한 시각자료에는 한 화면에 많은 글자를 담지 않는 것이 좋은데, 최대 한 줄에 7단어, 한 화면에 7줄을 넘지 않는 것이 좋다. 또한 파워포인트 자료 제작 시, 글자는 최소 16~18포인트를 넘도록 하여 뒤에서도 잘 읽힐 수 있도록 충분한 크기로 써야 한다. 한 화면에 제시하는 글자의 수를 줄이면서도 메시지를 정확히 전달하기 위해서는 긴 문장보다는 짧은 문장으로, 서술보다는 약식 기술로 내용을 구성하는 노력도 필요하다. 그러나 인용을 할 때는 가능한 원문에 충실한 것이 좋다.

파워포인트에서 이미지는 사진, 그래프, 일러스트 등을 사용할 수 있다. 중요한 것은 주제 또는 내용과 관련 있는 것을 사용해야 하고 출처를 분명히 밝혀야 한다는 사실이다. 이미지를 변형하거나 조작할 때에는 저작권을 침해하지 않도록 주의해야 한다. 또한 여러 개의 이미지를 제시할 때에는 시선의 움직임을 고려하며, 반시계방향보다는 시계방향으로 배치하는 것이 좋다.

프레젠테이션에서 주로 사용되는 그래프는 원그래프, 막대그래프, 그리고 선그래프이다. 원그래프는 데이터가 퍼센트 또는 전체와의 비율을 나타낼 때 유용하며, 6개 이내로 분할하는 것이 좋다. 항목들이 6개가 넘을 경우에는 다섯 개 이외의 항목은 '기타' 항목으로 묶어 제시하자. 또한 가장 중요한 요소 또는 기준이 되는 것을 12시 위치에 두고 시계방향으로 배치하도록 한다. 막대그래프는 여러 가지 유형들이 있어 무엇을 중요하게 보여줄 것인가에 따라, 혹은 비교하는 준거들이 몇 개인

가에 따라 모양이 달라진다. 어떤 모양을 선택하든 막대의 폭
이 막대 간격보다 넓어야 한다. 선그래프는 변화 추세를 보여
주기 좋은 유형으로, 비교하는 여러 개의 선들이 쉽게 구별될
수 있도록 제작해야 한다.

　파워포인트는 다양한 색깔을 사용할 수 있다는 장점이 있지
만, 자칫 색깔을 잘못 선택하면 오히려 산만하거나 가독성을
떨어뜨릴 수 있다. 색상이 가지는 힘은 상당히 크므로 다음을
참고하여 색상이 지닌 심리적 효과를 고려하도록 한다.

- 빨강 : 정열, 경고, 용기, 충동
- 주황 : 활력, 온화, 만족
- 노랑 : 희망, 친절, 명랑, 주의
- 초록 : 안정, 평화, 환경, 번영
- 파랑 : 냉정, 논리, 통찰
- 보라 : 신비, 우아, 예술

　예를 들어 복지 정책에 관해 발표 자료를 제작한다면 희망과
발전의 의미가 전달되도록 초록 계열의 색을 사용하는 것이 좋
고, 법학이나 수리 등과 같이 논리가 중요한 내용을 표현할 때
에는 파랑 계열의 색이 좋다. 또한 여성적 이미지를 전달하고
싶다면 보라색을 사용하는 것이 좋다.

　색상을 선택할 때에는 주제와 부합되고, 청중의 분위기와

어울리는지, 쉽게 피로를 느끼지 않는지도 고려해야 한다. 흰색을 제외하고 하나의 화면에 3가지 색 이상을 사용하지 않는 것이 좋다. 배경과 글자 또는 이미지의 효과적인 배합으로 다음과 같은 조합을 활용할 수 있다.

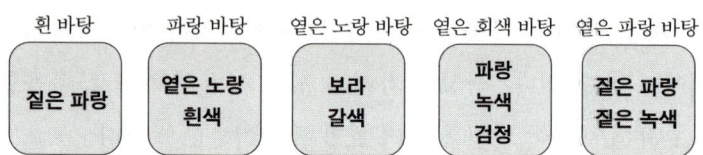

마지막으로 애니메이션 효과를 사용할 때도 주의해야 한다. 애니메이션 효과는 슬라이드에 동적 변화를 주어 시선을 집중시키는 효과가 크다. 잘 사용하면 감동을 줄 수 있으나, 지나치면 식상한 느낌뿐만 아니라 프레젠테이션이 산만해질 수 있다. 청중의 시선을 내용이 아닌 쇼에 빼앗기지 않도록 꼭 필요한 때에만 사용하도록 하자. 특히 소리는 최대한 절제하는 것이 좋다.

프레젠테이션에 임하는 우리의 자세

발표 수업의 경우, 비슷한 주제로 여러 학생들이 하게 되므로 더욱 비교가 될 때가 있다. 이때는 듣는 학생들의 주의력이 떨어지기도 한다. 성공적인 프레젠테이션을 위해서는 처음부터 청중의 눈과 귀를 사로잡고, 관심과 호기심을 불러일으켜야 한다. 그러므로 제목을 참신하게 정하는 것도 중요하다. 예를 들어 '보고서 어떻게 쓸 것인가?' 보다 'A⁺ 보고서 작성법' 이 청중의 관심을 끌 수 있다.

본격적으로 프레젠테이션을 시작할 때 서론 단계에서는 청중의 주의를 환기시키는 것이 중요하다. 이를 위해 시각자료 또는 청각자료를 이용하거나 관련 실제 사례를 이야기할 수 있다. 또는 질문을 던져 호기심을 자극하고 참여를 유도하는 것도 좋은 방법이다. 일본문화에 대한 발표를 맡았다면 "일본 축제의 종류로는 4월의 사쿠라 축제, 7~8월의 하나비 축제 등이 있는데…" 이렇게 이야기를 시작하는 것보다 "여러분, TV를 통해서나 직접 일본의 축제를 접해본 적 있습니까? 있으신 분은 손을 한 번 들어주십시오"라면서 손을 든 사람에게 어땠는지 물어보며 전체가 집중하도록 만드는 것이 좋다. 또는 축제 장면을 잠시 보여주는 것도 도움이 된다.

본론은 프레젠테이션의 핵심 내용이 제시되는 단계로, 핵심 결론을 먼저 제시하고 결론을 도출하게 된 근거를 제시하도록 한다. 근거는 반드시 믿을 만한 정보를 이용하여야 하며, 숫자나 통계 자료 등을 인용하면 청중이 이해하고 공감하는 데 도움이 된다. 만약 여러분이 어떤 문제의 해결 방법이나 새로운 아이디어를 제안하는 프레젠테이션을 한다면 체계적이고 현실적인 구현방법도 제시되어야 한다.

　마지막 결론 단계는 발표의 핵심 내용을 다시 한 번 정리하는 단계이다. 가능한 한 간결하면서도, 청중들에게 깊은 인상을 심어줄 수 있게 마무리하는 것이 중요하다. 질문을 하면서 청중의 동의나 참여를 유도하거나 격언, 명언 등을 이용하여 인상적인 마무리를 할 수 있다.

　결론 단계에서 발표를 마무리할 때 청중에게 질의응답의 기회를 주기 마련이다. 바로 이 시간을 공포로 느끼는 학생들이 많다. 혹시나 대답할 수 없는 질문이 나올까봐 "질문 있습니까?"라는 말에 이어 "없으면 마치겠습니다"라고 말하며 황급히 발표를 마무리하는 경우도 종종 볼 수 있다.

　질의응답에 잘 대처하기 위해서는 예상 질문을 뽑고 이에 대한 준비를 하는 것이 중요하다. 예상 질문이 나오면 좋고, 이외의 질문이 나오더라도 준비한 예상 답변을 응용하여 답할 수 있는 경우가 많다. 간혹 열심히 발표 준비를 하여도 답할 수 없는 질문이 나올 수도 있다. 만약 정말 답할 수 없는 질문이 나온다면, 솔직히 인정하고 추후 확인하여 수업을 위한 온라인 게시판에 올리거나 이메일로 꼭 알려주겠다고 답하도록 한다. 그리고 약속을 지키면 된다. 학생들의 발표에서는 모든 질문에 완벽하게 답할 것을 요구하지 않는다. 따라서 편안한 마음으로 질의응답에 임하자.

프레젠테이션에도 테크닉이 있다

프레젠테이션은 시작이 좋으면 술술 풀리는 속성이 있어 처음 몇 분이 프레젠테이션의 성패를 좌우한다. 일단 프레젠테이션을 시작할 때는 침착해야 한다. 그리고 급하게 시작하는 인상을 주지 않도록 말하기 전에 주위를 찬찬히 둘러보고 시작하는 것이 좋다. 자기소개를 색다르게 하거나 권위자의 말을 인용하는 것도 좋은 방법이다.

사람은 말로만 이야기하는 것이 아니라 표정과 손짓, 몸짓으로도 말한다. 우선 표정은 편안하게 미소를 짓는 것이 좋다. 발표자가 긴장되고 불안한 표정을 지으면 청중도 불편한 표정으로 답한다. 또한 의미 있는 제스처를 잘 쓰면 프레젠테이션의 효과가 배가된다. 그러나 한 가지 제스처를 반복하면 산만한 인상을 주므로 꼭 필요할 때만 사용하도록 하자.

자연스러운 시선처리도 매우 중요하면서도 쉽지 않은 테크닉 중 하나이다. 누구나 낯선 사람을 마주하게 되면 시선을 어디에 두어야 할지 당황하게 된다. 또한 우리나라의 문화가 상대방과 눈을 맞추거나 바라보면서 말하는 문화가 아니기 때문에 익숙하지 않기도 하다. 그러나 발표자가 청중들과 따뜻한 시선을 나눌 때 친근감을 줄 수 있고, 청중의 태도나 반응도 읽을 수 있다.

프레젠테이션을 시작할 때는 의도적으로 맨 뒤에 시선을 던지면서 이야기를 시작하는 것이 좋은데, 이렇게 하면 자연스럽게 목소리가 잘 전달되는지 확인할 수 있다. 발표 중에는 자연스럽게 시선을 움직이며 청중을 골고루 바라보는 것이 효과적이지만 너무 긴장되고 떨릴 때에는 '고개를 끄덕여주는' 등 호감을 표현하거나 집중하는 청중에게 시선을 던지면 좋다. 가장 주의해야 할 것은 한 사람만 바라보거나 여기저기 쉴 새 없이 쳐다보는 것, 천장이나 바닥 등을 보는 것이다.

목소리는 직접적으로 메시지를 전달하는 요인이므로 많은 주의가 필요하다. 청중이 듣기 좋은 목소리는 다소 낮고, 여유가 느껴지는 속도가 좋다. 일반적으로 아나운서는 1분에 약 300자 정도 이야기한다. 그러나 프레젠테이션은 이보다 더 천천히 말할 때 전달 효과가 높다.

간혹 사투리 때문에 프레젠테이션을 할 수 없다고 생각하는 학생들이 있다. 우리나라는 가벼운 사투리에 대하여 호감을 느끼므로 의사소통에 문제가 되지 않는다면 무방하다. 사투리 억양이 남아 있는 것은 괜찮지만, 사투리 단어 자체를 말하지 않도록 주의해야 한다. 청중들이 익숙하지 않아 잘 알아듣지 못할 수 있기 때문이다.

학생들 중에는 좀더 재미있게, 튀는 발표를 하고자 은어나 속어, 저속한 유행어 등을 사용하는 발표자도 있는데, 이는 오히려 거부감을 불러일으킬 수 있으므로 사용하지 않는 것이 좋다. 또한 우리말은 억양이나 높낮이에 큰 변화가 없기 때문에, 중요한 내용을 강조하고 싶을 때에는 의도적으로 목소리 크기나 속도, 고저 등에 변화를 주어야 한다.

슬라이드 화면을 제시할 때, 시선처리가 어려운 발표자들은 청중에게서 몸을 돌려 슬라이드 화면만 바라보며 이야기하기도 한다. 이는 바람직한 발표자의 모습이 아니다. 슬라이드 화면을 제시할 때에는 슬라이드 화면과 청중을 번갈아 바라보며 자연스럽게 이야기해야 한다. 이를 Show-See-Speak 법칙이라고 한다. 즉, 청중에게 화면을 보여주고^{show}, 다음에는 청중을 본 다음^{see} 화면에 관해 설명하는 것^{speak}이다. 또한 화면을 가리지 않도록 측면에 서고, 포인터를 사용하면 더욱 좋다.

학생들이 발표할 때 두려워하는 또 다른 요인은 실수이다. 실수하지 않도록 충분히 준비하고 연습하지만, 그럼에도 우리는 인간이기에 실수하게 된다. 실수를 했을 때는 우선 당황하지 말고, 아주 큰 실수가 아닐 경우 가볍게 미소를 짓는 것이 좋다. 또는 재치 있는 임기응변이나 유머도 실수를 무마시키기에 좋다. 사람들은 너무 완벽한 사람보다 약간 실수를 하는 사람에게 더 호감을 느끼며, 사소한 실수 한두 가지 때문에 프레젠테이션이 평가 절하되지는 않는다. 그러나 실수를 계속 연발하는 것은 주의해야 한다. 한두 번의 실수는 실수이지만, 잦은 실수는 실력 또는 준비 부족을 의미한다.

프레젠테이션 실력 업그레이드

다음은 프레젠테이션 자가 진단 문항들이다. 발표자로서 어느 정도 준비되었는지 확인해보자. 각 문항에 솔직히 답한 후, 점수를 합산해보자.

번호	문항	전혀 그렇지 않다 ← → 매우 그렇다
1	프레젠테이션 전에 청중에 대한 분석을 한다.	1 - 2 - 3 - 4 - 5
2	프레젠테이션 최종 목적을 정해 두고 있다.	1 - 2 - 3 - 4 - 5
3	프레젠테이션에 필요한 준비물을 잘 챙긴다.	1 - 2 - 3 - 4 - 5
4	서두 부분의 주의 집중을 위해 노력한다.	1 - 2 - 3 - 4 - 5
5	프레젠테이션 시간과 내용 배분을 잘한다.	1 - 2 - 3 - 4 - 5
6	프레젠테이션 흐름을 완전히 이해하고 있다.	1 - 2 - 3 - 4 - 5
7	프레젠테이션 하는 동안 청중을 주시한다.	1 - 2 - 3 - 4 - 5
8	청중의 상황에 따라 임기응변적으로 대처할 수 있다.	1 - 2 - 3 - 4 - 5
9	슬라이드 자료가 없어도 핵심을 이야기할 수 있다.	1 - 2 - 3 - 4 - 5
10	객관적이고 설득력 있는 논리적 근거를 제공한다.	1 - 2 - 3 - 4 - 5
11	슬라이드 한 장마다 말하고자 하는 핵심을 기술한다.	1 - 2 - 3 - 4 - 5
12	인상적이고 독특한 내용을 구성할 수 있다.	1 - 2 - 3 - 4 - 5
13	결론 메시지가 확실히 전달되도록 한다.	1 - 2 - 3 - 4 - 5
14	논리적 이성과 정서적 감정을 잘 조절할 수 있다.	1 - 2 - 3 - 4 - 5
15	목적에 맞는 프레젠테이션을 구사할 수 있다.	1 - 2 - 3 - 4 - 5
16	유머를 구사하고 청중에게 흥미를 주려 노력한다.	1 - 2 - 3 - 4 - 5
17	효과적인 제스처 등을 사용하여 내용을 전달한다.	1 - 2 - 3 - 4 - 5
18	디지털 장비와 프로그램 사용에 익숙하다.	1 - 2 - 3 - 4 - 5

19	슬라이드에 적절한 시각적 효과를 가미할 수 있다.	1 – 2 – 3 – 4 – 5
20	예상 질문을 파악하고 답변을 준비한다.	1 – 2 – 3 – 4 – 5

출처 : 도영태(2005). 프레젠테이션 요럴땐 요렇게. p.171.

▶ 발표 준비도 측정

● 나의 점수는 _____ 점

위에 제시된 20개의 문항들은 발표자가 갖추어야 할 능력을
의미한다. 90점 이상이라면 이미 전문 발표자로 볼 수 있다.
80점대라면 어느 정도 갖추어진 발표자이며, 70점대 또는 그
이하라면 다소 개선이 요구된다. 각 문항들을 기억하고 실천하
고자 노력해보자.

프레젠테이션 실력은 노력을 통해 얼마든지 향상될 수 있다.
실력을 높이는 가장 좋은 방법은 실제와 같은 연습이다. 가능한
실제와 유사한 상황에서 크게 소리 내어 거울 앞에서 연습하거
나 이를 동영상으로 녹화해본다. 또는 목소리만이라도 녹음하
여 들어보자. 자신의 모습을 동영상으로 보거나 녹음기를 통해
목소리를 듣는 것은 어색하고 불편하다. 처음에는 자신의 외모
와 목소리 자체만 인식되지만, 반복하다 보면 발표자로서 자신
이 고쳐야 할 점이 무엇인지 드러난다. 개선해야 할 점을 찾았
다면, 이를 수정·보완하여 다시 연습하도록 한다. 주기적으로
녹화하거나 녹음해가면서 발전 정도를 측정해보면 더욱 좋다.

　사회가 빠르게 변하고 경쟁이 치열해지면서 '취업 5종 세트' 라는 유행어가 회자되고 있다. 예전에는 토익, 학벌, 학점이 취업에 중요한 요소였다면, 요즘은 기업의 채용 방법이 실무 중심으로 바뀌면서 '인턴십, 공모전 입상, 자원봉사 활동, 자격증, 아르바이트' 가 취업에 필요한 활동들이라고 한다. 그렇다고 학점이나 영어 성적이 중요하지 않은 것도 아니어서, 우리 사회가 학생들에게 '만능' 이 되기를 요구하는 것 같아 안타까운 마음이 든다. 실제 많은 학생들이 대학에 입학하자마자 '캠퍼스의 낭만' 을 즐길 사이도 없이 졸업 후 취업을 위한 아르바이트에 열심인 것은 물론이고 자격증 취득 및 공모전 입상도 당연히 해야 하는 것으로 생각하고 있다.

　자신의 진로에 대해 고민하고 열심히 살아가기 위해 노력하는 대학생들이 많다. 그럼에도 불구하고 그들에 대한 이미지는 공부를 소홀히 하는 쪽에 가까우며 대학생들이 전반적으로 대학공부에 관심이 없을 뿐 아니라 대학교육을 받을 만한 기초학력을 갖추지 못했다는 지적도 나오고 있다. 일례로, 우리나라에서 가장 우수한 학생들이 몰리는 서울대학에서도 수업을 따라가지 못하는 학생들이 늘어나고 있다는 기사도 접하게 된다. 이에 공부하는 대학, 공부하는 학생들을 만들어야 한다는 절실한 목소리들이 나오고 있다.

2004년 통계청 조사에 따르면, 대학생의 하루 평균 공부시간은 3시간 14분으로 나타났다. 이는 고등학생의 하루 학습시간 8시간 52분의 절반에도 못 미치고, 심지어 초등학생의 하루 학습시간 6시간 14분보다도 적은 것이다. 한 취업사이트에서 2006년 대학생을 대상으로 공부스타일에 대해 조사한 결과도 우리 대학생들의 평소 공부량이 적다는 것을 보여준다. 조사 결과에 의하면, 조사 대상의 47.1%가 벼락치기형이었고, 이어 꾸준히 공부하는 개미형이 28.5%, 밤에만 공부하는 올빼미형이 17.4%, 여유있게 공부를 뒤로 미루는 베짱이형이 5.3%, 그리고 자포자기형이 1.8%로 나타났다.

이러한 결과를 바탕으로 세계 우수 대학과 우리 대학생들을 비교해 보면 우리 학생들의 학습량이 현저히 적은 것을 알 수 있다. 미국 스탠포드 대학 학생들의 1일 수업을 제외한 평균 학습량은 8시간이며, 영국 옥스퍼드 대학 학생들은 주당 50시간을 공부하는 것으로 나타났다. 또한 미국 하버드 대학 입학생들은 토론식 수업에 참여하기 위해 1주일에 책과 논문을 500여 페이지씩 읽고 월 3편의 에세이를 쓴다고 대답하였다.

그러나 앞서 이야기한 바와 같이 실제 대학에는 나름대로 자신의 진로를 위해 고민하고 탐색하며 열심히 공부하는 학생들이 많다. 또한 대학공부가 중요하다는 인식을 하는 학생들도 많고, 자신의 인생에서 대학공부가 어떤 의미를 갖는지 찾아가는 여정에 있는 학생들도 많다. 무엇보다도 수많은 학생들이 "더 열심히 공부하고 싶다"고 말한다. 하지만 한편으로는 '공부'를 생각하면 마음이 답답해지고 미루고 싶은 마음이 앞선다고도 이야기한다.

왜 그럴까?

대학공부를 열심히 하는 것 이외에 우리 대학생들에게 요구되는 자격요건들이 많기 때문일 수도 있을 것이다. 또 한편으로는 너무 쉽게 좋은 결과를 얻으려고 하기 때문은 아닐까 하는 생각도 든다. 초·중·고등학교의 교육이 기본 역량을 기르는 것보다 가시적 성적을 높이는 것에 더 초점이 맞추어지다 보니, 요점 중심 또는 요령 중심의 비법이 난무하는 것도 사실이다.

그러나 대학공부에는 비법이 없다. 자신이 뿌린 만큼 거둘 뿐이다. 하지만 이 또한 쉬운 일은 아니다. 농부가 씨를 뿌려놓고 수확할 때에 나타나서는 뿌려놓은 것을 모두 수확할 수 없다. 거름도 주고 해충도 잡아주는 노력을 기울여야 뿌린 것을 잃지 않고 모두 거두게 된다. 대학공부도 마찬가지이다. 요행을 바라는 마음으로 뿌려놓고 좋은 수확을 기대할 수는 없다. 땡볕 아래에서 땀 흘리는 노력이 수반되어야 된다. 이 책에서 소개된 여러 전략들이 뿌린 씨가 더 잘 자라도록 돕는

물이 되고, 거름이 될 것이다.

밤늦게까지 공부하고 뿌듯한 마음에 피곤함도 느끼지 못하였던 기억이 있을 것이다. 끝나지 않을 것 같은 어려운 과제를 끝냈을 때 자신이 대견했던 기억이 있을 것이다. 그 기억들을 되살려보자. 농부에게 농사가 지겹고 힘들기만 한 것이 아니라 곡식이 자라는 모습을 보며 생명의 신비도 느끼고 결실을 맺는 기쁨과 보람도 느끼는 일일 것이다. 공부도 지겹고, 힘든 것이 아니라 충분히 재미있고 즐거운 활동이 될 수 있다. '피할 수 없으면 즐기라'는 말처럼, 대학공부의 전략을 익힌다면 '보다 즐겁고 신나는 대학공부'가 될 것이다.

즐거운 대학공부를 시작할 준비가 되었는가? 그럼 이제 전략적 공부의 즐거움을 맛보자.

저자소개 ●

오정숙

이화여자대학교 교육공학과를 졸업하고 동대학원에서 석사와 박사학위를 취득하였다. 이화여대, 홍익대, 상명대에서 강의하였으며, 서강대학교 교수학습센터 연구교수로 재직하였다. 현재는 대구대학교 교육대학원 교수로 재직중이다.

'가르침과 배움은 하나' 라는 생각으로, 신나게 가르치고 즐겁게 배울 수 있는 교수-학습 전략 개발에 노력하고 있다.

• 강미경 (역)(2007). 프랭클린 자서전 : 세기를 넘는 젊은이들의 인생 교과서.
    원서출간 1791(Franklin, B.). 서울: 느낌이 있는 책.
• 강분석 (2005). 성공을 약속하는 파워 프리젠테이션.
    원서출간 1999(Peter Urs Bender). 서울: 사람과 책.
• 권영정 (2003). 디지털시대 교육경쟁. 서울: 책 읽는 사람들.
    교육인적자원부, 한국교육개발원 (2006). 교육백서. 서울: 교육인적자원부,
    한국교육개발원.
• 김기정 (1999). 대학에서의 효과적인 학습기술. 서울: 동문사.
• 김동일 (2005). 학업상담을 위한 학습전략 프로그램. 서울: 학지사.
• 김영옥 (역)(2006). 기적의 기억법. 원서출간 2004(Christiane Stenger). 서울: 글로세움.
• 김영채 (1997). 사고력: 이론, 개발과 수업. 서울: 교육과학사.
• 김정선 (역)(2004). 시험에 강한 공부방법. 원서출간 2002(Nariai Hiroshi).
    서울: 지상사.
• 김정택, 심혜숙 역(2002). 서로 다른 천부적 재능들. 원서출간 1997
    (Myers, I. B. & Myers, P. B.). 서울: 한국심리검사연구소.
• 김정희, 박재홍 (역) (2003). 화폐심리학. 원서출판 1998(Furnham, A. & Argyle, M.)
    서울: 학지사.
• 김재웅, 양미경, 채서영 (2006). 교육연구와 논문작성. 서울: 서강대학교 교육대학원.
• 김희진 (역)(2003). 집중력을 기른다. 서울: 지식공작소.
• 도영태 (2005). 프레젠테이션 요럴땐 요렇게. 서울: 영진미디어.
• 동아일보(2008.1.14). 이태백아 그만 울어라, 삼태백도 울고 있다.
    http://www.donga.com/fbin/output?n=200801140086, 2008년 1월 15일 검색.

- 명지대학교 교육학습개발원 (2005). 대학에서의 공부, 어떻게 할 것인가? 서울: 명지대학교 교육학습개발원.
- 민성원 (역)(2005). 성과없이 바쁘기만 한 당신을 위한 실천 집중력. 원서출간 2005(Susaki Yasuhiko). 서울: 황금나침반.
- 민승남 (2001). 나폴레온 힐의 성공을 위한 365일 명상. 서울: 국일미디어.
- 박혜선 (역)(2003). 기억의 법칙 25가지. 원서출간 2000(Dominic O' brien). 서울: 들녘미디어.
- 배원병, 손권, 하만영, 이석 (2003). 이공계가 한다! 글쓰기와 발표하기. 서울: 북스힐.
- 변영계 (2003). 학습기술: 공부를 잘하는 방법. 서울: 학지사.
- 서울대학교 교수학습센터 (2005). 학습법가이드. 서울: 서울대학교 교수학습센터.
- 서울대학교 교수학습개발센터 글쓰기교실 (2006). 리포트 상담 보고서 제1권. 서울: 서울대학교 교수학습개발센터 글쓰기교실.
- 서울대학교 교수학습개발센터 글쓰기교실 (2006). 리포트 상담 보고서 제2권. 서울: 서울대학교 교수학습개발센터 글쓰기교실.
- 서울대학교 교수학습개발센터 글쓰기교실 (2006). 리포트 상담 보고서 제3권. 서울: 서울대학교 교수학습개발센터 글쓰기교실.
- 안상헌 (2005). 어느 독서광의 생산적 책읽기 50. 서울: 북포스.
- 오동근 (2002). 주 참고문헌 어떻게 작성할 것인가. 서울: 태일사.
- 유성은 (2003). 시간관리 잘하면 공부 잘한다. 서울: 생활지혜사.
- 이은주 (역)(2004). 자이베르트 시간관리. 원서출간 2002(Seiwert, L. J.). 서울: 한스미디어.
- 이은희 (역)(2006). 하루 10분, 초간단 기억의 법칙. 원서출간 2004(Yoshihito Naito). 서울: 팜파스.
- 이정희 외 역(2000). 성격유형과 학습스타일. 원서출간 1980(Lawrence, G. D.). 서울: 한국심리검사연구소.
- 이화교수학습센터 (2004). ECTL 학습자 가이드북. 서울: 이화교수학습센터.
- 이혜경 (역) (2003). 벤자민 프랭클린, 재치와 지혜. 원서출간 1998(Franklin, B.). 서울: 더불어책.
- 장동욱 (1999). 집중력 10배 키우기. 서울: 좋은글.
- 장만기 (역)(2004). 리더십 실천계획 5단계. 원서출간 2002(Meyer, P. J.). 서울: 사이더스.
- 전명남 (2004). 학습전략 업그레이드. 서울: 연세대학교.
- 전성연, 최병연 (역)(1999). 학습동기. 원서출간 1998(Stipek, D.). 서울: 학지사.
- 전재민 (역)(2006). 집중력 10배 올리는 방법. 원서출간 2004(Eberhard Heuel).

서울: 북폴리오.

- 정대서 (역)(2001). 생각이 솔솔~ 여섯 색깔 모자. 원서출간 1993(Edward de Bono).
  서울: 한언.
- 정윤아 (역)(2004). 3초간 집중력 단련법. 원서출간 2003(Takashi Nakajima).
  서울: 파라북스.
- 조민호 (역)(2006). 가난한 리처드의 달력. 원서출간 1936(Franklin, B.).
  서울: 휴먼하우스.
- 조선일보(2007.10.19). 고등학생보다 더 열심히 공부하게….
  http://news.chosun.com/site/data/html_dir/2007/10/19/2007101900089.html,
  2008년 1월 11일 검색.
- 조현욱 (역)(2003). 메모리 바이블. 원서출간 2002(Gary Small). 서울: 김영사.
- 최정원, 이영호 (2006). 학습치료 프로그램: 사고력 향상 전략. 서울: 학지사.
- 최정원, 이영호 (2006). 학습치료 프로그램 지침서. 서울: 학지사.
- 최종옥 역 (2003). 성공을 유산으로 남기는 법. 서울: 두란노.
- 타고 아키라 (2006). 상위그룹 학생들의 공부비법 집중력 100배 늘리기.
  서울: 예림미디어.
- 최은석 (2007). 설득력과 리더십을 2배로 높여주는 프레젠테이션의 정석. 서울: 팜파스.
- 하우석 (2005). 발표의 기술. 서울: 한국경제신문.
- 한겨레 (2007.12.10). 쓸만한 대졸생 키워낼 정책 다듬길.
  http://www.hani.co.kr/arti/opinion/because/256015.html,
  2008년 1월 14일 검색.
- 한상기 (2007). 비판적 사고와 논리. 서울: 서광사.
- 한순미 (2004). 평생학습 사회에서의 자기주도적 학습전략. 서울: 양서원.
- 한순미 (역)(2002). 학습의 기술 : 대학에서의 공부전략.
  원서출간 1997(Luckie, W. R. & Smethurst, W.). 서울: 학지사.
- 한정선 (2004). 프리젠테이션, 하나의 예술. 서울: 김영사.
- 허경철 외 (1989). 사고력 신장을 위한 프로그램 개발연구(III). 서울: 한국교육개발원.
- 형선호 (역) (2005). 시간관리? 인생관리!. 원서출간 2000(Forster, M.). 서울: 더불어책.
- 이시형 (역) (2005). 죽음의 수용소에서. 원서출간 1946(Viltor, E. F.). 서울: 청아
- 헤럴드 (2007.11.20). 대학생들, 공부하세요.
  http://www.heraldbiz.com/SITE/data/html_dir/2007/11/20/200711200300.asp,
  2008년 1월 10일 검색.
- Alexander, P. A., Marphy, P. K., Woods, B. S., Duhon, K. E., & Parker, D. (1997).
  College instruction & concomitant changes in students's knowledge,

interest & strategy use: A study of domain learning. *Contemporary Educational Psychology, 22*(2), 125-146.

- Ames, C., & Archer, J. (1988). Achievement foals in the classroom: Students' learning strategies and motivation process. *Journal of Educational Psychology, 80*(3). 260-267.

- Aronson, J. (2002). Stereotype threat: Contending and soping with unnersing expectations. In J. Aronson (Ed.), *Improving academic achievement: Impact of psychological factors on education*(pp.279-301). San Diego, CA: Academic Press.

- Dembo, M. H. (2004). *Motivation and learning strategies for college success : A self-management approach.* Mahwah, NJ: Lawrence Erlbaum Associates.

- Dole, J. A., Duffy, G. G., Rohler, L. R., & Pearson, P.D. (1991). Moving from the old to the new : Research on reading comprehension instruction. *Review of educational Research, 61*, 239-264.

- Garnet, R. & Alexander, P. A. (1989). Metacognition : Answered and unanswered questions. *Educational Psychology, 24*(2), 143-158.

- Graham, S. & Golan, S. (1991). Motivational influences on cognition : Task involvement, ego involvement, and depth of information processing. *Journal of Educational Psychology, 83*(2), 187-194.

- Hopper, C. H. (2001). *Practicing college study skills.* Boston, MA: Houghton Mifflin Company.

- Light, R. J. (2001). *Making the most of college: Students apeak their minds.* Cambridge, MA: Harvard University Press.

- Lipman, M. (1982). Philosophy for children thinking. *Journal of Philosophy for Children, 3*, 35-44.

- Locke, E. A., & Latham, G. P. (1990). *A theory of goal setting and task performance.* Englewood Cliffs, NJ : Prentice Hall.

- Longman, D. G., & Atkinson, R. H. (2005). *Class: College learning and study skills.* Belmont, CA: Thomson Learning.

- Marzano, R. J. (1993). How classroom teachers approach the teaching of thinking. *Theory into Practice, 32*, 154-160.

- McWhorter, K. T. (2003). *College reading & study skills.* NY : Pearson longman.

- Murphy, K. J. (1987). *Effective listening: Hearing what people say and making it work for you.* New York, NY: Bantam Books.

- Paul, R. W. (1984). Critical thinking: Fundamental to education for free society. *Educational Leadership, 42*(1), 4-14.

- Pauk, W. (2001). *How to study in college.* Boston, MA : Houghton Mifflin Company.

- Pintrich, P. P., Smith, A. F., Garcia, T., Mckeachie, W. J. (1993). Reliability and predictive validity of the motivated strategies for learning question-naire(MSLQ). *Education and Psychological Measurement, 53*(3), 801-813.

- Pintrich, P. R. (1994). Student motivation in the college calssroom. In K. W. Prichard & R. M. Sawywer (Eds.), *Handbook of college teaching: Theory and applications*(pp.23-43). Westport, CT : Greenwood.

- Robinson, F. P. (1970) *Effective study*(4th ed.), New York, NY : Harper & Row.

- Shepherd, J. F. (1990). *College study skills.* Boston, MA : Houghton Mifflin Company.

- Stipek, D. (1998). *Motivation to learn: From theory to practice.* Boston, MA : Allyn & Bacon.

- Stipek, D., & Gralinski, H. (1996). Children's theories of intelligence and school performance. *Journal of Educational Psychology, 88*, 397-407.

- Vallerand, R., Guavin, L., & Halliwell, W. (1986). Negative effects of competition on children's intrinsic motivation. *Journal of Social Psychology, 126*, 649-657.

- Weiner, B. (1980). The role of affect in rational approaches to human motivation. *Educational Researcher, 9*, 4-11.

한언의 사명선언문

Since 3rd day of January, 1998

Our Mission
- 우리는 새로운 지식을 창출, 전파하여 전 인류가 이를 공유케 함으로써 인류문화의 발전과 행복에 이바지한다.

- 우리는 끊임없이 학습하는 조직으로서 자신과 조직의 발전을 위해 쉼없이 노력하며, 궁극적으로는 세계적 컨텐츠 그룹을 지향한다.

- 우리는 정신적, 물질적으로 최고 수준의 복지를 실현하기 위해 노력하며, 명실공히 초일류 사원들의 집합체로서 부끄럼없이 행동한다.

Our Vision 한언은 컨텐츠 기업의 선도적 성공모델이 된다.

> 저희 한언인들은 위와 같은 사명을 항상 가슴 속에 간직하고
> 좋은 책을 만들기 위해 최선을 다하고 있습니다.
> 독자 여러분의 아낌없는 충고와 격려를 부탁드립니다.
> • 한언 가족 •

HanEon's Mission statement

Our Mission
- We create and broadcast new knowledge for the advancement and happiness of the whole human race.

- We do our best to improve ourselves and the organization, with the ultimate goal of striving to be the best content group in the world.

- We try to realize the highest quality of welfare system in both mental and physical ways and we behave in a manner that reflects our mission as proud members of HanEon Community.

Our Vision HanEon will be the leading Success Model of the content group.